岩 波 文 庫

33-427-9

インディアスの破壊をめぐる

賠 償 義 務 論

―― 十二の疑問に答える ――

ラス・カサス著
染 田 秀 藤 訳

岩 波 書 店

TRATADO DE LAS DOCE DUDAS

1564

Bartolomé de Las Casas

凡　例

一、本書は、「大航海時代」の初頭、半世紀以上にわたり、スペインによる「新世界」征服・支配の正当性を否定し、被征服民族(先住民インディオ)の自由と人権を訴えつづけたスペイン人ドミニコ会士バルトロメー・デ・ラス・カサス Fr. Bartolomé de Las Casas, O.P.(一四八四〜一五六六年)が晩年(一五六四年)に執筆した論策 *Tratado de las Doce Dudas* の全訳である。

二、本論策は長らく写本の形で流布し(現存する写本は八部)、初めて印刷公刊されたのはラス・カサスの没後二世紀半あまり経過した一八二二年のことである。同年、スペインの異端審問の研究者として著名なフワン・アントニオ・リョレンテ Juan Antonio Llorente(一七五六〜一八二三年)がパリでラス・カサスの著作集(*Colección de las Obras del Venerable Obispo de Chiapa, Don Bartolomé de Las Casas, Defensor de la Libertad de los Americanos.* 2 vols.)を出版し、その二巻目に、「ラス・カサスが一五六四年にペルー征服にまつわる諸々の出来事および、その結果、ペルーならびにその住民が蒙った害に対する賠償方法に関する諮問を受けて、書きしたためた回答」*Respuesta del autor a la consulta que se le hizo año 1564, sobre los sucesos de la conquista del Perú y modos de resarcir los daños al país y a los habitantes* というタイトルで本論策を収録した（一七五〜三二七頁）。今回、翻訳に当たって底本としたのは、フワン・ペレス・デ・トゥデラ（一九二二〜二〇〇四年、マドリード・コンプルテンセ大学教授、歴史家）がそのリョレンテ版とスペインの国立図書館（マドリード）所蔵の写本を照合して、ラス・カサスの書簡や覚書などとともに、一九五八年にマドリードで公刊したものである（*Tratado de las Doce Dudas*, Fray Bartolomé de Las Casas, *Opúsculos, Cartas y Memoriales. Obras Escogidas de Fray Bartolomé de Las Casas*, V, Biblioteca de Autores Españoles (BAE.), Tomo CX, Ilustración preliminar y edición por Juan Pérez de Tudela Bueso, Madrid, Ed. Atlas, 1958. Doc. L, pp. 478–536.）。

三、訳業を進めるにあたり、ブラウン大学付属ジョン・カーター・ブラウン図書館（アメリカ合衆国ロードアイランド州プロヴィデンス市）所蔵の写本を参考にした。同写本は『テルノ写本集』*Ternaux manuscript* と名付けられたラス・カサス関係の作品集に収められ、同『写本集』には、巻頭から三二〇フォリオまでは、一五五二〜五三年にかけてセビーリャ（スペイン）で印刷されたラス・カサスの八篇の論策が収められ、そのあとに、*Tratado de las doce dudas*（一五六六年作成の写本　五頁の写真参照）が掲載されている（fols. 321r–362v）。『テルノ写本集』に収載されているその写本には、ＢＡＥ版と異なり、欄外に

『テルノ写本集』収載の写本(凡例三)

スペイン語やケチュア語による注記が散見され(写真参照)、実際にペルーで活用された写本であることが判明している。

なお、それ以外に『テルノ写本集』には、『財宝論』*De Thesauris*(写本作成年一五六四年)の要約版(fols. 363r–378r)、リマ司教区において告解を聴する際、ラス・カサスが著した『聴罪規範』*Confesionario*を利用することを認めたリマ大司教ヘロニモ・デ・ロアイサの教令(一五六〇年)(fols. 379r–381v)、古代の預言集(一六〇六年頃)(fols. 382r–383r)とラス・カサスの仇敵、フワン・ヒネース・デ・セプールベダが著した『アポロギア』(ラテン語)*Apologia*(一五五〇年)(fols.

384r–398v)が収められている。

四、そのほか、以下の二版も適宜、参考にした。

**Respuesta de Don Fray Bartolomé de Las Casas, a la consulta que se le hizo sobre los sucesos de la conquista del Perú en 1564*. Edición facsimilar de LA COLECCIÓN DE LAS OBRAS DE FRAY BARTOLOMÉ DE LAS CASAS, OBISPO DE CHIAPA, TOMO SEGUNDO, pp. 175–327. Barcelona, Editora de los Amigos del Círculo del Bibliófilo, S.A., 1981.（上記リョレンテ版の復刻版）

**Doce Dudas*, Fray Bartolomé de Las Casas, Obras completas 11–2. Edición de J. B. Lassegue, O.P., Estudio preliminar, índices y bibliografía de J. Denglos, Madrid, Alianza Editorial, 1992.

五、第Ⅰ部と第Ⅱ部の区分けと第Ⅱ部の章分けはいずれも原文にはなく、訳者が読みやすさを考慮して追加したものである。

六、本文中の丸括弧（ ）は原則として底本と同じである。角括弧〔 〕は訳者による補足であり、さらに重要と思われるものは巻末にまとめて記載した。行間の小さな丸括弧内の数字はその注番号を示す。

七、段落の区切りは、ほぼ原文どおりだが、読者の便宜を考慮し、訳者の責任で適宜改行した個所もある。

八、人名、地名などのカタカナ表記には、原則として原音主義を採用したが(例一)、通称に従った場合もある(例二)。その際、人名に関しては、『岩波西洋人名辞典』および『岩波キリスト教辞典』を参考にした。
例一…バルトロメー、ヒローン、カスティーリャ、セビーリャ、トゥルヒーリョ
例二…ピサロ、コルテス、フェリペ、チリ、バルセロナ、グラナダ
九、本文中に頻出するラテン語文献の書名や章題などに関しては、可能な限りわが国で通用している日本語訳を採用したが、ラテン語をそのまま和訳したものもある。後者の場合、訳者の力不足で、思いもよらない誤訳を犯しているかもしれない。読者諸賢のご指摘とご教示をお願いする次第である。
一〇、聖書からの引用はすべて、財団法人日本聖書協会の『聖書　新共同訳』(一九八七年版)による。
一一、本文中のゴチック表記は原文にはないが、読者の便宜を考慮し、適宜採用した。
一二、本書に転載した線画のキャプションには頁数が二つ、併記されている場合がある。それは、原本(線画入り)の著者が作品編集の最終段階で追記した頁が複数あるためで、その結果、完成稿では、追記以前と以後の二つの頁数が併記されている。[　]内の数字が正しい頁数。

ヌエバ・エスパーニャ副王領
フロリダ
北の海
サカテカス
アバーナ
キューバ島
メキシコ市
ユカタン半島
サン・フワン島
エスパニョーラ島
ジャマイカ島
(シウダー・レアル・デ・)チアパ
サンタ・マルタ
カルタヘーナ
トリニダード島
パナマ
ティエラ・フィルメ
ガリョ島
ボゴター
南太平洋の海
キト
ペルー副王領
トゥンベス
カハマルカ
リマ
クスコ
ティティカカ湖
チリ
ラ・プラタ川

インディアス(16世紀)

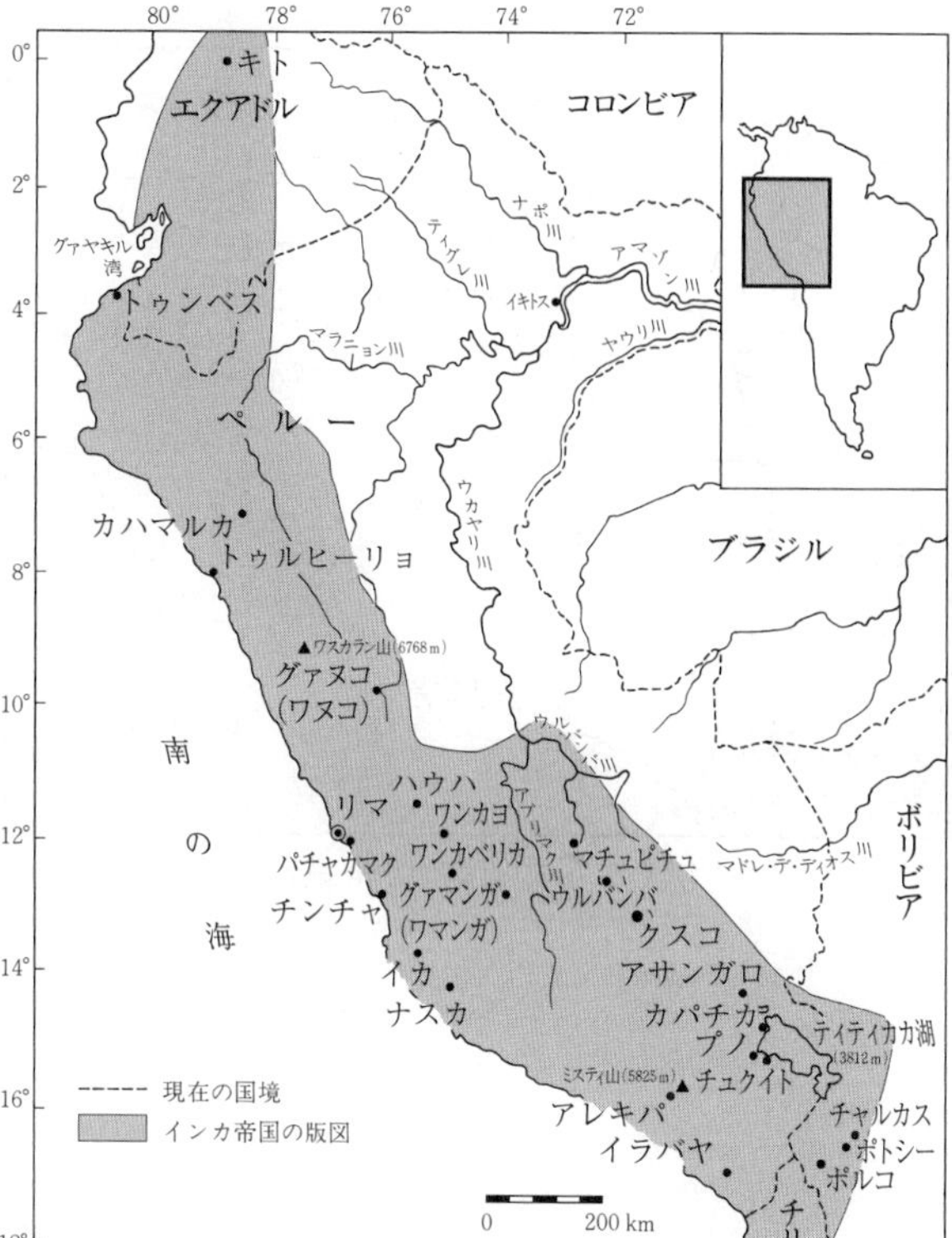

80°
78°
76°
74°
72°
0°
2°
4°
6°
8°
10°
12°
14°
16°
18°
82°
キト
エクアドル
コロンビア
グァヤキル湾
トゥンベス
ナポ川
ティグレ川
アマゾン川
イキトス
マラニョン川
ヤウリ川
ペルー
ウカヤリ川
カハマルカ
トゥルヒーリョ
ブラジル
ワスカラン山(6768m)
グァヌコ(ワヌコ)
ウルバンバ川
南の海
ハウハ
リマ
ワンカヨ
アプリマク川
ボリビア
パチャカマク
ワンカベリカ
マチュピチュ
マドレ・デ・ディオス川
チンチャ
グァマンガ(ワマンガ)
ウルバンバ
クスコ
イカ
アサンガロ
ナスカ
カパチカ
プノ
ティティカカ湖(3812m)
ミスティ山(5825m)
チュクイト
現在の国境
インカ帝国の版図
アレキパ
チャルカス
イラバヤ
ポトシー
ポルコ
0
200 km
チリ

アンデス世界

大西洋
フランス
ラ・コルーニャ
レオン
ブルゴス
アランダ・デ・ドゥエロ
アラゴン
バリャドリード
ポルトガル
サラゴサ
バルセロナ
カスティーリャ
エブロ川
サラマンカ
セゴビア
マドリード
トレド
リスボン
バレンシア
コルドバ
セビーリャ
グァダルキビール川
グラナダ
サンルカル・デ・バラメダ
地中海
セウタ

イベリア半島(16 世紀)

目次

Ⅱ　ラス・カサスによる回答

インディアスの破壊をめぐる賠償義務論

——十二の疑問に答える

以下に掲げる論策の梗概*

聖ドミニコ会〔托鉢修道会のひとつ。正式名称は説教者兄弟会。一二一六年にスペイン人ドミンゴ・デ・グスマンが創設〕に所属するあるひとりの学識豊かで、ことのほかキリスト教の教えと徳行の実践に熱心な修道士〔バルトロメー・デ・ベガ〕がインディアス〔一四九二年一〇月にコロン(ブス)が西方航海で到達した新しい世界の総称。カリブ海域を含む現在の南北両アメリカを指す〕、とりわけペルーの諸王国を目指して海を渡った。その目的は悠久の昔からペルーの諸王国に暮らしていた人たち〔先住民であるインディオ〕をキリスト教へ導く仕事を支援することであった。そして、同修道士は数年間、宣教活動に携わり、相当な成果を上げたが、一方その間に、ペルーの諸王国の住民が圧制と奴隷状態に喘いでいる姿を目の当たりにし、また、スペイン人が初めてその土地へ進出《エントラダ》したときの様子や住民たちを征服したさいの状況を耳にして、スペイン人がそのような〔非道な〕行為に及ぶさいに主張したか、あるいは、主張したかもしれない大義についても思索をめぐらした。そして、修道士は、身分階級を問わず、現在ペルーに滞在するわが国の人びととの間におしなべて認められる啞然とするような無関心ぶりについて熟慮するに至った。すなわち、ペルーの諸王国に身を置くすべての人びと〔スペイン人〕、とりわけ、一方では司牧としての役割、他方では誓願した言葉によって、誰よりも真実を見守り、探り、見きわめ、人びとに伝えることを義務づけられている高位聖職者や修道上が良心の危機と呵責に苦しんでいる現状が話題にのぼったり理解されたりすることがなかったのである。その件に関しては賛否両論があり、数多くの疑問が生じたため、同修道士は徳行の実践に対する生来の熱意に突き動かされ、悪事に苦しむインディオと悪事に耽るスペイン人、その双方に資するためにとの思いから、数かずの疑問を一二の項目に集約した。しかし、一二項目に及ぶそれらの疑問はいずれも、容易に結論を導きだせるものではなかったので、修道士はさまざまな分野の学識経験者にそれらの疑問を提示し、出来ることなら、全員から一致した結論と証言を得たいと思い、当地〔スペイン〕へ戻ることに決めた。

帰国後、同修道士は以下に掲げる一二項目にわたる疑問をまっさきに、かつてチアパ〔現在のメキシコ南部とグアテマラ北部を管轄下に置いた司教区〕の司教を務めたドミニコ会士ドン・バルトロメー・デ・ラス・カサス師に提示した。と言うのも、ラス・カサス師が以前から、当該問題に造詣の深い優れた識者として、その名を知られていたからである。そこで、ラス・カサス師は提示された数かずの疑問に逐一答える形式で、以下の論策を作成した。

＊この「梗概」は、ＢＡＥ版の底本となったスペインの国立図書館（マドリード）所蔵の写本と『テルノ写本集』に収録されている写本には掲載されているが、リョレンテ版には収録されていない（訳者、参照　凡例二、三）。

Ⅰ　疑問

本書は、一五六四年に修道士ドン・バルトロメー・デ・ラス・カサス師がペルー征服にまつわる数かずの出来事に関して〔同僚のバルトロメー・デ・ベガ師から提示された一二項目の〕質問に答えた文書である。

《疑問一》カハマルカ〔スペイン軍とインカ軍がはじめて対峙したペルー北部アンデス山中の高原都市〕の財宝について〔線画1〕

ペルーの諸王国はじつに広大であり、キト王国からチリ王国にいたる地域がペルーと呼ばれ、キト王国はペルーに含まれるが、チリ王国は含まれない。距離にすれば、ペルーの諸王国は南北縦に一〇〇〇レグワ〔一レグワは約五・五キロメートル〕に広がり、東西は、場所によって距離が異なり、幅が五〇〇レグワに及ぶところもあれば、六〇〇レグワ以上に達するところもある。このペルーの諸王国に暮らしていたインディオは一人残らず、かつては〔スペイン人の渡来以前〕、偶像を崇拝した異教徒であった。中には、太陽を神と崇めたインディオもいれば、岩もしくは山などを崇拝したインディオもいた。スペイン人がペルーへ赴く以前、彼らインディオがスペイン人や神の教会、それにキリスト教徒に、害を加えたことなど、一度もなかった。それは、スペイン人が渡航するまで、ペルーの諸王国が未知な土地であり、その存在がまったく知られていなかったからである。と言うのも、ペルーの諸王国が赤道を挟んで〔スペインとは〕反対側、つまり南方〔南半球〕に位置しているから

線画 1　カハマルカでの遭遇(fol. 384 [386])

である。

一五三一年、スペイン人は大量の金や銀を手に入れて大金持ちになる野望を胸に、〔パナマから〕ペルーの諸王国へ向かった〔フランシスコ・ピサロ麾下の第三次ペルー遠征隊〕。彼らはペルーの地〔トゥンベス〕に上陸して間もなく、当時諸王国を治めていたアタバリバ〔通称アタワルパ〕という名の土着の支配者を捕らえ、その身柄を拘束した〔線画2〕。しかし、アタバリバには、捕縛されてしかるべき理由など、なにひとつなかった。スペイン人がアタバリバ王を生け捕りにしたのは亡きものにするためであった。と言うのも、彼らは出来るだけ干戈を交えず、ペルー王国を手中に収め、万難を排して、王国を独占しようと目論んでいたからである。俘虜となった当のアタバリバ王はわが身の解放と引き換えに、金と銀で溢れた館〔実際には石室のようなもの〕を一軒、差し出すとスペイン人に約束した。すると、スペイン人は、その約束が履行されれば、王を解放する、と応じた。アタバリバ王は約束どおり、金銀細工が詰まった館を一軒、差し出した。スペイン人はその金銀を仲間同士で分けあい、スペイン国王には、総量の五分の一〔キント・レアル。貴金属は総量の五分の一が国王の取り分とされた〕を献上した。ところが、スペイン人はアタバリバ王と交わした約束を反故にし、王を絞首刑に処し、王が絶命するや、その亡骸を荼毘に付したのである。彼らの言い分によれば、それは、アタバリバ王が監禁さ

線画 2　囚われの第 13 代インカ王アタバリバ（fol. 387［389］）

れていた所から指令を下し、部下を糾合してスペイン人を亡きものにしようと企んだからであった。

以上の報告に嘘偽りがなければ、以下のような《疑問一》が生じる。すなわち、アタバリバ王の身柄を拘束し、殺害する現場に居合わせたスペイン人（その数は二〇〇人にも満たなかった〔当時の史料によれば一六八人〕）は全員、各自が手に入れた金や銀をひとつ残らず、賠償しなければならないのか、それとも、可能な範囲で、賠償義務を負うだけなのか、あるいは、いっさい賠償義務を負わないのか、という疑問である。

《疑問二》貢租の査定が実施されていなかった頃について

インディアスの存在が明らかになると、ローマ教皇アレクサンデル六世（在位一四九二～一五〇三年。本名はロドリゴ・デ・ボルジア。スペインのバレンシア生まれ。「史上最悪の教皇」とか「政治感覚に優れた教皇」と、評価が大きく二分されるルネサンス期の教皇。ラファエロやミケランジェロなど、多くの芸術家のパトロンとして有名）はカスティーリャ・レオン王国の国王（正確にはカスティーリャ・レオン王国のイサベル女王とアラゴン王国のフェルナンド王。二人は結婚していたので、のちに〈カトリック両王〉の称号を授かる）にインディアスの発見事業を委託した[1]。それは、両王がそのキリスト教精神と権力に基づいて、インディアスへ宣教師を派遣し、そこに暮らしている人たち（インディオ）

をイエス・キリストの信仰へ導き、改宗させるのを願ってのことであった。今は亡き皇帝陛下〔スペイン国王カルロス一世。一五〇〇～五八年。フランドルのガン生まれ。ハプスブルク家出身。在位一五一六～五六年。一五一九年にカール五世として神聖ローマ帝国の皇帝に即位〕はインディオをキリスト教へ改宗させるため、適切かつ有益な訓令を持たせて、配下の指揮官たちをインディアスへ派遣した。ところが、指揮官をはじめスペイン人たちは訓令を遵守するどころか、蓄財してスペインへ帰還するという目的を叶えるため、出来るだけ大量の金や銀を手に入れるのに余念がなかった。

そうして、ペルー最大の支配者であったアタバリバ王がこの世を去ると、スペイン人の中には、王が身罷ったときに手に入れた例の財宝を携えて即刻帰国したものもいれば、さらなる蓄財を目論んで、ペルーに残留したものもいた。その中には、いま現在も、ペルーで暮らしているものもいる。ペルーには莫大な量の財宝が眠っているという噂があったので、スペイン人は大挙して、ペルーを目指した。彼らは内陸部へ歩を進め、武器を振りかざしてインディオを征服しては貢納を強要し、そのうえ、彼らを奴隷同然に扱った。すなわち、スペイン人は一粒のトウモロコシも残らないほど、インディオから身代をことごとく奪い去っただけでなく、以下のように、インディオを仲間内で分配しあった。つまり、指揮官が兵士一人ひとりに、自らの判断にしたがって、インディオの村落を分け与えたのである。(2) スペイン人の中には、数にして二〇もの村落を拝領したものもいれば、三〇もの村落を手に入れたものもいた。同じように、他のスペイン人にも、インディオの村落が分与された。したがって、スペイン人兵士の中には、指揮官から授かったインディオから毎年、一万ペソ〔ペソ・ドゥロとも。銀貨で、一ペソは、一五三五年ごろ本国スペインで鋳造されはじめた八レアル銀貨と等価〕を手に入れていたものもいれば、三万ペソ、さらには、五万ペソもの収入を得ていたものもいた。結局のところ、インディオが納める貢租に関しては、査定がまったく実施されていなかったため、スペイン人はそれぞれ、自分に分配されたインディオから入手できるかぎりの量の物資を貢物として手に入れた。そのようにして、スペイン人はペルー全域をくまなく征服し、その土地を仲間同士で分配しあった。現在、同様の事態がチリをはじめ、新しく発見される別の地方でも進行している。たとえ一部のインディオが先祖伝来の土地を死守するために決起しても、戦いとなれば、スペイン人の方が勇猛だったので、インディオはひとたまりもなく生命を落とした。その結果、もはやインディオには、なす術《すべ》がなく、すすんでスペイン人に従うしか道はなかった。そうして、現在、ペルーのインディオは一人残らず、スペイン人に支配されている。

　したがって、先記のとおり、エンコミエンダ〔スペイン人に委託されたインディオ村落〕を受領した兵士たち〔エンコメンデロ〕は、ペルー王国でおよそ一三年ないし一四年もの間、無制限に貢物を手に入れていたことになる。

そこで、《疑問二》が生じる。すなわち、彼らエンコメンデロ〔エンコミエンダを受領しているスペイン人〕は各自、インディオから手に入れたものを一つ残らず賠償する義務を負うのかどうか、それとも、彼らはその一三年か一四年の間に全員が入手したものをすべて、連帯して賠償する義務を負うのかどうか。あるいは、エンコメンデロは手に入れたものを私財として所有できるのかどうかという疑問である。

《疑問三》初めて貢租の査定が実施された頃について

その後、ペルーの諸王国で行われていた余りにも残虐な仕打ちを目撃して、聖職者をはじめ、神の名誉を守るのに熱心な人びとは、インディオが納める貢物の量に一定の制限を加えるよう、王室官吏たちを説得した。それは、インディオに甚大な害が及ばないようにするためだけではなく、彼らに〔少なくとも一人につき〕身を包むための外套《マンタ》一着と糊口を凌ぐためのトウモロコシ一セレミン〔約四・六リットル〕を所持できることを信じさせるためでもあった。結果、ペルーでは、以下のように、いわゆる貢租の査定が実施された。すなわち、査定官はスペイン人に分与されたインディオの各村落に対して、エンコメンデロが各自、自分の家を維持するのに必要とするものをもれなく供出するよう、命じたのである。それはまさしくエンコメンデロの要望に応えたものであった。要するに、エンコメンデロは自己の判断に従って、家を維持するのに必要なものを一つ残らず要求したのである。一方、査定官には、エンコメンデロがあり余るほどの物資を手に入れるのを承諾する以外、なす術《すべ》がなかった。と言うのも、もし査定官が兵士でもあるエンコメンデロの要求を聞き届けなければ、彼らは全土を挙げて武装蜂起したからである。そういうわけで、査定官はエンコメンデロの要求をことごとく承認した。そうして、査定を実施するたびに、査定官はインディオに、大量の金か銀、衣服、布、大袋、馬用の毛布、小麦、トウモロコシ、羊、山羊、豚、鶏、鶉、獣脂、新鮮な魚や塩漬けの魚、履物、座椅子、桶やコカ、その他、じつに夥しい数の物品を差し出すよう命じた。要するに、査定官はエンコメンデロの要求を一つ残らず、容認したのである。

先記のとおり、査定官は、エンコメンデロが全土を挙げて武装蜂起するような事態を極力回避したかったので、公正な形で貢租査定を行わなかった。その結果、査定官は、実際には三万〔ペソ〕を差し出していたレパルティミエント〔エンコミエンダ〕に対して、貢租額を二万〔ペソ〕と評価した。それは、二万〔ペソ〕が正当な査定評価額になるのではなく、インディオがその残余分の一万〔ペソ〕を免除されているように見せかけるためであった。実際、査定官は来る日も来る日も、そのような布告を行いつづけた。

つぎに、この点に関して注目しなければならないのは、エンコミエンダの下賜が王室官吏の手で行われたとはいえ、国王の意向や王室官吏自身の意思に反して実行されたということである。つまり、国王ならびに王室官吏がエンコミエンダや査定された貢納量を容認したのは、〔エンコミエンダを所有する〕スペイン人が反旗を翻し、全土を挙げて武装蜂起に至るような事態が勃発するのを回避するためだった。

三番目に留意しなければならないのは、兵士にエンコミエンダを授与する旨を記した勅令では、その兵士に対して、所有するインディオにキリスト教の教えを説くことが命じられていたことである。エンコメンデロの中には、そのために、聖職者を一名、抱えたものも一部にいたが、聖職者を一人も雇わなかったものたちもいた。

したがって、以下のような疑問が生じる。すなわちエンコメンデロとなった兵士は各自、先記の通り、貢租の査定が実施されていたとき、インディオから手に入れたものをことごとく賠償する義務を負うのか、それとも、入手したものすべてではなく、その一部を賠償しなければならないのか。また、インディオのキリスト教化のために聖職者を抱えているエンコメンデロとそうでないエンコメンデロを、同一基準で判断してはならないのか。

《疑問四》現在、ペルーで実施されている貢租の査定について

今日という日に至るまで、エンコメンデロは大多数が先に記した査定を受け入れてきた。副王《ビレイ》〔スペイン国王が植民地インディアスを統治するために設けた最高位の官職。ペルーに初代副王が任命されたのは一五四三年〕のカニェテ侯〔第三代ペルー副王。アンドレス・ウルタド・デ・メンドサ。在位一五五六～六〇年〕〔線画3〕とアウディエンシア〔植民地に設置された高等司法・行政院。副王が長官を兼ねることもあった〕はインディオの負担を軽減しようと、査定の一部を見直し、複数の品目を貢納対象から除外したが、査定量そのものは依然として度を越したままであった。エンコメンデロの中には、所有するインディオのために〔キリスト教の教えを説き、洗礼を与え、正式な結婚をさせる目的で〕、司祭を一名ないしは二名、雇用しているものがいる一方、聖職者すなわちインディオに教育を授ける役目を担う人を一人も抱えていないものもいる。また、エンコ

線画 3　第 3 代ペルー副王カニェテ侯(fol. 438［440］)

メンデロの中には、十分な数の司祭を配備しているものもいるが、必要数の半分しか満たしていないものもいる。レパルティミエントの中には、本来なら三人の司祭が必要とされるのに、わずか一人しかいない所もある。そして、そのエンコメンデロは司祭に三〇〇ないしは四〇〇ペソを支給し、残りはすべて自分の懐に入れている。エンコメンデロの中には、一万ペソの実入りがあるものもいれば、それ以上かもしくはそれ以下の収入を手にしているものもいる。

一部のレパルティミエントでは、インディオの半数が異教を奉じ、その中には、まだ洗礼を受けていない者もいれば、洗礼を拒否し、異教を信じつづけている者もいる。受洗したインディオと同じように、異教を奉ずるインディオもエンコメンデロに貢物を納めている。エンコメンデロの中には、かつての〔上司に当たる〕総督ではなく、副王から随意に、あるいはアウディエンシアから、エンコミエンダを受領し、所有している者たちもいる。したがって、以前は王室官吏が任意に大勢の兵士にエンコミエンダを授けたが、今では、国王や王室官吏の意思に反して、〔兵士以外で〕エンコミエンダを所有するもの〔聖職者、教会、地方役人など〕も存在する。彼らにも、エンコミエンダの所有が認められているが、ここでは、彼らについては触れない。いずれにせよ、エンコメンデロの考えによれば、彼らがエンコミエンダを所有するのは、国王が彼らの果たした功績を認めたからである。以上のような状況が黙認されているのは、エンコメンデロが全土を挙げて武装蜂起するような事態が勃発するのを避けるためであり、これがペルーの現状である。

そこで、以下のような疑問が生じる。すなわち、これらのエンコメンデロは賠償義務を負うのか、それとも、もしインディオに十分なキリスト教教育を行っているエンコメンデロがいれば、彼は査定量の貢物をそっくり手に入れることが出来るのか、あるいは、どれだけの量の貢物を要求できるのか。

《疑問五》エンコメンデロと関わりのある人たちについて

ペルーの金や銀は、ほとんどすべてが先に記したエンコメンデロの手を通じて流通している。と言うのも、商人は布や絹の代金として二バラ〔計算貨幣として利用され、一バラは金約四・六グラムで、四五〇マラベディ〕、弁護士は弁護代として一バラ、公証人は書記代として一バラ、医者は治療費として一バラ、仕立屋は衣服の縫製代として一〇〇ペソ、召使は俸給として五〇〇ペソ、そして、聖職者はミサ代の二〇〇ペソ以外に、数かずの布施をそれぞれ、エンコメンデロに要求しているからである。

先に挙げた四項目の疑問で言及されたことや、エンコメンデロの所有する土地が、元を正せば、インディオのものであり、エンコメンデロがその土地を奪い、そこに、つまり、インディオの土地に、インディオを使役して葡萄の木を植えたこと、それにエンコメンデロが自分の所有する家畜をインディオの王国でインディオを働かせて飼育していることなどを考慮に入れれば、貢納物のみならず、エンコメンデロの所有する財産や収益も、先記のとおり、元を正せば、インディオのものである。したがって、当然のことながら、エンコメンデロが所有する財産なども、明らかに、インディオに帰属する。

以上のように仮定すれば、以下のような疑問が生じる。すなわち、**そのようなエンコメンデロと関係をもつ人びとは例外なく、彼らから受け取る財貨を賠償する義務を負うのかどうか**ということである。同じく、ペルーに駐在する役人の中には、エンコメンデロが不正に貢物を手に入れているのを知らないものや、エンコメンデロの所有する財産が不正に取得されたものであるのを知らない人が大勢いることを考慮しなければならない。もっとも彼らを除けば、ペルーに在留するスペイン人はほぼ例外なく、エンコメンデロの財産に関しては、一抹の疑問を抱いている。それは、疑う余地がない。と言うのも、彼らは、宣教師たちが説教壇でその類の話をするのを耳にするからであり、また、その種の噂話が広く流布しているからでもある。(3) つまるところ、われわれ〔宣教師〕はエンコメンデロから財貨を受け取っている商人、医者、弁護士、仕立職人や召使に赦免を与えることが出来るのだろうか。

《疑問六》金鉱山と銀鉱山について

スペイン人がペルーへ向かったころ、その王国には、ポルコ鉱山〔現ボリビア・ポトシー県に属し、標高四四〇〇メートルを超える高地に位置する銀鉱山〕のように、すでに発見されていた鉱山がいくつもあったし、それら以外にも、鉱山が数多く存在した。中には、かつてペルーの地を支配したグァイナカバ〔第一一代インカ王ワイナ・カパック。一四六七?～一五二五年?〕〔線画4〕の所有した鉱山もあれば、個人のインディオに属する鉱山もあった。そして、鉱山を所有するインディオは金や銀を採掘しては、先記のグァイナカバに貢納していた。スペイン人がペルーの土を踏んで以来、数多くの金や銀の鉱山が発見され〔ポトシー銀山もそのひとつ〕、その中には、インディオが発見した鉱山もあれば、スペイン人が見つけた鉱山もある。また、鉱山の中には、偶然発見されたものもあれば、発見を

線画 4　第 11 代インカ王グァイナカパ(fol. 112)

目的に探索し、その結果、存在が明らかになったものもある。

現在ペルーに位置する鉱山で、利用価値の高い鉱山はことごとく、スペイン人に占有されている。つまり、スペイン人は、すでに発見されていた鉱山も彼らが見つけた鉱山も自分のものにしたのである。そして、個人が所有しない鉱山はスペイン国王のものになっている。このように、国王もスペイン人個人も鉱山を所有し、素性の定かでない人物が鉱石を採掘するのは認められていない。スペイン人がペルーへ渡ってから発見された鉱山の中には、すでに発見されて二五年もの歳月が経過する古い鉱山もあれば、グァマンガ〔ワマンガ。現アヤクチョ。ペルー南部の中央アンデスに位置し、かつてワリ文化が栄えた地方〕〔線画5〕のじつに素晴らしい鉱山のように、ごく最近発見されたものもある〔一五六三年に発見されたパリャンカタ銀鉱山のこと〕。

スペイン人は昔から今日という日に至るまで、鉱山をいくつも発見し、採掘しているが、以下に掲げる二つの理由から、それがインディオの意思に反しているのは、間違いない。まず、それらの鉱山はインディオの土地に位置しているから、明らかに鉱山の所有者は彼ら、インディオである。つまり、たとえ実際に利益を享受していなくとも、インディオがそれらの鉱山を自分たちのものとみなすのは、当然だと考えられる。この件に詳しい人たちの話によれば、とりわけ、ペルーには、インディオの村落間に分割され

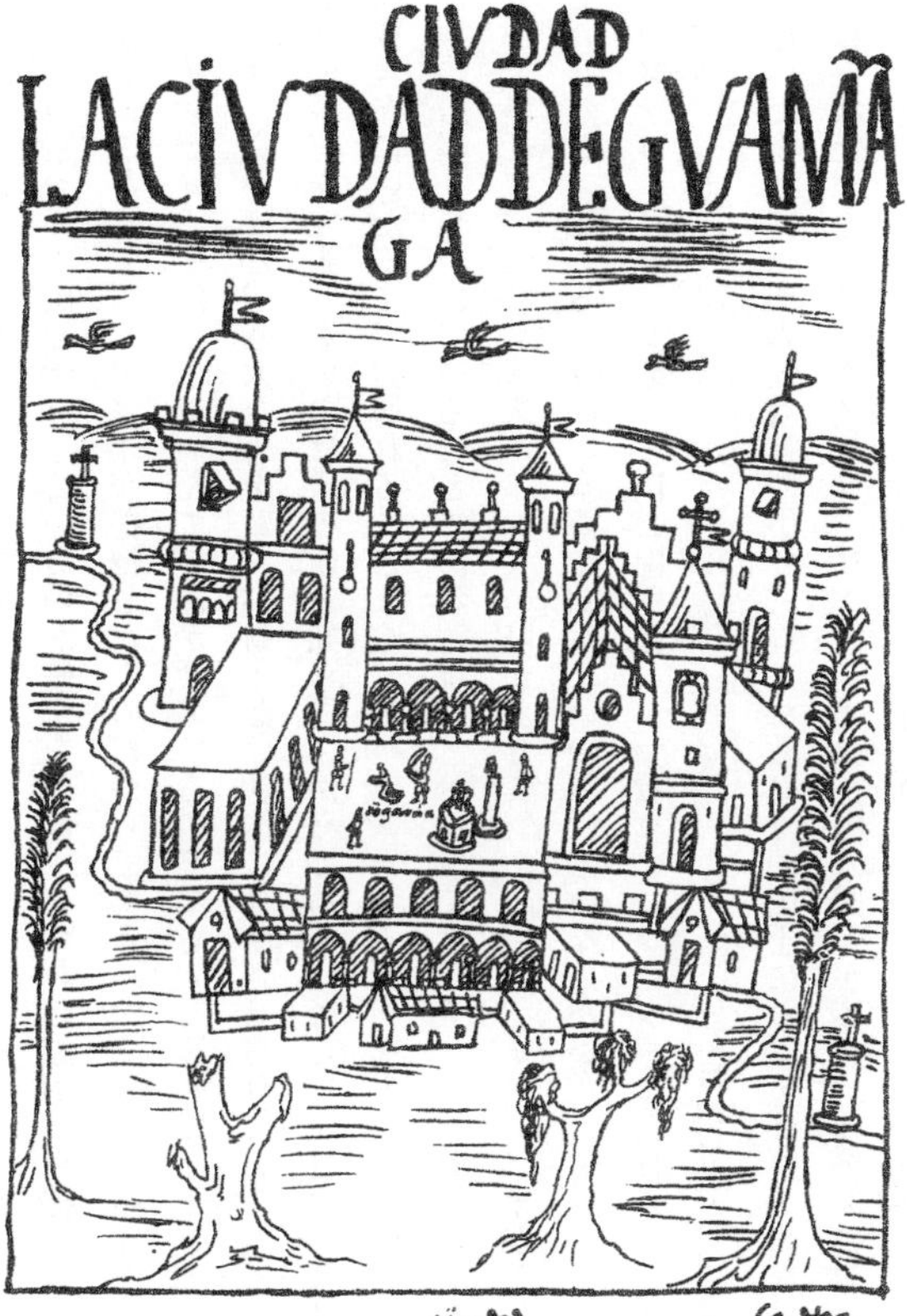

線画 5　グァマンガ(現アヤクチョ，1540 年に植民開始)(fol. 1049［1057］)

ていない土地など、猫の額ほどもないからである。ついで、スペイン人がインディオの意思に逆らって鉱山を所有しているのが確かなのは、それらの鉱山から採掘される金や銀がことごとく、インディオが採掘したものだからである。つまり、スペイン人は強制的にインディオを鉱山へ追いたてて働かせているのである。そうして、インディオは、計り知れないほど、甚大な害を蒙り、耐え難い労働に従事させられている。インディオがその事実を主張しないのはその術《すべ》を知らないからである。さらに注目すべきは、過去同様現在にいたるまで途切れることなく、スペイン人がインディオの意思に反して、ペルーに居座りつづけていることである。現在、ペルーには、チリに位置する町を除き、大小合わせて、二〇ものスペイン人の町があり〔現在のペルーの首都リマ市など〕、インディオがそれを認めているのは、認める以外になす術を知らないからにほかならない。

カスティーリャ・レオン王国の国王はローマ教皇アレクサンデル六世から大教書〔通称「贈与大教書」。正確にはカスティーリャ・レオン王国の女王イサベルとアラゴン王国の国王フェルナンドの夫妻に宛てて一四九三年に発布された〕を拝領しており、すでに《疑問一》で述べたように、その大教書の中で、ローマ教皇は同国王にインディアスの発見事業を委ねられた。それは、カスティーリャ・レオン王国の国王がインディアスにおいてイエス・キリストの信仰を説きひろめ、正義を司るのを願ってのことであった。ところが、その目的のために、インディオは莫大な量の、しかも、過重な貢物を納めているのである。そのうえ、インディオは先祖伝来の土地に所有していた鉱山まで奪われている。本来なら、それらの鉱山は、インディオが貢物を納めたり、その他、手に入れたいものの代価を支払ったりするのに利用されるべきである。

以上のことを前提にすれば、次のような三つの疑問が生じる。

まず、スペイン国王は私利私欲を満たすために、ペルーの王国に在る金や銀の採掘可能な鉱山を所有できるのかどうか、という疑問。

次に、スペイン人はペルー王国に位置する鉱山を所有できるのかどうか、という疑問。

最後に、三番目の疑問は次のとおり。スペイン国王およびその臣下はスペイン人の渡来以前からペルーに存在した鉱山から貴金属を採掘し、持ちさることができるのかどうか、それとも、鉱山ともども、これまでに採掘した金や銀をインディオに返還しなければならないのかどうか、という疑問である。

《疑問七》墳墓に副葬された財宝について

ペルーのインディオ(少なくとも有力な領主の場合)には、キリスト教に改宗する以前、つまり、異教を奉じていたころ、身罷ると、故人が生前所有した金や銀をはじめ、この上なく絢爛豪華な衣装、エメラルド、壺《つぼ》、鍋、水瓶その他、大量の金や銀の器などの財宝を、亡骸とともに、埋葬する習わしがあった。彼らがそのような副葬を行ったのは、以下に掲げる二つの理由に依拠している。

まず、じつに豪華壮麗な墳墓を築くのは、死者にとっても、あとに残された生者にとっても、名誉なことと考えられていたからである。つぎに、インディオの考えに従えば、死者は生前持っていた財宝を彼岸の世界でも所有することになっていたからである。したがって、インディオの間では、莫大な財宝を携えて旅立ったものは冥界でも尊敬され、なに不自由のない暮らしを送るが、逆に、墳墓になにも供えられなかった者は彼岸の世界でも、赤貧に甘んじ、軽蔑されると考えられた。そういうわけで、ペルーには、父や祖父、曽祖父などを祀ったまことに立派な墳墓がいくつも存在する。トゥルヒーリョ〔かつてチムー文化の栄えたペルー北部の海岸地方に位置する町〕〔線画6〕と呼ばれる、たった一つの町に建てられた数かずの墳墓からだけでも、一五五四年から今日に至るまでの間に、合計五〇万ドゥカド〔・デ・オロ。カト

線画 6　トゥルヒーリョ（1534 年，ディエゴ・デ・アルマグロが建設）（fol. 1017［1025］）

リック両王時代に実施された貨幣改革で導入され、三・六グラムの金を含有し、三七五マラベディに相当〕を凌ぐ財宝が発見された。そして、スペイン人はそのうちの四〇万ドゥカド以上の財宝を横領した。

それらの墳墓の中には、所有者が明らかなものがいくつかある。つまり、自分の亡きあとも、この世に生き残り、滞りなく墓の世話をしてくれる子や孫がいる人たちの墳墓である。その一方、あまりにも古くて、インディオにも、その所有者が特定できない墳墓もある。すなわち、インディオは、墳墓が地元の有力者を祀ったものであるのを知っているだけで、その有力者については、まったく記憶がない。スペイン人はインディオの意思に反してそのような墳墓を捜しまわり、見つけ次第、一つ残らず奪い去った。そして、今でもなお、スペイン人はじつに熱心にそのような墳墓を漁りまわっている。

したがって、疑問は以下のとおり。まず、スペイン人は墳墓から奪った財宝を一つ残らず、賠償する義務を負うのかどうか。次に、スペイン人が特定の所有者のいない墳墓に副葬された財宝を我がものにすることができるとすれば、特定の所有者がいる墳墓とそうでない墳墓に、違いがあるのかどうかという疑問。そして最後に、特定の所有者がいない墳墓から奪った財宝を賠償しなければならないとすれば、いったい誰に賠償すべきかという疑問である。

《疑問八》グァカ〔カワ〕への供物について

インディオは、崇拝する対象が存在する場所のことを例外なく、グァカと呼んでいる。つまり、彼らは、自分たちが崇める山や神と見なしている岩、それに、悪魔に捧げるために身体を清める泉などが位置する場所をグァカと呼んでいる。また、グァカという言葉が全体の一部のものを指すこともある。と言うわけで、インディオは崇める対象をことごとく、グァカと名付けている。すなわち、彼らは崇める岩や泉や樹木などもグァカと呼んでいるのである。

ペルーのインディオは異教を奉じていた頃、つまり、キリスト教を知らなかった頃、グァカに大量の金や銀、豪華な衣装、金や銀の器、同じく数多くの貴石を供えていた。中でも、ペルー最大のグァカはクスコ市〔かつてのインカ帝国タワンティンスーユの中心地〕〔線画7〕に建立された太陽の神殿〔コリ・カンチャ〕〔写真1・2〕である。現在、その神殿は聖ドミニコ会の修道院になっている。太陽の神殿には、莫大な量の金や銀の財宝をはじめ、高価な品が大量に収蔵されていた。それらの財宝は、ペルーで最も権勢を誇った〔先住民族〕インガ人が崇めていた

線画 7　旧インカ帝国の都クスコ(fol. 1051［1059］)

写真1　現在のコリ・カンチャ(下部がインカ時代の外壁)

写真2　コリ・カンチャ(内部)

太陽に捧げられたものであった。スペイン人はそれらの財宝をひとつ残らず奪い去り、さらに、パチャカマク〔リマ近郊の太平洋岸に位置する宗教都市〕のグァカをはじめ、数多のグァカからも、莫大な量の財宝をせしめた。そのうえ、インディオの住む村落には例外なく、グァカがあったので、グァカに捧げられた財宝の量は、到底信じられないくらい、膨大であった。

さてここで、以下のような疑問が生じる。それらのグァカから莫大な量の財宝を奪ったスペイン人は略奪した財宝をひとつ残らず、賠償する義務を負うのかどうかという疑問、それに、もしその義務を負うとすれば、スペイン人が賠償すべき相手はいったい誰なのかという疑問である。

《疑問九》インガのチャカラ〔チャクラとも。畑〕について

ペルーの王であったインガ・グァイナカバはインディオの各村に一区画の肥沃な土地を私有地に指定していた。その土地は、過去同様現在も、インガのチャカラと呼ばれている。チャカラとは畑を意味し、インガとは王の呼称である。もっとも、かつてエジプトを治めた国王がファラオと呼ばれていたように、ペルーを治めた王も、グァイナカバ

の以前以後を問わず、インガと呼ばれていた。

　インガがそのようなチャカラを指定したのは、インディオが貢納することになっていたトウモロコシの種子を蒔かせるためであった[4]。インディオはチャカラで収穫したトウモロコシを宮廷の置かれたクスコまで運搬することもあれば、インガがその取扱いに関する命令を下すときまで、村落にある貯蔵庫〔コルカ〕に保管することもあった〔線画8〕。

　自分と同じ血を引く孫たちが現存する先記のインガ・グァイナカバは、もともとクスコをはじめ、ペルーの一部の地方を治めた正当な君主であった。しかし、噂によれば、グァイナカバは暴君のごとく振舞い、武力を行使して他の地方を制圧し、理由もなく、その住民に貢納義務を負わせた。グァイナカバ王はひたすらペルーの諸王国を制覇するために、自ら征服に乗り出し、支配した地方には例外なく、先記のとおり、一区画の土地を私用に確保したらしい。スペイン人はペルーへ渡ると、とりわけ肥沃な土地であるインガのチャカラを一つ残らず、仲間同士で分けあった。現在、それらのチャカラはスペイン人の所有する土地となり、彼らはそこに邸宅を構え、葡萄畑、家畜の囲い場や果樹園などをつくっている。

　したがって、この点に関して生じる疑問は、スペイン人はチャカラを返還すべきかど

線画 8　インカ時代の貯蔵庫(コルカ)(fol. 335［337］)

うか、また、返還するとすれば、誰に返還するのかということである。

《疑問一〇》クスコ占領について

《疑問二》で触れたように、スペイン人はペルーへ渡ると、インディオを征服しながら内陸部を突き進んだ。そして、彼らがクスコへ達したとき〔一五三三年一一月〕、インディオは町の防衛に当たった。しかし、彼らはスペイン人に太刀打ちできなかったので、ペルー第一の町クスコを放棄し、一目散に郊外へ逃亡した。スペイン人はクスコの町へ入るや、略奪の限りを尽くした。彼らはクスコの町で、とりわけ、すでに《疑問八》で言及したように、太陽の神殿に、莫大な量の財宝があるのを発見し、同じく月の神殿にも数多の財宝が眠っているのを知った。スペイン人はまた、クスコにあった館を仲間うちで分配しあった。館はどれもじつに立派なもので、今日でも、外壁は崩れず、威容を誇り、今後も崩落することはないと思われる。と言うのも、壁がこの上なく堅固な石造りだからである。

大勢のスペイン人はクスコの町中へ入ると、そのような石の壁に囲まれた館の内部に、外壁に合わせてじつに立派な建物を築いた。と言うのも、インディオの住居は屋根が藁葺きで、しかも、例外なく、簡素なものだったからである。スペイン人は屋根を瓦葺にし、部屋の数を増やし、大きな廊下や中二階を増築した。とは言え、インディオの住居は頑丈に出来ているので、その大半が現在でも使われており、これからも使用されつづけるだろう。スペイン人がクスコの町に居を構えて二五年の歳月が流れた。

また、スペイン人は、インディオが山間に所有していた田畑を奪い、猫の額ほどの土地も、インディオには残さず、奪った田畑を仲間うちで分けあった。現在、それらの田畑を所有しているのはクスコの町に住んでいる例のスペイン人たちであり、田畑の価値は高騰している。もともとクスコの町に暮らしていたインディオに対して、これまでに何かが賠償されたためしはなく、現在も、インディオは町を取り囲む山の中で暮らし、山間にある先祖伝来の土地も奪われ、山奥で農作業に従事している。

スペイン人がインディオから奪った数軒の館は、グァイナカバ王が所有したものであり、インディオたちはそこで王に伺候していた。

そこで、次のような疑問が生じる。すなわち、スペイン人はそれらの館や田畑をインディオに返還する義務を負うのかどうか、それとも、自分のものにすることが出来るのかどうかという疑問である。事実、スペイン人は一抹の後ろめたさも感じていないし、また、クスコの町には、すでに司教座聖堂の教会があり、司教が存在し、四つの修道会〔ドミニコ会、フランシスコ会、アウグスティヌス会、メルセス会〕の修道院も建立されているので、自分たちも当然、館や田畑を私有できると思い込んでいる。

《疑問一一》インガの支配権について

グァイナカバはペルーの支配者であり、チリからキトに至る、距離にして一〇〇〇レグワにも及ぶ広大な土地を治めていた。スペイン人がペルーに足を踏み入れた時、グァイナカバ王はすでに鬼籍に入っていた〔ピサロ率いる第三次遠征隊のトゥンベス上陸以前、一五二五年頃にペルー北部に広まったヨーロッパ起源の疫病に罹って死亡したとされる〕。グァイナカバ王が亡くなった時、二人の息子、すなわち、アタバリバとグァスカル〔ワスカル〕、それに大勢の息子が後に残されたが、スペイン人がペルーへ辿りついた頃、ペルーを支配し、治めていたのはアタバリバとグァスカルの二人だった〔線画9〕。二人は王国全体もしくはカニャル人の住むとある地方〔キト王国〕の支配をめぐって反目しあっていた。今では、アタバリバもグァスカルも、それにグァイナカバ王の血を引く別の息

線画 9　第 12 代インカ王グァスカル(fol. 115)

子たちも一人残らず、この世にいないが、グァイナカバ王の血を引く孫は大勢、現存する。その中には、スペイン人がインディオに加える虐待を目撃して、密林地帯へ立ち去り、聳え立つ連峰の背後に位置する、アンデスと呼ばれる地方に姿を消したものたちもいる[5]〔線画10〕。そして、彼らは現在も、その土地〔ビルカバンバ〕に身を潜め、スペイン人がペルーの地に到着する以前と同様、太陽を神として崇めている。

グァイナカバ王の血を引く孫の中に、ティト〔ティトゥ〕と名乗る人物がいる[6]。ティトは現在、アンデス地方で、インディオから王と見なされているが、おそらく当地〔クスコ〕でも、状況は変わらない。そのティトは自身の宮廷をもち、護衛を従えている。ティトをはじめ、グァイナカバの孫は一人残らず、ペルーに住んでいる他のインディオ集団〔インカ帝国とは、クスコを拠点とするインカ人が武力を背景に一五世紀前半に建設した国家。カニャル人、チャンカ人やルパーカ人など、非インカ系のインディオ集団を支配した〕と異なり、スペイン人に仕えるのをよしとせず、アンデスの密林地帯に留まっている。もっとも、彼らはこぞって、もし密林地帯から遠く離れた当地で、スペイン人と一緒に暮らした場合、スペイン国王が十分な扶持を与えてくれるなら、キリスト教に改宗し、アンデスの地を離れたいと考えている。もし国王がスペイン人エンコメンデロに対するのと同じように、彼らにも一人ずつ、レパルティミエントを授ければ、彼らは満足するだろう。例のティトは、二年

線画 10　マンコ・インガの蜂起(fol. 400［402］)

ほど前からくりかえし、クスコの司教総代理〔クリストバル・ヒメネス〕宛てに、書簡を認《したた》め、アンデスの地への来訪を懇願し、総代理こそ、自分の交渉相手になるべきだと伝えた。それで、司教総代理はアンデスへ足を運び、ティトに十字架をいくつか建てさせた。ティトは総代理に、自分の名代として副王と協議するよう、依頼したが、それは、扶持の提供を副王に伝えてもらうためであった。と言うのも、ティトの望みはアンデスの地を離れ、キリスト教徒になることだったからである。

　したがって、ここでの疑問は以下のとおり。すなわち、スペイン国王は、もしインガが反乱を起こした場合、その反乱を抑え、鎮圧するのに必要な普遍的かつ至高の支配権を留保しながら、ティトと名乗るインガをアンデスの地から連れ出し、そのインガにペルー王国を返還するのを義務づけられているのかどうか。それとも、スペイン国王は良心にもとづいて、現状を、つまり、インガが本来の支配権を奪われたまま、アンデスに籠もりつづけるのを、容認できるのか否かということである。

　スペイン人〔宣教師〕の中には、以下に掲げる二つの理由から、インガに支配権と王国を委ねるのは得策ではない、と主張する者たちがいる。彼らによれば、その第一の理由は、インガが支配権と王国を掌握すれば、インディオを糾合し、全土を挙げて武装蜂起するとになるからであり、第二の理由は、インディオのキリスト教への改宗が妨げられるからである。

他方、インガはアンデスを離れるのが望ましい、と主張する者たちもいる。彼らは先記の二つの理由に対して、こう答えている。第一の理由に関しては、彼らによれば、インガ王が全土を挙げて決起するなど、あり得ないことだった。と言うのも、現在、ペルーには六〇〇〇人を越えるスペイン人が暮らし、ペルーのインディオを鏖殺《おうさつ》するのに、そのうちの僅か一〇〇人でこと足りるからである。それはつまり、二〇〇人にも満たない、せいぜい一〇〇人余りのスペイン人がペルー全域を征服したからである。

第二の理由について、彼らが答えて言うには、もしインガ王がアンデスを離れれば、今は異教を奉じているアンデスのインディオも一人残らず、キリスト教に改宗し、アンデス以外の土地で暮らしているインディオも、今にもまして立派なキリスト教徒になるからである。と言うのも、インディオはもともと土着の支配者にじつに恭順であり、支配者の態度に倣う性分だからであり、もしインガ王が非の打ちどころのないキリスト教徒になれば、インディオも全員が立派なキリスト教徒になり、今以上に優れた信者になるからである。洗礼を受けていながら、偶像を崇拝しつづけているインディオが大勢いるが、それは、インディオがひどく打ちのめされ、本来の王を奪われているからであり、彼らの王がいま現在も偶像を崇拝しているからでもある。つまるところ、インディオは一人残らず、このティトを王と見なしている。

この問題に関しては、それとは別に、注目しなければならない点がある。それは、このティトの祖父にあたるグァイナカパがペルーの一部の地方を治めた正当な王であり、グァイナカパの先祖も歴代、同じくそれらの地方を支配した王だったことである。しかし、グァイナカパはさらに征服を押し進め、ペルーのいくつかの地方を降し、理由もなく、貢納義務を負わせた。それと同様に、スペイン人もペルー全土を征服し、理由もなく、納税を強要した。

《疑問一二》一部の兵士が申し立てている良心について

ペルーへ渡ったスペイン人、とりわけ、誰よりも先にペルーを発見したスペイン人たちは途轍もない悪事を働いた。例えば、《疑問一》で触れたように、彼らはアタバリバを殺害して、その財宝を強奪したり、大勢のインディオを焚殺したり、犬をけしかけたり、首を刎ねたりした。また、彼らはインディオに例外なく貢物を納めさせ、インディオを奴隷同然に扱った。インディオが売買の対象にされることはなかったものの、その点を除けば、彼らは奴隷と変わりがなかった。一方、スペイン人がインディオから害を蒙ることなど、皆無に等しかった。また、彼らスペイン人はそれ以外にも、数多の嫌悪すべき振る舞いに及んだ。

したがって、疑問は以下のとおり。すなわち、彼らスペイン人の中に一部、良心をもちあわせていることと、克服しがたい不知《イグノランシア・インベンシブレ》を理由に、そのような悪事を働いても、罪に問われないと考えている人たちがいるのかどうかということである。換言すれば、良心があれば、自らの犯した悪事に起因する賠償義務を免れるのかどうか、という疑問である。

スペイン人の中には、一部、良心を失っておらず、不知だったと言い張り、インディオから生命や財産を奪ったり、彼らに貢物を納めさせたり等々するのが罪深い行為になるとは思いもよらなかった、と弁明するものがいる。彼らは、インディオが偶像を崇拝する異教徒、つまり、神の敵だったので、犬同然に扱ったと主張している。他方、十戒に関して言えば、明らかに不知はありえない。つまり、相手が偶像崇拝者だから、その生命を奪っても罪にはならないとか、相手が異教徒だから、物を盗んでも罪を犯すことにならないとか、住民が未信者だから、その村を、理由も大義もなく、焼き払っても罪にならない、などということはありえないのである。

Ⅱ　ラス・カサスによる回答

一　諸原則

以上の疑問には、おのずから、インディアス問題の難解さが余すところなく包摂されている。私がそれらの疑問に対し正真正銘の解決策を提示するためには、神の掟と戒律にしたがって、疑問に答えなければならず、それには神よりしかるべき光と恩寵を授かる必要がある。それが叶うならインディアスという、あの新しい世界が発見され、われわれがそこで遭遇した人びとが害を蒙ることになって以来、今日に至るまで、変わることなく、スペインにおいて看過されつづけている数多の邪悪極まりない過ちが、必ずや白日の下に晒され、人びとの知るところとなるだろう。そうなれば、当然、われわれの多くが陥ってきた危険も明らかになるだろう。中には、許容しがたい不知ゆえに、危険に陥った者もいれば、不知を装って、つまり、教えを授かることも、無知な事柄に関して、些かの知識を得ることも望まなかったため、危険に陥った者もいた。しかし、大部分の人は、正真正銘の救いようのない悪意から危険に身を晒すことになった。以上のような不都合な事態は、元を正せば、以下に掲げる原則を知らなかったか、無視したことに起因する。

したがって、先記の一二項目に及ぶ疑問に答えるため、私は、神の恩寵が下るのを祈念し、ひたすら神のご助力を信じて、以下に二つのこと〔原則と結論〕を、可能な限り手短に、記すことにする。もっともこの問題は極めて重要なので、さらなる多くの時間と優れた能力が必要とされるだろう。

まず、私は上記の疑問に対する解決策を提示するうえで、必然的に想定しなければならない、説得力のある確たる原則を、複数、記すことにする。

ついで、私はそれらの疑問に答えるような結論をいくつか導くが、その際、管見ともどもわが身を、聖母教会、もしくは、その指導者であるローマ教皇による叱正と決定に委ねることにする。

《第一原則》

異教徒は例外なく、宗派や宗教を問わず、あるいは、いかなる罪を犯していようとも、自然の法と神の法、それに、人定の法と呼ばれる法に照らせば、第三者に害を加えることなく手に入れたものに対しては、正当な支配権を有し、享受する。また同じく、異教徒は正当に自らの公国、王国、領地を所有し、顕官、法官や支配者を戴いている。

万物を支配する権利に関して言えば、この原則は『創世記』第一章にある「神は言われた。〈我々にかたどり、我々に似せて、人を造ろう。そして、海の魚、空の鳥、家畜、地の獣、地を這うものすべてを支配させよう〉」という例の聖書の言葉〔第二六節〕で証明される。さらに、つづけて「神は御自分にかたどって人を創造された。神にかたどって創造された。男と女に創造された。神は彼らを祝福して言われた。〈産めよ、増えよ、地に満ちて地を従わせよ。海の魚、空の鳥、地の上を這う生き物をすべて支配せよ〉」〔第二七〜二八節〕と記されている。また、この第一原則は『詩編』の第八章にある「御手によって造られたものをすべて治めるようにその足もとに置かれました」〔第七節〕という聖書の言葉や、同じく第一一三章に記された「天は主のもの、地は人への賜物」〔正しくは第一一五章第一六節〕という聖書の言葉でも証明される。さらに、哲学者〔アリストテレスのこと。以下アリストテレスと表記〕も『倫理学』*Ethicorum*〔『ニコマコス倫理学』〕第二巻で、「われわれはある意味で万物の目的であり、現存するすべての物を自分自身のために使う」〔第六章〕と述べ、また、『政治学』*Politicorum* 第一巻にも、人が外在する物を所有するのは正しいし、自然なことであると記し、その一例として、狩猟術が挙げられる、と追記している。

公国、王国、領地や顕官を法的に支配することや、人間の中に統治するものと統治されるものが存在することに関しては、以下に示すとおり、それが自然の法であることで立証される。すなわち、ある事柄が他の事柄にとり自然である場合、その事柄自体が必然的に自然なのである。そうでなければ、他の事柄を実現することはできない。なぜなら、アリストテレスが『霊魂論』*De anima* 第三巻で教えているとおり、必要な事柄において、自然を欠くことはないからである。つまり、同じくアリストテレスが『政治学』第一巻で述べているところに従えば、人がさまざまな場所や町で、他人と一緒に暮らすのは政治的な生活であり、人間にとって自然なことである。その理由は以下のとおり。すなわち、人がただ一人で、あるいは、夫婦とその子どもたちからなる一家が家族だけで、長期間にわたって生計を維持し、暮らしていくのは不可能だからである。長い歳月の間に、一人や僅かな人数では解決したり補ったりすることのできない苦境が頻繁に出来《しゅったい》するからである。したがって、集合体を支えるのに必要なものは例外なく、自然であり、自然の法に基づいている。そして、その自然とは、集合体や共同体を支配し、治め、共通善の達成を責務とする人を有することであり、それはことのほか重要である。と言うのも、大勢の人が、自分たちを支配し治めるべき人物をもたず、ただ烏合している場合、大混乱が生じるのは明白だからである。そうなると、生まれながら集団生活を送る性向を人間に授けた自然が望むのとは反対に、共同体は自壊し、維持されなくなる。ソロモンはそのことを教示し、「指導しなければ民は滅びる…」〔『箴言』第一一章〕〔第一四節〕と記している。

ここで言う、治める人、すなわち、統治者こそ、社会や共同体が例外なく、最初に選んだ人もしくは選ぶ人にほかならない〔これについては、〔紀元六世紀前半に東ローマ帝国のユスティニアヌス一世の命令によって編纂された、『学説彙纂』*Digesta* 第一巻第二章の〕「法の起源論」第二節の数葉で、その本質が論じられているし、関連する章でも扱われている〔なお、『ユスティニアヌス法典』とは、『学説彙纂』以外に、同じくラテン語で記された『勅法彙纂』*Codex constitutionum* および『法学提要』*Institutiones* と、ユスティニアヌスの出したギリシャ語による『新勅令集』*Novellae* の総称〕。また〔『学説彙纂』〕第九三節〈任命する〉にも記されているし、「正義と法」〔『学説彙纂』第一巻第一章〕でも、関連箇所で取り上げられている〕。法学者たちが前述した「法の起源論」、それに『ローマ法』*De constitutionibus* の教会関係の章やその他の箇所で詳細に論じているように、社会や共同体によって選ばれた人は、自分以外に上位者を認めない場合、すべての自由な王と同じように、あらゆる管轄権と聖俗混合の唯一無二の支配権を掌握する。

したがって、王国や都市、あるいは、人びとが政治的に暮らすために集合した共同体にそれぞれ、王もしくは指導者、あるいはその呼称を問わず、長たるものが存在するのは人間にとり、つまり、キリスト教徒にとっても異教徒にとっても、絶対的かつ普遍的に自然なことであり、それは自然の法に基づいている。個々の事物に自然なことは全体にも共通し、とりわけ、自然だからである。したがって、人間にとって自然の法に基づくことは、キリスト教徒にも異教徒にも等しく共通し、自然なのである。と言うのも、キリスト教徒も異教徒も例外なく、ひとつの種であり、自然だからである。つまり、自然なことに関して言えば、キリスト教徒も異教徒も、人間以外のなにものでもないのである(『グラティアヌス教令集』*Decretum Gratiani* の第一部第一区分法令七の)「自然の法」の章)。

また、この第一原則はキリスト教徒、異教徒を問わず、万人に共通する人定の法によっても証明される。人定の法によれば、「ほとんどすべての民は人定の法を利用している。かつて分散して暮らしていた人びとが王国の住民となった。すなわち、それは人びとが選択した結果なのである」(〔『グラティアヌス教令集』の第一部第一区分法令九の〕「人定の法」の章)。

同じく、第一原則は、新約、旧約を問わず、聖書の数多くの箇所で、異なる宗教を奉じる王国を治めてきた歴代の異教徒たちが王と呼ばれていることからも証明される。例えば、他の聖書はさておき、旧約の『ダニエル書』の第二章を参照されたい。ダニエル〔旧約聖書に登場するユダヤ人で、キリスト教では預言者とみなされている〕は偶像崇拝者であるネブカドネツァル〔紀元前七世紀頃に新バビロニアを治めた王〕を、神が置かれた王であると認めている。すなわち、ダニエルは「王様、あなたはすべての王の王です。天の神はあなたに、国と権威と威力と威光を授け…」〔第三七節〕と語っているのである。

それゆえ、聖アウグスティヌス〔アウレリウス・、三五四～四三〇年。ラテン教父の一人。『神の国』*De civitate Dei*、『告白』*Confessiones* などの著書がある〕は旧約聖書と新約聖書に関する問題集〔*Questionibus Ueteris et Novi Testamenti*〕の中で(問題三五)、以下のように記している。「そういうわけで、ダビデ〔古代イスラエルの王〕は、神がサウル〔古代イスラエルの初代王〕のもとから遠ざかったあとも、サウルのことをわが主君、王と呼び、敬意を表した。ダビデは、王としての威厳を示すことこそ、神がサウルに与えられた使命であるのを知らなかったわけではなかった。それだからこそ、ダビデは、王としての尊厳に敬意を払うよう命じられた神を罵っていると思われないようにとの配慮から、サウルを讃えるのである。つまり、サウルもキリストに仕える人と同じように、神の似姿をしているからである。サウルがしかるべき敬意を受けなければならないのは、その人となりのためではなく、担っているその使命のためである。だからこそ、『ローマの信徒への手紙』（第一三章）の中で、使徒パウロは〈人は皆、上に立つ権威に従うべきです。神に由来しない権威はなく、今ある権威はすべて神によって立てられたものだからです〉〔第一節〕と語るのである。したがって、われわれは、権威を帯びている異邦人の王を、たとえ卑劣な人物であっても、讃美する。なぜなら、神の命令を軽んじる者は悪魔に感謝の念を捧げるに等しいからである。（ナジアンゾス〔のグレゴリオス、三二九？～三八九年？　カッパドキアの三教父の一人〕によれば）権威はそれ自体、数かずの名誉を求めるものである。したがって、ファラオには、来るべき飢饉の夢の意味が示されたし、同じように、ネブカドネツァルはその場に居合わせた人びとの中で、ただ一人、火の竈のなかに神の御子を見たのである。それは、ネブカドネツァルが挙げた数かずの功績、つまり、彼が偶像として崇められたいと望んだからではなく、王としての威厳を考慮してのことであった」（以上、聖アウグスティヌス)。

したがって、異教徒の王は、どれほど偶像を崇拝し、劣悪極まりない人物であっても、自然の法、神の法および人定の法によれば、正真正銘の王であり、王国、帝国、要塞、栄光、すなわち、卓抜さ、名誉、敬意、それに、君主としての地位は彼らに帰属する。それと言うのも、異教徒の王はその地位、至高の要職にあるかぎり、神の似姿を代表しているからである。したがって、宗派や宗教を問わず、異教徒も例外なく、正当に自己の財産、地位、威厳に対する支配権を掌握し、所有し、自然の法、神の法および人定の法にもとづいて王となるのである。この件に関して、聖トマス〔・アクィナス〕は『神学大全』〔*Summa theologiae*〕第二論集第二部第一〇問題第一〇項で論じ、『コリントの信徒への手紙一』の第六章に触れて、「召集されるたびに、臣下であるキリスト教徒が異教徒の君主や裁判官の前に出頭するのを妨げるのは、神の法に違背することになると考えられる」と記している。

われわれは、人民や共同体あるいは王国から至高の支配権、統治権を委ねられた人のことを王と呼ぶのである。

［帰結］

したがって、正当な原因なくして、異教徒から物を盗んだり、略奪したりすれば、ましてや、異教徒の領土やその管轄権や支配権を奪えば、窃盗と強奪の罪を犯すことになるのは明白であり、このことに疑問を抱く人はいないだろう。

《第二原則》

異教徒には、四つの異なる種類がある。まず、長期にわたり変わることなくカスティーリャで暮らしているユダヤ人や、われわれがムデハルと呼んでいるムーア人のように、キリスト教徒の間で日常生活を送り、キリスト教徒の国王に仕えている異教徒がいる。これらの異教徒に関しては、『グレゴリウス九世教皇令集』*Decretales* にある「ユダヤ人とサラセン人」という表題や、政令や人定の法に「ユダヤ人の章」や「異教徒の章」と記載されていることからも明らかなように、聖俗を問わず、数多の法律や教令が存在する。これらの異教徒はキリスト教を信仰する国王の管轄権や支配権のもとで暮らしているので、法律上も事実上も、その国王に仕える臣下である。したがって、彼らはキリスト教君主が定める正しい法律を遵守しなければならない。また、自明のことだが、教会法にも世俗法にも余すところなく記されているとおり、臣下は例外なく、暮らしている土地に対して管轄権をもつ君主あるいは上位者が定める法に従って生活を送る。

さまざまな法律によれば、国王に仕える臣下には四つの種類がある。まずは、国王が支配する土地に暮らし、住まいを構えている人たち、ついで、本人自身もしくはその両親の家柄もしくは出自にもとづいて国王に仕える人たちである。三番目は、他人の土地や管轄地で害を加えたり、契約を結んだりしたことにより、つまり、その犯罪的行為を理由に国王への服従を強制される人たちである。最後に四番目は、封土(領地)をもつ人たちのように、国王に忠誠、臣従や服従の誓いを立てた人たちである。

二番目の異教徒は、例えば、アフリカや聖地、それにハンガリーの一部の地方をはじめ、かつてキリスト教世界に属した土地や王国に身を置くトルコ人やムーア人のように、法に反して、ひたすら武力と暴力を介して、事実上、キリスト教徒の土地や領地を占有している人たちである。トルコ人がこの種の異教徒に属するのは、われわれが日常的に目にしているように、彼らがひたすらキリストの信仰と御名の弘布を阻止し、壊滅させるのを目的として、あらゆる暴力を行使してキリスト教国家に異議を唱え、キリスト教の信者たちを殺害したり、捕らえたりしているからである。したがって、トルコ人はまさしくキリストの信仰とキリスト教の仇敵である。そのように、トルコ人は、キリスト教徒に数かずの侮辱と害を加えているので、たとえその強大な権力のために、事実上はそうでなくとも、法律上は教会の臣下である。

したがって、教会には、法律にもとづいて、二番目の異教徒を相手に戦争を企て、害を加えることのできる道が四つある。まず、原状回復権 jure recuperationis によるもので、われわれはこの権利にもとづいて、不正に奪われた王国や土地を取り戻す。このことは〔『グラティアヌス教令集』第二部〕事例二三問題二法文二の「我らが主」の章、問題四の「強さについて」の章、問題八の「不平等について」の章、「奨励」の章、「恐怖について」の章、「懇請もしくは要求について」の章および「略奪者の賠償」の章で、それぞれ、立証されている。次いで、防衛権 jure defensionis によるもので、これは、個人に対してでさえ、自衛するのが正当であると見なされていることからも明白である(〔『学説彙纂』第一巻第一章〕「正義と法」)。三番目は復権もしくは報復権 jure vindicte sive punitionis aut ultionis によるものであり、君主は自分より上位の者が存在しない限り、例外なく、自衛を目的に、また、奪われたものを取り戻すために、戦争を企てることが許されているだけでなく、加害者たちを処罰することもできる。最後に、四番目は捕虜となって身柄を拘束され、虐待を受けているキリスト教徒を解放する権利である jure liberandi christianos oppressos quos captivos detinent（〔『グラティアヌス教令集』第二部事例二三の〕問題三法文二「マキシミアーヌス〔紀元四世紀、キリスト教徒を迫害したことで有名な東ローマ皇帝〕」および問題五法文二三「国王のつとめ」）。

三番目の種類の異教徒は、異端者と背信者である。彼らは、法律上、ローマ教会ならびにローマ教皇はじめ教会の高位聖職者に仕える臣下である。と言うのも、彼らは洗礼を受けたとき、厳粛な誓いを立てたからであり、その誓いのなかで、受洗者は例外なく、神と三位一体を信じることとイエス・キリストの信仰を奉じることを約束し、誓う。以上のことは、教会文書『聖別論』*De consecratione* の第一章、「追記」の章、尋問に関する第一章、「あなた方のあとで」の章および「洗礼志願者」の章に記されている。

　したがって、教会が彼らを処罰し、懲らしめ、法律上も事実上も、彼らからその所有する財産を、聖なるものであれ、俗なるものであれ、ことごとく奪い、その領地、名誉や顕職、それに王国もしくは帝国の管轄権をも一つ残らず、剥奪するのは正しい。（それは〔『勅法彙纂』の〕第六巻「異端論」の〈異端に関する法令が制定されるとき／異端に関する法令があるとき〉、「異端に傾く」、「破門に処す」の各章ならびに、第一部・第四巻の「異端に関して」の章など、数多くの章で明らかである。）また、それ以外にも、教会は二つの法〔神の法と人定の法〕に基づいて異端に対し数多の罰を加える。つまり、異端者は管轄権をいっさい手に入れることができないのである（聖トマス『神学大全』第二論集第二部第一二問題第二項）。それゆえ、異端者の王国には支配者は存在しないと言われ、ローマ教皇は、キリスト教を奉じる国王が異端者の国を、所有者不在のもの同然に占領し、まさに私有財産として所有するのを認めることができるし、常々認めている。その論拠となるのは、異端という題名を付したすべての作品、とりわけ警告に関する箇所に掲載されている〔『勅法彙纂』の第六巻「異端論」の〕「破門に処す」と題する章とその次の章、それに、それ以後の「高位聖職者」、「被告」、「世俗権力」、「国家」の各章および「審議」や「審問」に関する章である。

四番目の種類の異教徒に相当するのは、過去に一度もわれわれ〔キリスト教徒〕の土地を不当に奪って占領したり、害を加えて強奪したりしたことがなく、そのうえ、過去同様現在も、一度として、われわれに害や損失を与えたり、不正を加えたりしたこともなく、また、そのような意図すら抱いたことのない人たちである。同じく、それらの異教徒は昔も今も、キリスト教帝国に仕えたことがなく、また、法律上も事実上も、一度としてローマ教会傘下の組織に所属したことのない人たちである。この世界には、先に記したような数多くの瑕疵とは無縁な人びとが大勢、存在する。とりわけ、われわれの土地から遠く離れたところに、キリスト教を知らず、誰よりも先にその土地を所有した異教徒がいるとすれば、なおさらのことである。したがって、これまで同様現在も、キリスト教国やキリスト教に害を加えたことのない人びとは一人残らず、この四番目の異教徒に分類される。そして、われわれがそのような異教徒のすべて、もしくは、その一部に対して実行しなければならないのは、『コリントの信徒への手紙一』の第五章に「外部の人々を裁くことは、わたしの務めでしょうか」〔第一二～一三節〕と記されているとおり、われわれ自身を愛するように、ひたすら彼らを愛し、教えと良き模範を垂れて、キリストへ導き、改宗させること以外に、なにもないのである(『悔悛論』第二部第二章〈隣人愛《カリタス》〉)。

これら四番目の異教徒は例外なく、自らの王国、領地、国王やあらゆる等級の管轄権、それに裁判官、行政官や領土を有し、その領域内では、合法的かつ自由にその権力を行使するし、行使できる。したがって、世界のいかなる国王も、この四番目の異教徒を治める君主もしくは国家の許しを得ずに、その領土に足を踏み入れれば、不正を犯し、自然の法に背くことになる。ましてや、国王といえども、彼らの領土で管轄権や、一部であれ、権力を行使することなどできない。以上のことは例外なく、先記の《第一原則》および教会法学者がこぞって、証明しているし（『教会法』*Eccles. de Const.*）、またインノケンティウス〔三世、ローマ教皇。在位一一九八～一二一六年〕も『異教徒の改宗論』*De conversione infidelium* の第八章「誓願」に関連する「誰が彼に優るか」の章で立証している。

さらに、先記のことは、法学者、とくにバルドゥス〔・デ・ウバルディス、一三二七～一四〇〇年。イタリアの法学者。ボローニャ大学などでローマ法などを講義〕が記していることからも明白である（『勅法彙纂』第一巻第二章「聖なる教会」第一六節〈確認〉）。つまり、バルドゥスによれば、「常に君主や国王に統治されていた領邦は君主や国王の自然な支配下に置かれるべきであり、それが人定の法と呼ばれる。もし国王もしくは君主の意に反して、その土地を支配するものがいれば、それは僭主である。だからこそ、不法に取得した土地を支配するのは僭主制と呼ばれる」のである。この件に関しては、バルトールス〔・デ・サクソフェラート、一三一四?～五七年。イタリアの法学者。フランシスコ会士。中世ローマ法や大陸法の権威〕の見解（『敵』*Hostes* の第一部と、捕囚ならびに国境をはるか越えた前線から帰還した人びとを扱った箇所で開陳されている）が正鵠を射ている。つまり、バルトールスによれば、この世界には、われわれに対して友好的でも敵対的でもなく、また、われわれがなんらかの手を打つ必要のない人びとが存在する。バルトールスはその一例として、インドに住む人びとを挙げ、さらにすすんで「外部にいる人たちはわれわれとは無関係である」と結論づけている。すなわち、彼らはわれわれの支配領域や領土の外で暮らし、先に記したように、われわれにいっさい害を加えない人びとである。しかも、われわれは、彼らがこの世に存在したのかどうかさえ、まったく知らなかったのである。

以上の見解は、ペルシア人や彼らの王国および国王に関連するじつに合理的な法令でも確認される。つまり、その法によると、ローマ人はペルシア人を相手に商いをすることが禁じられている。その理由は、商いを口実に、ローマ人が他の王国の動静を探ろうとしているなどと疑われないためである。つまり、「よその王国の秘密を探るのは適切なことではない」〔『勅法彙纂』第四巻第六三章の〕「商業と市」の〈商人〉に関する節〕のである。同じ箇所で、皇帝テオドシウス〔フラウィウス・、三四七〜三九五年。古代ローマ皇帝〕とホノリウス〔フラウィウス・アウグストゥス・、三八四〜四二三年。西ローマ帝国初代皇帝〕も、ペルシア人の王国はローマの民には無縁であると認めている。

この点で、私は是非ともバルトールスの意見〔『勅法彙纂』第一巻第一一章の〕「異教徒と来るべき時代」の章の中にある〈キリスト教徒〉の節〕に言及したい。バルトールスによれば、もしムーア人が聖地を奪わなければ、また、もしトルコ人が、〔ムーア人に奪われた）聖地の奪還を目的に進軍するキリスト教徒たちの行手を遮らなければ、キリスト教徒はムーア人やトルコ人に対抗することは許されなかった。バルトールスはこう記している。「ムーア人やトルコ人が無秩序に、また、法を犯して攻撃を加えても、キリスト教徒には、彼らに対抗することは許されないので、教会が彼らに対し宣戦を布告する。つまり、ムーア人やトルコ人がそのような行動に出ないかぎり、教会は宣戦布告をしない」と。以上の言葉から、バルトールスの時代、トルコ人が今日《こんにち》とは異なり、キリスト教徒の民を迫害するに足る権力あるいは悪意をもっていなかったのは明白である。つまり、もしムーア人やトルコ人が教会やキリスト教徒に害を加えなければ、われわれは彼らに対して平和的でなければならないのである。そうだとすれば、いま四番目の異教徒として分類した人びと、すなわち、これまでわれわれに害を及ぼすことがなかった温厚な人びと、つまり、はるか彼方に位置し、キリスト教徒が知ることのなかった土地に暮らしている住民に対しては、なおのこと、われわれは平和的でなければならない。

この四番目の異教徒に関して、枢機卿カエタヌス（本名トマソ・ジャコポ・デ・ヴィオ、一四六九～一五三四年。ガエタ生まれのドミニコ会士・神学者。一六世紀のトマス主義再興の指導的人物）が聖トマスの『神学大全』（第二論集第二部第六六問題第八項）に言及して誰よりも明瞭に語っている。すなわち、枢機卿は以下のように明言している。「法律上も事実上も、世俗的な管轄権に従ってキリスト教君主に従属しない異教徒が存在するのは確かである。もし一度もキリスト教帝国に仕えたことのない未信者で、キリスト教の名が知られていなかった土地に住む人びとがいるとすれば、たとえ彼らが異教を奉じていようと、その土地の所有者は正当な支配者であり、住民が王政、すなわち、政治的な体制のもとに治められているのも確かである。つまり、彼らは異教徒であることを理由に、その支配権を剝奪されることはない。なぜなら、支配は実定の法、異教を奉じるのは、神の法にそれぞれ関わることであり、神の法は実定の法を妨げないからである。私は世俗的な事柄に関して彼らを敵視する法など、なにひとつ知らない。いかなる国王も皇帝も、また、ローマ教会も、彼らに対する世俗的支配の確立を目指して、彼らの土地を占拠するために戦争を仕掛けることはできない。なぜなら、正当戦争の原因がまったく存在しないからである。と言うのも、イエス・キリスト、王の中の王(天上と地上における あらゆる権能を受け継がれた)は世界を支配するのに武装した兵士の軍隊ではなく、まるで狼の群れの中にいる羊のように、清廉潔白な宣教師を派遣されたからである。したがって、もし兵士を介してキリストの信仰を広げようと欲すれば、われわれは重罪を犯すことになるだろう。もしわれわれが盗みを働けば、正当な所有者にはなれない。したがって、われわれは不正な兵士、占領者として、賠償義務を負うことになる。」以上がカエタヌスの見解である。その見解は、カエタヌスがこの四番目の異教徒の特性を余すところなく理解し、彼らを他の三つの種類の異教徒と峻別していることを明示している。

インディアスの人びとがいまここで取り上げている四番目の異教徒に相当するのは、火を見るより明らかであり、また、彼らが自然の法と人定の法にもとづいて、独自の王国や土地を擁し、領有し、法律上も事実上も、彼ら自身以外に上位者をいっさい認めていないのも明白である。事実、われわれは、彼らが数かずの王国を領有し、数多くの領土を治め、雲霞のごとき人びとを支配しているのを目撃している。その無数の人びとは彼らの王や支配者に服従し、傅《かしず》き、一方、王や支配者たちは彼らに対し、自由に管轄権と、上級、下級を問わず、権利という権利を行使し、それを遮ることができるほど強力な人物は一人もいなかった。また、彼らの王国はわれわれの王国からかなりかけ離れたところに位置しているので、彼らがわれわれはもとより、教会やカトリックの信仰、それにキリスト教徒に対して、危害を加えることに関心を抱いたことなど、一度もなかった。したがって、インディアスの人びとが紛れもなくこの四番目の異教徒に該当することに、疑念を抱く人はひとりもいない。

　以上のことはローマ教皇パウルス三世〔在位一五三四～四九年〕の新しい大教書〔「崇高なる神」Sublimis Deus スブリミス・デウス。一五三七年六月二日付で発布〕で確認される。教皇パウルス三世は「崇高なる神はこよなく人類を愛された」という言葉ではじまる、その厳粛な大教書で以下のように布告し、言明している。つまり、「われわれのインディオや、今後キリスト教徒が知ることになる人びとは、たとえキリスト教の信仰からかけ離れていようと、自らの自由と財産所有権を剥奪されないし、剥奪されてはならない。それどころか、彼らは自由かつ合法的に、自らの自由と支配権を行使し、維持し、享受することができる。彼らはまた、隷従に貶められてはならない。さらに、以上のことに背反する行為はことごとく、無効かつ無意味であり、些かの効力も価値もない。われわれは本状をもって、インディオも、また同じくインディオ以外の人びとも、神の御言葉の説教と清廉潔白な生活の垂範を通じて、キリストの信仰へ導かれなければならないと布告し、断言する」。

　以上が先記の大教書に記されている言葉である。すなわち、大教書では、インディオや彼らに似た人たちはここで取り上げている四番目の異教徒に相当することが示唆されているのである。したがって、インディオには、われわれが他の三種類の異教徒を征服する際に発生する諸々の原因は何ひとつなく、良かれ悪しかれ、彼らに対して何らかの行動を取らなければならない原因も皆無である。それゆえ、いかなる国王も皇帝も、また、ローマ教会も、彼らに戦争を仕掛けたり、害を加えたりすることは絶対に許されない。ローマ教皇パウルス三世の大教書は、先記のカエタヌスが開陳した、カトリック信仰にふさわしい教えの正しさを証明し、確認している。したがって、われわれは異教徒を四つの異なる種類に分類したが、その類別はインディアス問題を論じる人には例外なく、必要不可欠なことである。

《第三原則》

ローマ教会がカスティーリャ・レオン王国の歴代国王にインディアスに対する至高の領有権とこの上ない支配権を委ねた唯一の目的因は、福音の弘布とキリスト教信仰の普及、それに、インディアスに住む人びとの改宗化にあり、決してカスティーリャ・レオン王国の国王を実際以上に強大な支配者や富裕な君主に仕立てあげることではなかった。

この原則はまず、ローマ教皇はつねづね、真の必然的な原因がなければ、世俗の人びとが関わる事柄には干渉しないことで証明される。このことは、ローマ教会内にあっても、キリスト教徒の間でも変わらない。それは、神学者たちが『命題集』*Sentencias* の第二巻第四四区分で論じていることからも明らかであり、とりわけ、聖トマスは『神学大全』(第二論集第二部第八八問題第一一項)や『君主の統治について』*De regimine principum* の第一巻で、そのように論じている。また、ピエール・ラ・パリュ〈ペトルス・バルダヌス、一二七五?~一三四二年。フランス生まれ。パリ大学に学ぶ。ドミニコ会士〉もその著『ローマ教皇の権能について』*De potestate Papae* の第二三問で、同じ主張を開陳している。彼ら以外にも、この問題について、同様の主張をさまざまな論策に記した博学な神学者たちがいる。また、教会法学者たちは『裁判権論』*De iudicicis* の「判決について知る」の章、「正当な人びと以外の人を畏敬するために」と題された章および「教会の取り決め」に関する章で、また、法学者たちも『勅法彙纂』の第一巻第二二章の最終節〈正義と公益に反するかどうか〉で、それぞれ、同じような主張を披瀝している。

したがって、インディアスという世界に位置する王国やそこに暮らしている人びと、つまり、四番目の種類に属する異教徒は例外なく、霊的事柄に関しても俗的事柄に関しても、ローマ教会およびその構成員に服従しない。と言うのも、彼らは他人の土地や王国を所有しているわけではないし、これまでローマ教会やキリスト教徒に害や苦しみを与えたこともなく、全面的に自由だからである。したがって、尚更のことだが、過去同様今後も、ローマ教皇が真の大義なくして、彼らのような異教徒の世俗的財産の処分に介入するなど、あり得ない。すなわち、以上のことを前提にすれば、信仰の弘布と異教徒自身の改宗以外に、法律上、ローマ教皇が介入できる大義はなにひとつなかったし、存在しえなかった。つまり、ローマ教皇庁がカスティーリャ・レオン王国の国王にインディアスに対する至上の支配権と優位性を認めたその唯一の目的因は、キリストの信仰を説きひろめ、住民たちを改宗させることであった。

つぎに、この第三原則は、ローマ教皇〔アレクサンデル六世〕が譲渡大教書〔俗に「贈与大教書」といわれる〕に記した言葉でも立証される。すなわち、その教皇文書には、以下のように記されているのである。「われわれは、我らが救世主の御名がかの地方〔インディアス〕に伝えられることを望んでおり、あなた方〔カトリック両王〕は授かった神聖な洗礼により、教皇命令に服する義務を負っているので、我らが主イエス・キリストの慈悲深い御心により、あなた方がその事業を速やかに継続し、正統な信仰の熱意をもって、それらの島々や陸地に暮らしている人びとがキリスト教を受容するよう、努めることを心より要請する。…」

以上の文言から、ローマ教皇がインディアスをカスティーリャ・レオン王国の国王に贈与したその目的因が、福音を弘布し、信仰を拡大し、インディアスの住民を改宗させることにあったのは明らかである。

《第四原則》

以上のように、ローマ教皇庁はカスティーリャ・レオン王国を治めるキリスト教徒の国王にインディアスに対する至高の領有権と優位性を認めたが、その際、インディアスの本来の君主や支配者から、その国家、支配権、管轄権、名誉や威厳を剝奪しようとしたわけではない。また、教皇庁はカスティーリャ・レオン王国の国王に、インディアスに住む人びとの改宗を妨げたり、あるいは、滞らせたりするのを目的に、信仰の拡大を阻止したり、福音に対して何らかの障害や危害を加えたりするような行動をとる許可もしくは権限を授与したわけでもない。

まず、この《第四原則》は《第二原則》で述べたことで立証される。つまり、すでに論証したとおり、インディアスに住む人びとは、俗的にも霊的にも、ローマ教会およびその構成員の管轄外にいるからである。

ついで、この《第四原則》は《第三原則》で述べたことで立証される。すなわち、ローマ教皇による認可の唯一の目的因は信仰の弘布とインディアスの人びとの改宗だったからである。つまり、その目的因は、異教徒から財産、王国、国家、名誉、威厳、地位や支配権を奪う十分な根拠にはならない。なぜなら、インディオからそれらの財を奪わなくとも、信仰を説き、彼らの改宗を実現するのは可能だからである。むしろ、インディオから支配権を奪うのは、信仰を説きひろめ、彼らを改宗させるうえで、きわめて大きな障害となる。すなわち、支配権の剝奪はインディオに、キリストの掟やキリスト教をこの上なく不正かつ邪悪なものとみなす動機を与えることになり、それゆえ、キリスト教に対し、憎悪と嫌悪の感情を抱かせ、さらに、キリスト教の礎を置かれた天上におわす王を暴君、人類の不倶戴天の敵とみなす口実を与えることにもなる。そして、当然ながら、インディオは、財産や国家や土地を失うのを恐れて、われわれに戦争を仕掛け、破滅をもたらすのにすこぶる正当な権利を手に入れることになる。換言すれば、ローマ教皇庁は、先記の認可によって、インディアスの本来の国王や支配者から財産や国家を剝奪するのを意図したわけではない。

三番目に、この《第四原則》は、同じく《第三原則》によっても立証される。と言うのも、もしローマ教皇が先記の贈与を通じて、インディオたちから彼らの領国や支配権などを剝奪しようとしたとすれば、それは、福音の弘布と異教徒であるインディオの改宗を妨げるこの上なく有効な手段になるからである。むしろ、異教徒の改宗を実現したうえに、異教徒に対しさらなる善を施すためには、もし容易に実行できるなら、王国をいくつか加えるのが適切な手段であった。なぜなら、アリストテレスが記しているように(『自然学』*Phisico* 第二巻)、何らかの目的を達成するためには、目的にかなった適切な手段を実行し、目的の達成を阻害する可能性のあるものをことごとく、回避しなければならないからである。

四番目の論証は以下のとおり。ローマ教皇は、自らの定める法や教令、特権あるいは認可を通じて、人が自然の法、人定の法と神の法にもとづいて有する種々様々な権利などを誰からも奪おうとは望んでいないし、奪ったりしないからである。それどころか、ローマ教皇はそれらの権利を不可侵のものとして、血を流してでも、固守するよう主張している(『グラティアヌス教令集』第二部〕事例二五問題一法文六の「数人存在する」と題する章)。したがって、《第一原則》で論証したように、ローマ教皇は、自然の法、神の法および人定の法にもとづいて、インディオに帰属する彼らの領邦を奪おうとはしなかった。このことは、ドミニクス・デ・サント・ジェミニアーノ〔一三七五～一四二四年？イタリアの神学者〕が〔教皇教令に関する〕『勧告』*Consilium* 第一一に記した主張で立証される。すなわち、ドミニクスの主張によれば、ローマ教皇が新しくなんらかの権利を認可する場合、その意図は、第三者から、もともとその人が有した権利を奪うことではないと理解され、むしろ、前述のとおり、ローマ教皇は、なにがしかの権利を授与する場合、第三者の権利を侵害しないと考えられるからである（第六書「負債に関して」の章）。以上がドミニクスの主張である。さらに、「〔被授与者側に〕諸権利が発生しても、〔第三者に〕不利益が生じないように」（〔『勅法彙纂』の〕「武力と艦隊」の章を想起）と付け加えることができる。

《第五原則》

カスティーリャ・レオン王国の国王は〔ローマ教皇に〕カトリック信仰を説きひろめることとインディアスの人びとを改宗させることを申し出て、しかも、一方的にその旨を約束したのだから、神の定めにより、目的の達成、すなわち、例の異教徒たち〔インディオ〕を改宗させ、キリスト教の信者とするのに必要な諸経費を負担しなければならない。また、カスティーリャ・レオン王国の国王は、もしインディオが自発的にその経費の負担を望まない場合、彼らに罰を加えたり、必要経費の全額もしくは一部を強制的に負担させたりすることもできない。

この原則の前半部分は以下の通り立証される。すなわち、カトリックの国王はすべて、とりわけローマ教皇が掟で命じている場合には、財貨だけでなく、自らの生命を犠牲にしてでも、カトリックの信仰とキリスト教を称え、弘め、守ることを神の定めによって義務づけられているからである。このことは、信仰心の篤いキリスト教徒には例外なく、その能力の許す限り、目に見える行為で信仰を明らかにする義務が負わされていることで証明される。それは『ローマの信徒への手紙』にある「人は心で信じて義とされ、口で公に言い表して救われるのです」（第一〇章）〔第一〇節〕や、『マルコによる福音書』第八章や『ルカによる福音書』第九章と第一二章に示されている。すなわち、『ルカによる福音書』には、「わたしとわたしの言葉を恥じる者は」、つまり、神の名誉が翳るような事態が生じると、「人の子も、自分と父と聖なる天使たちとの栄光に輝いて来るときに、その者を恥じる」〔第九章第二六節〕と記されているのである。

換言すれば、カスティーリャ・レオン王国の国王はキリスト教信者であるから、カトリックの信仰を公にし、称揚し、擁護する義務を負っているし、ましてローマ教皇からその旨を命じられていれば、言うまでもない。つまり、ローマ教皇はカスティーリャ・レオン王国の国王に対して、インディアスで福音を説き、その土地にキリスト教を弘め、植えつけるよう命じ、カスティーリャ・レオン王国の国王はその命令を受託したのだから、インディオが改宗するまで、それに掛かる諸費用を負担しなければならない。三段論法のこの第三の命題は、以下に記すローマ教皇の「贈与大教書」の文章で立証される。

「また、われわれは、すでにあなた方が約束したとおり、あなた方のその篤い信仰心と君主としての信義から判断して、あなた方は間違いなく実行してくれるものと信じるが、いまここにあなた方が聖なる服従義務にしたがって、先記の大陸ならびに島々へ清廉で、神を畏怖し、学問に秀で、住民にカトリックの信仰を伝え、良き習慣を教えることに熟達した聖職者を派遣することをくれぐれも怠らないよう、命じる。…」このように、ローマ教皇はカスティーリャ・レオン王国の国王に信仰の弘布とインディオの改宗化を義務づけた。したがって、ローマ教皇はカスティーリャ・レオン王国の国王に、その目的を達成するのに不可欠な諸経費の負担をも義務づけたのである。

　この帰結を立証する。目的に関する掟が定められれば、必然的にその目的の達成に欠かせない手段は準備されることになるからである。それは、アリストテレスが『自然学』の第二巻で、また、聖トマスが『神学大全』(第二論集第二部第四四問題第一項)で論じているとおりである。また、この件については、法学者たちも〔『勅法彙纂』の〕「与えられた任務について」の第一章ならびに後続の章で論じている。つまり、諸経費は福音の説教に必要な手段なのである。先に引用したローマ教皇の大教書の言葉からも明らかなように、とりわけカスティーリャ・レオン王国の国王が自ら一方的にその任務を引き受け、実行を約束したかぎり、前述の意見はどれも、大きな説得力をもっている。

　第五原則の後半部、すなわち、インディオに信仰が説かれ、そして、彼らが信仰を受容したあと、もし国王が布教のために支払った諸費用を、彼らが負担するのを拒否した場合、彼らにその支払いを強制できないというのは、以下のように立証される。まず、我らが救世主であるキリストは「ただで受けたのだから、ただで与えなさい…働く者が食べ物を受けるのは当然である。」〔『マタイによる福音書』第一〇章第八～一〇節〕と言って、食べ物を受けとる権利をわれわれに与えられただけだからである。この聖書の言葉について、聖ヒエロニュムス〔エウセビウス・ソポロニウス、三四七?～四二〇年。四大ラテン教父のひとりで、聖書原典からのラテン語訳〈ウルガータ訳聖書〉を完成〕は「必要な食べ物と衣服だけを受け取りなさい」と解釈している。すなわち、キリストはわれわれに、食べ物や身にまとう服に掛かる諸費用を無理やり奪うのを許可されたのではなく、もし未信者がすすんでその費用を差し出すのなら、それを受け取る許しを与えて下さったに過ぎない。

次に、第五原則の後半部は以下のように立証される。ローマ教皇が神の掟により、世界中に福音を説くよう、命じられているからである。それは、「全世界に行って、すべての造られたものに福音を宣べ伝えなさい」（『マルコによる福音書』最終章）や『マタイによる福音書』最終章にある「すべての民を私の弟子にしなさい」という聖書の言葉で明らかである。また、聖パウロは、『コリントの信徒への手紙一』で、「もっとも、わたしが福音を告げ知らせても、それはわたしの誇りにはなりません。そうせずにはいられないことだからです。福音を告げ知らせないなら、わたしは不幸なのです」〔第九章第一六節〕と語っている。したがって、福音の弘布は神の掟によって異教徒に対しても実行されなければならない事柄である。それゆえ、もし異教徒が支払いを望まなければ、布教に掛かる諸経費を彼らに求めることはできない。少なくとも何らかの罰として、異教徒が諸経費の負担を義務づけられることなど、あり得ない。

この最後の帰結は、債務を履行するのに、債権者に諸費用を要求するのは正しくないことで立証される。つまり、ローマ教皇をはじめ、教会の高位聖職者たちは、人びとを改宗させる義務を負っており、そのことに関しては、聖パウロが『ローマの信徒への手紙』第一章で「わたしは、ギリシア人にも未開の人にも、知恵のある人にもない人にも、果たすべき責任があります。それで、ローマにいるあなたがたにも、ぜひ福音を告げ知らせたいのです」〔第一四〜一五節〕と語っているように、改宗に関して言えば、〔キリスト教を知らない〕人びとは債権者なのである。また、聖ベルナルドゥス〔クレルヴォーの、一〇九〇?〜一一五三年。フランスの神学者。通称〈甘蜜博士〉〕は『ローマ教皇エウゲニウス〔三世、在位一一四五〜五三年〕に宛てた考察論』*De consideratione ad papam Eugenium* の第三書に、以下のように記している。「もし君が、自分は賢人や愚者の支配者でなく、債務者であると知っているなら、全力と全神経をはらって、なにも知らない人には知るように、何かを知っている人には忘れないように、そして、忘れてしまった人には思い出すように、心を配りなさい。つまり、信仰を奉じている状態では、無知は存在しないが、それに引き換え、異教を奉じているときは、無知が存在し、異教を奉じる人たち、それがユダヤ教徒であれギリシャ人であれ、未信者であれ、むしろ君は彼らの債務者なのである。それゆえ、君は、無信仰者がキリストの信仰へ改宗するよう、また、すでにキリスト教に改宗した人びとが信仰を失わないよう、最大限の努力を払うことにつとめなさい」と。

三番目に、もし異教徒に福音の弘布に関わる諸費用を要求した場合、彼らは、われわれが福音を説いたのは魂を救済するためではなく、儲け仕事のためだと考えるかもしれないからである。聖ヒエロニュムスは聖マタイに言及してこう述べている。「もし使徒たちが金や銀を受け取っていたら、彼らは、使徒たちが教えを説いたのは人びとの救いのためではなく、利益を得るためだと考えるだろう」と。また、『コリントの信徒への手紙二』にある「わたしが求めているのは、あなたがたの持ち物ではなく、あなたがた自身だからです」〔第一二章第一四節〕という節について、聖ヒエロニュムスは『グロサ』*Glosa*〔聖書や教会の用語に関する注釈書〕に、「使徒が求めたのは贈り物ではなく、成果である。使徒は福音を売って歩く人になってはならない」と記している。

したがって、キリストは福音を説く人たちにもっぱら、食べ物と衣服を受け取るのを許したのであって、福音を説く代償に何かを要求したり、罰を加えて強要したりすることを許可したのではない。また、キリストは、現世において人びとに無理やり福音を受け入れさせようとは望まず、それどころか、彼らの罪を最後の審判の日まで留保された。

『マタイによる福音書』第一〇章には、「あなたがたを迎え入れもせず、あなたがたの言葉に耳を傾けようともしない者がいたら、その家や町を出て行くとき、足の埃を払い落としなさい。はっきり言っておく。裁きの日には、この町よりもソドムやゴモラ〔いずれも旧約聖書に滅びの象徴として登場する都市で、悪徳や退廃の代名詞として用いられる〕の地の方が軽い罰で済む」〔第一四〜一五節〕と、記されているのである。

最後に《**第五原則**》は以下の通り、立証される。つまり、コリント人は本性、貪婪だったから、キリストの信仰を受け入れた後も、聖パウロとそのお供に食事を与えようとしなかった。しかし、だからと言って、聖パウロは彼らに世俗的な罰をいっさい加えなかった。ただ、聖パウロは忘恩の徒に対するがごとく、彼らに向かってこう告げた。「あなたがたを高めるため、自分を低くして神の福音を無報酬で告げ知らせたからといって、わたしは罪を犯したことになるでしょうか。わたしは、他の諸教会からかすめ取るようにしてまでも、あなたがたに奉仕するための生活費を手に入れました。あなたがたのもとで生活に不自由したとき、だれにも負担をかけませんでした。マケドニア州から来た兄弟たちが、わたしの必要を満たしてくれたからです。そして、わたしは何事においてもあなたがたに負担をかけないようにしてきたし、これからもそうするつもりです…」

（『コリントの信徒への手紙二』第一一章第七―九節）。また、時に、聖パウロは自分自身のため、また、お供のためにも、自ら働いて食物を手に入れた。つまり、「わたしたちは、だれにも負担をかけまいとして、夜も昼も働きながら、神の福音をあなたがたに宣べ伝えたのでした」(『テサロニケの信徒への手紙二』(第二章)〔第九節〕)。さらに、聖パウロはミレトス〔小アジアにあったイオニア人の都市国家。トルコ西部メンデレス川の河口付近に位置した〕に滞在したおり、教えを説いた相手の人たちに向かって、こう告げた。「わたしは、他人の金銀や衣服をむさぼったことはありません。ご存じのとおり、わたしはこの手で、わたし自身の生活のためにも、共にいた人々のためにも働いたのです。あなたがたもこのように働いて弱い者を助けるように、また、主イエス御自身が〈受けるよりは与える方が幸いである〉と言われた言葉を思い出すようにと、わたしはいつも身をもって示してきました」(『使徒言行録』第二〇章)〔第三三〜三五節〕。

この《**第五原則**》で披瀝した以上の意見に対し、次のような反論がある。説教者に食事を与え、説教者を扶養するのは神の法のみならず、自然の法でも定められている義務であり、したがって救世主は「働く者が食べ物を受けるのは当然である」〔『マタイによる福音書』第一〇章第一〇節〕と語っている、と。また、聖パウロも『コリントの信徒への手紙一』第九章で、「いったいだれが自費で戦争に行きますか。ぶどう畑を作って、その実を食べない者がいますか。羊の群れを飼って、その乳を飲まない者がいますか」〔第七節〕と記している。つまり、自然の法に従えば、生活に必要なものは共通善に仕える人に負っている。したがって、〔その反論によれば〕この**《第五原則》**の後半部分は偽りである。

以上の反論に対する答えは以下のとおり。つまり、説教者が神の法と自然の法を守る義務を負っているのは真実であり、異教徒は、いったんキリスト教に改宗すれば、説教者の生活を守る義務を負い、もしその義務を怠れば、恩知らずな人として罪を犯すことになる。しかし、彼らのその罪は現世において霊的かつ俗的な罰をもって人間の手で処罰されるのではなく、イエス・キリストによって罰せられる。すなわち、イエス・キリストはご自身のために、その罰を留保しているのである。と言うのも、たとえその義務が自然の法にもとづいていても、それはわれわれに、善を施す人びとに対して謝意を表すると同時に、彼らのために善の実行を命じる例の自然な平等から生じる報恩的な義務だからである。その義務については、法学者たちも〔『学説彙纂』の〕「世襲誓願」の〈配慮〉や「遺言書の役割」の章で論じている。しかしながら、報恩的義務はなんらかの具体的な行動を促したり、求めたりしない。すなわち、その償いとしての行動を推測することはできないのである（この掟は贈与に関する最後から二番目の節で言及）。したがって、誰ひとり、報恩的義務から生じる負債を支払うよう、強制されないし、赤貧に喘ぐ貧しい隣人に布施を差し出す義務もないのである。同じく、自然の法と神の法によって万人に義務づけられ、犯せば大罪となり、永遠なる罰を受ける慈善行為についても、同様である。つまり、それを処罰するのは、キリストがご自身に留保されていることであり、そのような行動は各個人の自由とその自由意思に任されている。それと同じことが、説教者に負わされる生活の維持にも当てはまる。すなわち、説教者が教えを説くように招かれていない時、何人《なんぴと》も決して、説教者の生活の維持を強制されることはない。と言うのも、もし説教者が招かれて互いに合意した場合には、それとは異なる判断が下されることになるからである。

《**第六原則**》〔本項目は学識豊かな方々に一読していただき、もし誤謬が見つかれば、訂正をお願いしたいので、全文をラテン語で記すこととする。〕

令名高き我らが国王が正義にもとづいて正しく、すなわち、誰にも害を加えず、適切な状況のもとで、インディアスに対する至高の支配権を手に入れるためには、インディアスと呼ばれる世界に住む君主や人民から同意を得ることが必要不可欠である。換言すれば、ローマ教皇庁から〔スペイン〕国王に下された裁定、つまり、贈与に関しては、インディアスの君主や人民の同意を得なければならない。

この原則を立証する方法は以下のとおり。

第一に、ローマ教皇庁はインディアスの人びとから彼らの所有する諸々の領地や権利、顕職や王領、それに管轄権などを奪う目的で、例の裁定、すなわち、贈与〔大教書〕を決定したわけではなかったからである。さらにそれより重要な理由は、先の原則でも明らかなとおり、自然の法や人定の法にもとづけば、それらの諸権利はインディアスの人びとに属しているからである。ローマ教皇庁は彼らから自由を剝奪しなかったし、自由に関わる先記の支配権なども、いっさい奪わなかった。と言うのも、自由はいくら黄金を積んでも売却されないし、黄金に換算できないからである（〔『学説彙纂』第五〇巻第一七章第一〇六規定〕「自由」）。結果として、自由な王や人民が隷属状態に置かれる場合、とりわけ、見知らぬ支配者あるいは主人を承認するか否かは、自由に関わる重大事である。王自らが上位者の存在を認めることになるのが確かだからである。それは自由な王にとり、この上なく耐えがたい負担であり、人民は〔自分たちの王と見知らぬ支配者に対する〕二重の隷属状態に苦しまざるをえなくなる。それは王に対しても人民に対しても、この上ない不利益をもたらすことになり、両者にとり、最大の害となる。

従属とは忠誠を誓うことであり、それは見た目には隷従と変わらない。それゆえ、見知らぬ人物の管轄権に従う者はその人物に仕える奴隷と変わらないと言われる(『学説彙纂』第七巻第八章第一節の「用益権」の項と「奴隷と共に」の項、また『勅法彙纂』〔第六巻第一章〕の「逃亡奴隷」ならびに〔『グレゴリウス九世教皇令集』第五巻第三三章の〕「特権」に関する項)。したがって、〔新しい管轄権に従うことによって〕人びとに害が及ぶような場合、彼らが一人残らず、新しい管轄権に従うことに同意する必要がある。すなわち、我らが国王が法律に基づいて公正にインディアスという世界の君主の称号や正当な領有権を手に入れるには、インディアスの住民全員の同意が不可欠である(『学説彙纂』第六巻「法規定」)。

つぎに、われわれがインディアスを発見した当時、そこに暮らしていた人びとは自然の法と人定の法に基づいて、自由だったからである。彼らは自らの王や君主を戴き、その統治者たちは世界中の他の国王と同様、法律上も事実上も、上位者の存在を認めず、管轄権を行使していた。彼らは正当かつ紛れもない支配権、権能と絶対的な管轄権を享受していた。したがって、インディアスの王や人びととの自発的な同意と承認なくして、彼らに別の新しい王を押しつけることはできない。と言うのも、さもなければ、自然と理性に反して、彼らに暴力を加え、甚大な害をもたらすことになるからであり、したがって、そのような形で押しつけられた王の支配は暴力的かつ簒奪的で、圧制的である（〔『グラティアヌス教令集』第二部事例一〕問題一「君主領」の章と〔『勅法彙纂』第一巻第二章の〕「聖なる教会」の〈確認〉で実証される）。

三番目に、大勢の人に害が及ぶ場合、その当事者たちを一人残らず召喚し、全員から自発的な同意を得るのが望ましい。そうでなければ、実行されることはことごとく、一片の価値もない。このことは、法学者たちの間では、自明である。しかし、もし法律上もしくは事実上、我らが国王がインディアスの人びとや君主たちの上に君臨する支配者となれば、インディアスの王たちは、少なくとも世俗的な事柄に関して、法廷、すなわち人間による裁きに従わなければならず、とてつもなく重い負担に耐え、許容しがたい負債を支払う義務を背負うことになる。すなわち、それは、インディアスの王たちが過去に見たこともない、明らかに野蛮で獰猛な国の人物、つまり、素性の分からない人物を国王、支配者として認めるのに等しく、そのような人物に服従し、仕え、敬意を払い、収益、寄付金や献金、その他諸々の王税を負担しなければならなくなる。したがって、自発的な同意を求め、かつ、得るためには、インディアスの王や人びとを一人残らず、招集するのが望ましい。

この主張から導かれる帰結は、バルドゥスが明らかにし、立証しているし、『学説彙纂』〔第一巻第七章〕に関しても、バルドゥスが論証している。すなわち、バルドゥスによれば、「教皇文書が発布される時、それぞれの文書に関係する人びとは一人残らず、介入しなければならない」のである。同じく、この小前提〔バルドゥスの見解〕に関しては、『学説彙纂』〔第四巻第四章〕の「訴訟」部門の別巻〈訴訟〉や同一部門の追加項目八で触れられている。

以上の主張が正鵠を射ているのは、ダビデ〔紀元前一〇世紀頃。イスラエル王国の第二代国王で、エルサレムを首都に定め、王国の基礎を固めた〕とサウル〔紀元前一〇二〇年頃。イスラエル王国の初代国王〕という二人の最初の王がイスラエルの民によって任命されたことでも明らかである。すなわち、『歴代誌〔正しくは『サムエル記』〕上』第一〇章に見るように、サウルは当初、神の命令に従ってサムエル〔紀元前一一～一〇世紀頃。イスラエル王国成立以前の祭司であり、士師、すなわち政治的民族指導者として活躍〕の手で王として聖別され、その聖別により、イスラエル王国に対する権利と肩書を手に入れた。しかし、サウルには、その後、人民から王として認定され、受け入れられることと、実際に王国の領有権が引きわたされることが必要であった。すなわち、サウルは、人民がその選定に同意する前に、また、王国の領有権を手に入れる以前に、あえて王権にもとづく管轄権を行使しなかったし、十分な権利のもとに、その管轄権を行使できなかったのである。

同様のことは『歴代誌〔正しくは『サムエル記』〕下』つまり、ダビデの場合にも認められる。同じように、『歴代誌〔正しくは『サムエル記』〕上』の第一六章にも記されているとおり、ダビデも、神の命令のもと、預言者サムエルの手で王として聖油を受けたが、サウルが亡くなったあと、時を移さず王国を引き受けたわけではなかった。ダビデは、神の命令によって王として選ばれ、塗油されたのを知っていたが、人民の同意と権威のもとで王として即位する以前は、すすんで王国を引き受けなかった。まず、ダビデはヘブロン〔エルサレムの南に位置する聖地のひとつ〕でユダの民に王として受け入れられた（『列王記〔正しくは『サムエル記』〕下』〔第二章第四節〕）。その後、ヘブロンにいた王の前にイスラエルのすべての長老たちが集まり、ダビデはヘブロンで主の御前で、彼らと契約を結び、彼らはダビデをイスラエルの王として油を注いだ（『列王記〔正しくは『サムエル記』〕下』）〔第五章第一〜三節〕。つまり、ダビデは、主によって選ばれ、聖油を塗られても、王国を引き受け、所有するには、人民の自発的な同意を必要としたのである。したがって、この《第六原則》は間違っていない。

《第七原則》

インディアスが一四九二年に発見されて以来一五六四年一月の今日現在に至るまで、スペイン人がインディアスの各地方やその一部で最初に企てた進出《エントラダ》は邪悪で暴力的だったし、その後に彼らがインディアス全域を支配するに至った経緯とその支配の横暴ぶりも、それに劣らず、酷いものだった。

この原則の前半部分は以下のように立証される。まず、スペイン人は、初めてインディアスに進出《エントラダ》した時、自然の法と神の法、それに人定の法の命ずるところを一度として遵守したことがなかったからである。スペイン人がインディアス方面の海域を航海し、見知らぬ王国へ足を踏み入れる、その唯一の目的因は信仰を説き、そこに暮らしている人びとを改宗させること以外にはなかった。したがって、自然や神の掟に従えば、進出《エントラダ》した人びとがまず実行しなければならないのは平和を構築することであり、また、そこに暮らしている人びとに示さなければならないのは平和であった。このことは聖マタイ〔『マタイによる福音書』〕の第一〇章、聖ルカ〔『ルカによる福音書』第九章第一～六節〕や聖マルコ〔『マルコによる福音書』第六章第七～一三節〕によって証明される。いずれの聖書においても、イエス・キリストが異教徒の改宗に向かうキリスト教徒に対して最初に守らなければならない掟として定められたのは、彼らに平和を申し出ることであった。つまり、イエス・キリストは「町や村に入ったら、そこで、ふさわしい人はだれかをよく調べ、旅立つときまで、その人のもとにとどまりなさい。その家に入ったら、〈平和があるように〉と挨拶しなさい」(『マタイによる福音書』第一〇章第一一～一二節)と命じられたのである。

信仰を説き、人びとを改宗させるには、平和が前提となる。なぜなら、『慣行』***De usuris*** という名の教皇令《エストラバガンテ》〔典外教典に含まれる〕に、「平和を築くものがこよなく慕われるのは平和な時だけである。われわれはそのことを知っているし、諸々の事実の証拠からそう推測する」と記されているからである。したがって、スペイン人がインディアスに第一歩を印し、足を踏み入れる、つまり進出《エントラダ》するとき、それは平和的でなければならなかった。つまり、スペイン人が初めてインディアスの土を踏んだ時、彼らの振る舞いは平和的でなければならなかった。しかし、すでに《**疑問一**》が示しているように、スペイン人の進出《エントラダ》は平和的どころか、敵対的であった。したがって、この《**第七原則**》は正鵠を射ている。

第二に、自然の法と神の法の命じるところに従えば、インディアスの王国への進出《エントラダ》は性急な形ではなく、ゆっくりと、時間をかけて実行されなければならなかった。それは、インディアスの王国の君主や人びとが前代未聞の髭だらけの連中、それも明らかに獰猛な連中を目の前にしても心を乱されないようにするためである。と言うのも、本来、新しくて見たこともない事物には例外なく、心が乱されるからであり、(聖アウグスティヌスが『告白』第二巻〔第二章〕で言っているように)それらの事物は想像以上に甚大かつ対処不能な弊害をもたらすからでもある。したがって、いずれかの地方や町に対して補佐役もしくは統治官が任命された場合、その受任者はまず住民に対して事態の経過を報告し、彼らに利益をもたらすようなことを実践する意思があることを表明し、そうして、住民から好意を得ることが命じられている。その法令の理由はこう説明されている。「しばしば不確かで予期せぬ事態が地方の人びとの心を乱し、着任を妨げる行為が起きるからである…」と。要するに、インディアスにおけるスペイン人の進出《エントラダ》は時間をかけて段階的に実行されたのではなく、じつに性急で、しかも、慎重さを欠いていた。それはインディアスの発見に関して些かでも知識のある人なら、自明のことであり、最初の二つの疑問〔《疑問一》と《疑問二》〕に記載された簡潔な報告からも明らかである。

第三に、自然の法と神の法が命じるところに従えば、スペイン人の進出《エントラダ》はインディオに害や不利益をもたらしてはならなかったし、スペイン人は土着の国王や人びとから暗黙の、もしくは、明白な許可を得ずに、その土地に足を踏み入れてはならなかった。と言うのも、もしスペイン人が彼らの意思に反して進出《エントラダ》した場合、またとくに、数かずの作品や箴言で明白に禁止されているにも拘わらず、あえて進出《エントラダ》を試みた場合、それは有害なものになるからである。その場合、インディアスの国王や人民が仇敵に対するかの如く、スペイン人に戦いを挑んでも、それは正当な行為である。自由な国王や君主は例外なく、自然の法と神の法、さらには人定の法の権威に基づいて、自らが治める領土に正体不明の見知らぬ者が立ち入るのを禁止することが出来る。その時、国王や君主は、見知らぬ者たちが略奪を目的に、その事前調査として領土の弱点や秘密を探りにきたと推測する。自分の所領へ侵入するのを禁止するのが許されるのは、ヨセフ〔『創世記』によれば、父ヤコブの偏愛のため兄たちに妬まれ、奴隷としてエジプトに売られるが、同地で優れた能力を発揮して宰相にまで出世する〕が実の兄たちに向かって語った言葉で立証される。もっともそれは兄たちを苦しめるためだったが、合理的な理由に基づいていた。すなわち、ヨセフはこう語った。「お前たちは回し者だ。この国の手薄な所を探りに来たに違いない。…その点について、お前たちを試すことにする。ファラオの命にかけて言う。〔いちばん末の弟を、ここに来させよ。〕それまでは、お前たちをここから出すわけにはいかぬ。お前たちのうち、だれか一人を行かせて、弟を連れて来い」〔『創世記』第四二章第八〜一六節〕と。また同じような理由から、アンモン人の王ハヌンに仕える高官たちは、ダビデが好戦的な人物だったので、彼のことを疑い、ダビデが亡きアンモン人の王ナハシュの死を悼んで派遣した使節は戦争を仕掛けるのに適した場所を探りにきたのだと言った。すなわち、高官たちは王ハヌンに、「ダビデがお父上〔ナハシュ〕に敬意を表して弔問の使節を送って来たとお考えになってはなりません。ダビデの家臣があなたのもとに来たのは、この地を探って倒すため、うかがうためにちがいありません」〔『歴代誌上』第一九章〕〔第三節〕と、告げたのである。このほかにも、このことを立証する法令は〔『勅法彙纂』第四巻第六三章の「商業と市」の章の〕〈商人〉で始まる節や〔『学説彙纂』の〕「正義と法」などに、いくつも記載されている。

　第四に、自然の法と神の法の命じるところに従えば、そして、これはとりわけ必要とされることだが、スペイン人は宣教師と行動を共にしなければならないからである。あの見知らぬ土地インディアスに住む人びとの改宗を実現させる、その手助けをする以外に、スペイン人がインディアスへ赴く正当な理由はひとつもない。スペイン人はキリスト教徒にふさわしく振舞い、そうして、異教徒が彼らの良き模範に触れて心を動かされ、キリスト教を奉じる決意を固め、そして、自分たちを改宗させるために彼らを派遣された神を称えるようになる、そのような交わりや模範を示さなければならないのである。それはあの『マタイによる福音書』第五章によって証明される。すなわち、そこには、「あなたがたの光を人々の前に輝かしなさい。人々が、あなたがたの立派な行いを見て、あなたがたの天の父をあがめるようになるためである」〔第一六節〕と記されている。また、『ペトロの手紙一』にも、「異教徒の間で立派に生活しなさい。そうすれば、彼らはあなたがたを悪人呼ばわりしてはいても、あなたがたの立派な行いをよく見て、訪れの日に神をあがめるようになります」〔第二章第一二節〕と、記されている。

先記の聖マタイの言葉について、聖クリュソストモス〔ヨアンネス・、三四七?～四〇七年。シリアのアンティオキア生まれ。東ローマ帝国の首都コンスタンティノープルの主教。ギリシャ教父の一人〕は以下のように記している。「教えを説き、教えに従って行動する人たちによって、神は賞賛される。一方、教えは説くが、教えに従って行動しない人たちの振る舞いによって、神は冒瀆の対象となる。もし正しく教えを説き、なお一層正しい行動を取るなら、それを目にする異教徒はそのような僕《しもべ》をもつ神に祝福あれと言うだろう。なぜなら、その神こそ、真の神だからである。事実、もしその神が正しくなければ、その民は正しい振る舞いをしないだろう。と言うのも、主の規律はその家族の習わしに現れるからである。しかし、もし逆に正しいことを教えても、不正な振る舞いに及べば、未信者たちは彼らを見てこう言うだろう。〈不正な行為に耽る彼らが信じる神とは、いったいどのような神なのか。もしや彼らの神は、たとえ彼らの行動に同意せずとも、その振る舞いを許しているのではないだろうか〉と」（『聖マタイ伝講解』第五巻第一六章）。さらに、聖クリュソストモスは『テモテへの手紙一』の第三章に触れて同じような意見を開陳している。したがって、これまで、いや、いま現在に至るまで、インディアスに身を置くスペイン人が過ごしてきた暮らしぶりについては、たとえこれまでに提示された疑問では一部の事実しか語られていないにせよ、それらの疑問から推し量ることができる。

第五に、自然の法と神の法の命じるところに従えば、スペイン人はいずれの土地に到達しようとも、そこに暮らしている未信者に対して、渡来の理由、すなわち、未信者を改宗させることと、万物の創造主である真の神について知らせることが目的であることを告げなければならないからである。同じく、その信仰は、聖職を本業とする人びとがキリストの定められた方法に従って、すなわち、優しく、柔和に、そして愛情深く、説かなければならないからである。

最後に、過去同様現在も、カスティーリャ・レオン王国の歴代国王によるインディアス支配を正当化し、揺るぎないものとするうえで必要不可欠なのは、国王もしくはその名のもとに仕える官吏とインディアスの君主ならびに人民との間で、ある種の協約、協定が締結されることである。その際、カスティーリャの国王は彼らを公正に治めることと、我らが信仰に抵触しないかぎり、彼らの地位、威厳、法律や習慣を遵守することを約束しなければならない。一方、インディオの君主や人民は自発的に我らが国王に服従と忠誠を示し、我らが国王を世界の君主と認める証《あかし》として、何がしかの税を納めなければならない。そうして、両者は、約束したことや協定したことをもれなく厳守する旨を互いに誓約しなければならない。

その理由は以下のとおり。自由な人民や人びとは皆、見知らぬ人物の統治や管轄に従う決意をした場合、自然の理性に反しない限り、望ましい条件を求め、設定することができるからである。と言うのも、同じ自然の理性に基づいて、人は誰でも、自分の財産を譲渡しようとするとき、さまざまな合理的な取り決めや条件を付与できるからである。それは、その件で、誰にも害が及ばないようにするためである。したがって、同じことを人民に対して行うのははるかに正当であり、ましてや、王国、さらには、インディアスのような世界に対して行うのはこの上なく正当である。

以上のことはすべて、『勅法彙纂』〔第四巻第三五章〕の「委託」の〈委任されたこと〉の節で立証されている。そこには、ある事柄を委託する場合、各自が自己の利益の調整者、仲裁者であり、支配者であると記されている。また、その第一章の「検証論」でも、同じことが論じられている。自然の法の命じるところに関しては、教皇クレメンス五世〔在位一三〇五〜一四年。本名はベルトラン・ド・ゴ。アヴィニヨン捕囚の時代を招く〕の教皇令「パストラリス」の章で総体的に扱われているし、ヨハンネス・デ・イーモラ〔一三七〇?〜一四三六年。イタリア生まれの教会法学者〕の『クレメンス五世論』*Clementina* も参照されたい。また、この件に関しては、教会法学者たちが、『判決論』*De re judicata* の「訴訟」の章、〔『学説彙纂』の〕「法律論」、「禁令論」、「正当な原因に関して」や、〔『勅法彙纂』第一〇巻の〕「防衛能力について」でも、論じている。したがって、スペイン人がこの自然の法の命じるところを遵守せずにインディアスへ足を踏み入れたのは明白であり、衆目の知るところである。また、それは、本論策の冒頭に記された疑問にまつわる簡潔な報告からも、容易に推察できる。

この《**第七原則**》の後半部分、つまり、過ぎ去った遠い昔から今日という日に至るまで、インディアスの状況が終始一貫して劣悪であったのは、先記の一二項目におよぶ疑問に関連する報告でも立証されている。もっとも私は、現在インディアスで起きていることや、過去の出来事に関して、数多くのことを書き綴ることもできるが、本論策を高覧されている読者諸賢に不快な思いをさせないため、言及するのは差し控える。つまり、私は世界中の人びとを震撼させるような忌まわしくて嫌悪すべき出来事を嘘偽りなく語ることができるが、ここではただ一つ、一般的なことだけを述べるに留める。それは、インディアスでは、場所を問わず、スペイン人がインディオを酷使し、ペルーの諸王国においても、インディオの置かれている状況は、売買の対象とされる奴隷と比較にならないほど、劣悪だということであり、それは紛れもない事実である。すなわち、インディオは奴隷以上に虐待され、疲労困憊している。と言うのも、奴隷に対しては、主人は食料や衣服を提供し、病に斃れれば、治療を施すが、スペイン人はインディオには糊口を凌ぐものも身にまとうものも支給せず、インディオが病にかかっても、治療を施そうとはせず、昼夜を問わず、ひたすらインディオを働かせるからである。以上がことの真相である〔線画11〕。

線画 11　哀れなインディオが恐れる六種類の獣――ヘビ(スペイン人役人)，トラ(宿駅にたむろするスペイン人)，ライオン(エンコメンデロ)，キツネ(教化集落の神父)，ネコ(公証人)とネズミ(スペイン人と結託する土着の役人〔カシーケ〕)(fol. 694［708］)

《第八原則》

少なくとも一五一〇年以来、われわれが神のご慈悲のもとに暮らしている一五六四年の現在に至るまで、インディアス全体を見渡しても、正しい信仰心の持ち主は一人もいなかったし、今もその状況に変わりがなく、以下に掲げる四項目の事柄に関して弁明できる人も皆無である。まず、スペイン人がインディアス全土でインディオに仕掛けた戦争について。次に、スペイン人が過去同様現在も行っている進出《エントラダ》、すなわち発見事業に関して。三番目は、その戦争で捕らえられたインディオが奴隷として売買されていることに関して。つまり、インディオを奴隷にした本人からその身を買い受けた人びとについて。そして、最後に四番目は、火縄銃、火薬、弩砲、それに、とりわけインディオにとりこの上なく有害な武器となった馬など、戦争を仕掛ける人たちのもとへ運搬され、売却されたさまざまな物品について。

この原則が正しいのは以下に掲げる理由で証明される。まず、インディオに戦争を仕掛けるのが不正であること、インディアスから〔スペインに〕入ってくる財貨が略奪したものであること、それに、スペイン人がインディアスの地で過去同様現在も行っていることが神に逆らう暴君の如き所業であることによる。以上に関しては、一五一〇年から現在に至るまで、説教壇で声高に訴えられ、大学や神学校でも論じられてきた。まさしく一五一〇年その年に、聖ドミニコ会に所属する、じつに敬虔で学識豊かな修道士たちがエスパニョーラ島〔一四九二年一二月にコロンブス一行が上陸し、最初の植民地経営の拠点となる。現在はドミニカ共和国とハイチに二分〕へ向かった。修道士たちは、インディオが破滅させられ、スペイン人の加える虐待で死に絶えていく光景を目の当たりにし、翌年、すなわち一五一一年、その事実をじつに明確に説きあかし、嫌悪し、スペイン人の行動をことごとく圧制的で忌まわしいものだと糾弾した[7]〔アントニオ・デ・モンテシーノスの説教。これは当時植民者であったラス・カサスに〈最初の回心〉を経験させる重要な説教となった〕。そして、そのころ、カトリック王ドン・フェルナンドが逗留していたブルゴス〔カスティーリャ王国の中心都市〕において、学識者からなる大規模な会議が一度ならず開催された。国王には、例の島々で行われたことは一つ残らず、忌まわしくて邪悪なものに思われたが、その思いは他の人たちにとっても変わりがなかった。そういうわけで、法令や命令がいくつか制定されたが、それらはほとんど、いや、まったく効果がなかった[8]。以上のことは一部始終、スペインでは周知の公然たる事実である。以後、さらに数多くの土地が発見され、スペイン人が大陸《ティエラ・フィルメ》を破壊すればするほど、素晴らしい熱意をもった聖職者が渡来し、国王や国王に代わってそれらの王国を治めていたスペイン人に向かって抗議の声をあげ、インディオがスペイン人の欲望や野心の犠牲となって死にたえていく状況を改善するよう、訴えた。

マドリード、バリャドリード、アランダ・デ・ドゥエロ〔いずれもイベリア半島中央部に位置したカスティーリャ王国の宮廷所在地〕、サラゴサ〔イベリア半島東部に位置したアラゴン王国の宮廷所在地〕やバルセロナ〔アラゴン王国に位置し、地中海に面する重要な港湾都市〕で、学識者からなる会議が開催された。それは、一五一六年、一五一八年、一五一九年のことであり、また、一五二〇年にはラ・コルーニャ〔イベリア半島北部ガリシア地方に位置する港湾都市〕、一五二六年にはグラナダ〔スペイン南部アンダルシア地方に位置し、イベリア半島におけるイスラム王朝最後の拠点。一四九二年初頭にキリスト教徒軍に敗れ、八〇〇年近くに及ぶ国土再征服運動（レコンキスタ）が終焉〕でも、会議が開催され、そのグラナダでは、一五二九年にも会議が召集された。その後、一五四二年に会議が開催されたバリャドリードでは、「新法」が制定され[9]、爾来、バルセロナ、さらに、マドリードでも会議が開かれた。その後一五五一年にも、同じくバリャドリードで、会議が開催された[10]。その当時、歴代国王や国王に代わって統治を担っていた人びとによって、とりわけ今は亡き皇帝陛下〔神聖ローマ帝国皇帝カール五世。スペイン国王としてはカルロス一世〕の御代には、重要な勅令が数多く制定された。それらの法令では、常軌を逸した蛮行が禁止され、インディアスの状況を改善させる旨の勅令が数かず、下された。

同じく、当時、インディアスに関わるその種の問題に関して公に議論が行われ、インディオが蒙っている害が非難の的になった。学識者の出した返答や質問に関する文書もいくつも、著された。聴罪司祭の中には、インディアスへの渡航を望む人びとやインディアスから財宝を携えて帰って来た人たちの告白を受け付けず、赦しを与えるのを拒否したものもいた。そうしたことは一部始終、スペインではどこでも、衆目の知る公然たる事実であり、広場という広場では、インディアスから流入する財貨は一つ残らず、不正に得られたものだと叫ばれた。また、インディオを擁護し、彼らに加えられている苦しみを阻止する旨の勅令がインディアスに届かない日がないのを知らない者は、一人もいなかった。インディアスにいるスペイン人はそれらの勅令のことを知るや、国王の諮問会議を罵り、その内容については承知していないなどと言い放ち、可能な限り手を尽くして、勅令の実施を阻止し、ついには羞恥心を忘れ、国王に払うべき忠誠心までも捨て去って武装蜂起した。そしてとうとう、ペルーの王国では、彼らは国王に仕える副王ブラスコ・ヌニェス・ベラ〔初代ペルー副王。在位一五四四～四六年〕を野戦で殺《あや》めるまでになった。それと言うのも、国王がペルーに対して下した先記の優れた法令〔エンコミエンダの段階的廃止などを定めた「新法」など〕や勅令を、副王ベラが実行に移そうとしたからであった。[11] そして、ついに、スペインの最も博学な神学者、聖職者および修道士たちは、インディアスにおけるスペイン人のこれまでの所業を邪悪極まりないと断じ、インディアスから届く財貨はことごとく、不正に獲得されたものであり、賠償を義務づけられると決定した。少なくとも現在、その考えには疑問の余地があると思ったり、インディアスから持ち込まれるものに対して例外なく、不正取得の嫌疑がかけられるのに、疑念を抱いたりする人は、ひとりもいない。

すなわち、それらの疑問は、少なくとも、インディアスへの渡航を希望するスペイン人なら例外なく、目的地へ赴く以前に、この上なく神に忠実で学識豊かな人びとに尋ね、真相を見極め、知ることを義務づけられる類のものであった。したがって、彼らは許容しがたい無知の罪を犯したことになる。そして、その無知は罪を赦免することもなければ、当然実行されなければならない賠償義務を免除するものでもない。換言すれば、彼らが抱いていたのは善意ではなく、悪意だった。と言うのも、もしも彼らがそのような疑問を抱いていたなら、また、大罪を犯したくなければ、あれほど非道な行動は慎まなければならなかったし、その非行の結果手に入れた財貨や財宝の分配にも、関与すべきではなかったからである。もし事後に不正であるのが明らかになった場合、大罪を犯す危険に身を晒さないためには、そうすべきであった。すなわち、敬虔な神学者や法学者の定めた規則によれば、疑問が生じたとき、危険に身を晒さないためには、必然的に確実なことに従わなければならない。『集会の書』第三章によると、「危険を好む者は、それによって身を滅ぼす」（第二六節）からである。

三番目に、この《**第八原則**》は以下のように立証される。すなわち、戦争が明確に不正ではないが、その正当性に疑義が生じる場合、国王に召喚されて出征を命じられた兵士は、罪および不正な戦争における賠償義務を負わないが、もしその兵士が、国王の臣下であっても、国王から命令されてもいないのに、不正な戦争に行くと申し出た場合、その戦争で生じた死や略奪の賠償を義務づけられるからである。すなわち、その兵士には、戦争の正当性を調べる義務があったのである。インディオとの戦争の正当性に関しては、疑義が生じており、しかも、スペイン人はその戦争に赴くよう命じられてもいなかった。つまり、インディアスにおける戦争はインディオを敵視した不正なものであり、少なくともスペイン人は全員、その戦争の正当性に疑念を抱いていたし、他方、国王は彼らにインディアスへ赴くよう命じたわけではなく、彼ら自身が自ら申し出てインディアスへ赴いたのである。（そして、もし勅命を受けてインディアスへ赴いたと主張する人たちがいれば、それは自己の行為を弁解するためであり、事実とは異なる。なぜなら、コルテス（エルナン・、一四八五～一五四七年。メキシコのメシーカ（アステカ）王国の征服者（コンキスタドール））もピサロ（フランシスコ・、一四七〇?～一五四一年。インカ帝国の征服者（コンキスタドール））も自らすすんでインディアスへ渡ったのであって、ほかの征服者《コンキスタドール》たちも同様だからである。）したがって、彼らには、犯した罪や賠償を猶予してもらえるような弁解の余地もなければ、一片の善意も見当たらない。つまり、インディアスへ向かった人たちが携えた訓令はインディオを殺害し、略奪するためではなく、彼らをキリスト教徒になるよう招き、イエス・キリストの信仰へ導くために発令されたものだが、彼らがそれらの訓令を遵守したためしは一度もなかった。何よりも確かなのは、インディアスへ向かった連中が自らの意思に従って渡航を希望し、その許可を手に入れようと躍起になったことであり、その状況は今でも変わらない。ここマドリードで、つい先日も、渡航許可を得るため、とある人物に五〇ドゥカドを差しだしたものがいた。

次いで四番目に、この《**第八原則**》は以下のように立証される。十戒に関して言えば、人を殺めることが罪とならず、また、姦淫や窃盗が罪にならずに済むような克服しがたい不知、すなわち、善意などはあり得ないからである。つまり、インディアスでは、スペイン人は人を殺め、密通し、盗みを働き、人びとから自由や財産を奪ったし、今日という日にも、同じような振る舞いに耽っている。したがって、彼らが賠償義務と大罪を免れるような良心を持ち合わせていることなど、あり得ない。

インディオ奴隷を売買する人について言えば、疑問の余地はない。と言うのも、インディオ奴隷を買う人は、インディオが先に述べたような不正な形で奴隷にされているのを知っているからである。

この原則の冒頭で触れた四種類の武器〔火縄銃、火薬、弩砲、馬〕など、インディオに有害な物資をインディアスへ送り届けた商人に関しても、同じように立証される。なぜなら、商人も、インディアスの王国から入ってくる財貨欲しさに目がくらみ、スペイン人が国王に召喚されて命じられたわけでもないのに、インディオに戦いを仕掛けるとき、懸命に武器などの物品を持ち込んだからである。また、商人は、宮廷においてインディオ相手の戦いの大義が議論の的になっているのが周知の事実だったにもかかわらず、碩学で神を畏れる人びとがその戦争の正当性を議論していることをまったく意に介さず、その戦争を非難し、反論している学識者の議論や宣教師たちの説教にも、無関心を貫きとおした。また同様に、彼らはインディアスで行われてきた残忍で、おのずから邪悪な行為に関心を寄せることもなかった。商人は少なくともスペイン人たちの邪悪な振る舞いの正当性について疑問を抱くべきだったし、もし本心から告白するつもりがあったなら、彼ら自身、それらの振る舞いを嫌悪すべきものと判断しただろう。したがって、彼らは大罪を犯しており、奪ったものを一つ残らず、確実に賠償する義務を負っている。換言すれば、商人は、戦争でインディオが破滅するのに手を貸したのである。たとえ持ち込んだのが先記の武器ではなく、食料だったとしても、また、それを赤貧に喘ぐスペイン人に寄付したとしても、商人は大罪を犯している。

　つまり、商人は、スペイン人が忌まわしい振る舞いに及ぶのに手を貸しているのである。むしろ、商人はスペイン人に対して、糊口の道をことごとく、閉ざすべきであった。と言うのも、われわれは隣人に加えられる不正を可能な限り阻止し、善を為して隣人を助ける義務を負っているからである。衰弱している人を殺すのと、その死を容認するのはほとんど同じことであり、死を容認できる人はその死を妨げない。『集会の書』第一二章に「謙遜な人に善い業をせよ。しかし、不信仰な者には施すな」〔第五節〕とある。数々の教会法〔例えば、『グラティアヌス教令集』事例五問題五法文二「鞭で打つ人がすべて、敵ではない」〕の中には、聖アウグスティヌスが「ドナトゥス派のウィンケンティウスに宛てた書簡」*Epistola ad Vincentium Donatistam*〔『書簡集』九三番〈異端者に対する力の強制について〉第二章〕に記した以下の文章が転載されている。つまり、聖アウグスティヌスは、「食べ物に関して言うと、食料に無関心であるがため、正義を蔑ろにして、飢えに苦しむ人からパンを奪う方が、不正な行為に同意させるために飢えに苦しむ人をかどわかして、パンを差し与えるより、はるかに有益である」と記している。すなわち、〔邪悪な目的のために、飢えに苦しむ人にパンを与えるような〕商人は立派な信仰心など、抱くことができないし、彼らを容赦できる無知もありえない。商人はあらゆる面で誰よりも狡猾で、また誰よりも早く、宮廷での出来事やインディアスの状況に精通している。それどころか、商人は誰よりも早く、世界の事情に通暁しており、国王のもとにすら、彼らほど早く、報告は届かない。

二　回　答（結論）

《疑問一に対する結論》

〔その一〕

アタバリバを捕らえて殺害する現場にいたスペイン人は一人残らず、不正を働き、地獄行きの大罪を犯した。

この結論は以下のとおり立証される。まず、例のスペイン人たちは、彼ら自身とは無縁な王国を奪おうとしたのだから、紛れもなく強奪者であり、また、無縁な王国を奪うのは無法者の仕業だからである。つまり、権力の乱用は大罪であり、したがって、スペイン人たちは地獄行きの大罪を犯したことになる。

つぎに、彼らスペイン人が大罪を犯したのは、一人の王を理由もなく殺《あや》めたからである。つまり、彼らは自分たちに対してまったく罪を犯していなかった人物の命を奪ったたのである。アタバリバ王は、たとえどれほど罪深い人物だったとしても、上位者を認めない君主だったし、スペイン人はその君主に対し管轄権を有していなかった。つまるところ、スペイン人は殺人を犯した。したがって、殺人は大罪なので、スペイン人は地獄行きの罪を犯したことになる。

三番目に、スペイン人が略奪を働いたからであり、略奪は窃盗以上に重大な罪である。すなわち、スペイン人はアタバリバ王から財宝や王国を奪って罪を犯したのである。

四番目に、スペイン人は、インディオがその時以来苦しめられることになる諸々の害悪のもっぱらの原因となったからである。それらの害悪が取り返しのつかないものであるのは、(一)王であるアタバリバが死んだからであり、次いで、(二)スペイン人がアタバリバの後継者たちから、彼らに属する広大無辺な王国を簒奪したからである。第三に、風の便りによれば、アタバリバが捕らえられたとき、七〇〇〇人ものインディオがまったく罪を犯してもいないのに、理不尽に生命を奪われたからである。第四に、インディオが土地を奪われたからであり、第五に、インディオが苛酷極まりない隷属状態に置かれ、スペイン人のために働かされたからである。その状況は現在も変わらず、神が別のことを命じるまで、続くだろう。すなわち、スペイン人はこの上なく大きな罪を犯したのである。

以上のことは、先記の最初の二つの原則によって立証される。つまり、それら二つの原則によれば、異教徒も、キリスト教徒と同じように、自然の法、神の法および人定の法にもとづいて、家、財産、土地、王国、地位などを所有する主人《あるじ》だからである。

五番目に、スペイン人が大罪を犯したのは、彼らがその悪行によってインディアスでキリスト教徒やキリストの名を憎むべき、忌避すべきものにしてしまったからであり、大勢の人がキリストの信仰に改宗せず、むしろ信仰を奉じることもなく、未信者のまま死んでいく、その原因になったからである。そうして、インディオは、大勢が未信者のまま、地獄へ落ちた。

〔その二〕

アタバリバの死に立ち会った例のスペイン人たち（二〇〇人にも満たなかった）はペルーの諸王国をアタバリバの後継者、もしくは、インディオの掟あるいは慣習に従って〔王位〕継承権をもつ人物に返還しなければならない。もし違反すれば、永罰を受ける。

この結論は以下のとおり立証される。まず、返還という行為は正義を実践し、遵守する以外のなにものでもなく、所有していたはずのものではなく、現有しているものを各自に返すことである。つまり、例のスペイン人たちはそれぞれ、正義を遵守する義務を負い、もしそうしなければ、永罰を受けることになる。したがって、彼らが救霊を得るためには、不正に手に入れたものを返還するのが不可欠である。つまり、例のスペイン人たちは、アタバリバやその後継者から、不当に王国を簒奪したのだから、もし救霊を望むのなら、王国を彼らに返還しなければならない。

第二に、この結論は以下のように立証される。『集会の書』第二一章にある「蛇を避けるように、罪を避けよ」〔第二節〕という聖書の言葉に従えば、大罪を犯すような人は例外なく、可能な限り速やかに、その罪から抜け出すのを義務づけられている。隣人に窃盗や強奪を働いたり、害を加えたりする人は大罪を犯しているのみならず、隣人、すなわち、所有者の意思に反して、自分のものではないものを持っているので、王国の所有者から王国を奪った罪を免れるためには、その王国を、法律に基づいて正当に所有する人物に、返還しなければならない。

第三に、『マタイによる福音書』第一九章にある「もし命を得たいのなら、掟を守りなさい」〔第一七節〕によれば、救霊を得たいと思う人は神によって命じられたことを一つ残らず、遵守しなければならないからである。したがって、奪ったものを返還するのは神の掟である（『出エジプト記』第二〇章には「盗んではならない」〔第一五節〕とあり、前掲の『マタイによる福音書』第一九章も同様である）。その普遍的な禁令により、隣人の財産に損害が及ぶような振る舞いをするのは禁止されている。このことは、聖トマスの『神学大全』（第二論集第二部第一二二問題第六項の第二ならびに第一四節および第五問題「刑罰」の項〔正しくは『グラティアヌス教令集』第二部事例一四問題五法文一三「刑罰」と思われる〕）でも論じられている。つまり、所有者の意思に反して、その人の物を所持するのは、隣人に対して損失や害を加えるに等しい。したがって、他人の物を奪った人は、奪ったものを返還しなければ、救霊を得ることはできない。

四番目に、盗むという行為を実行に移す決意を固めた者は、たとえその後、実際に盗むのを躊躇したり、その決意を行動に移したりしなくとも、大罪を犯したことになり、悔悛によって、神の御心を満たさないかぎり、永遠の苦しみを背負わされ、味わうことになるからである。したがって、実際に盗みを働いたり、あるいは、略奪したりした者は例外なく、その財産を奪って害を与えた相手である隣人に対して、賠償を完了するまでは、永罰に縛られ、その罰を背負わされる。他人の王国を奪った者は本来の所有者に王国を返還しない限り、償いを完了することができないので、例のスペイン人たちはペルーの王国を返還する義務を負う。

五番目に、聖書、つまり、『レビ記』第一九章にある「あなたは隣人を虐げてはならない。奪い取ってはならない」〔第一三節〕という言葉によって立証される。〔聖トマスによれば、〕その権威は他のすべての賠償にも関係する。と言うのも、おしなべて賠償行為の理由はただ一つだからである〔『神学大全』第二論集第二部第六二問題最終項〕。つまり、今われわれが取り上げている事例に関して言えば、それは、計りしれないほど大きな価値があるものが奪われ、被害者が信じがたい害を蒙っているからである。このことは、聖アウグスティヌスの次の言葉で見事に確認される〔『書簡集』第五四　マケドニア人への手紙〕〔『グラティアヌス教令集』事例一四問題六法文一に引用されている〕。つまり、アウグスティヌスによれば、「もしある行為が原因で罪が生じる場合、その行為は賠償の対象とされ、もし賠償されなければ、改悛は実行されず、見せかけに過ぎない。奪われたものが賠償されない限り、その罪は容赦されない」。

〔その三〕

アタバリバ王を捕縛し、処刑する現場に立ち会った例のスペイン人たちは、アタバリバを幽閉したときに手に入れた金銀その他の財宝、つまり、王が我が身の解放の代償として差し出した金や銀で満ち溢れた館に加えて、その他、現場にあった金や銀を一つ残らず、賠償する義務を負う。

この結論が間違っていないのは、すでに**結論〔その二〕**を立証した際に記した六つの理由〔理由は五つしか挙げられていない〕により、そのまま証明される。

〔その四〕

アタバリバ王の幽閉と処刑に関わった例のスペイン人たちは、その後彼らの後を追ってペルーの王国へ渡ったスペイン人が行った略奪や、彼らが与えた損害も一つ残らず、賠償する義務を負う。彼らは数多の偉大な支配者から名誉と尊厳、領地と臣下、それに財産や富を略奪したし、それ以外にも、大勢のインディオから財産や自由を奪い、彼らをレパルティミエントの隷属状態へ追い込んだからである。

この結論の立証は以下の通り。まず、第三者に害をもたらすような原因となる人は例外なく、その害の賠償を義務づけられるからである。それはキリストの掟、つまり、

『マタイによる福音書』第一八章にある「世は人をつまずかせるから不幸だ。つまずきは避けられない。だが、つまずきをもたらす者は不幸である」〔第七節〕という聖書の言葉で立証される。と言うのも、「害をもたらすきっかけを作る人は害をもたらすと理解されるからである」〔「不当行為と被害」の〈上陸〉および〈罪の有無〉の項〕〔『グレゴリウス九世教皇令集』第五巻第三六章〕。それは、一人あるいは複数の者が見知らぬ君主に悪事を働いた結果、その君主が自分の治める王国の蒙ったすべての害、死や破壊に報復するため、王国を挙げて戦争を仕掛けるのと変わらず、例のスペイン人たちはそのような害や殺戮や破壊の罪を犯した張本人なのである。それは〔『グラティアヌス教令集』第二部事例二三問題二法文二の〕「我らが主」や先記の〈罪の有無〉に、「もしあなたの所為で、害もしくは悪が生じた場合、あるいは、あなたが暴挙を犯したり、あなたの愚鈍さもしくは怠惰の所為で、何か不祥事が出来《しゅったい》したりした場合、あなたはその被害をことごとく賠償しなければならない。もしあなたが、自分自身の振る舞いが原因で、害悪が生じたのを知らなければならない場合、不知を理由に許されることはない」と記されているからである。また、「問題は、誰かが人を殺めるとか、あるいは、人の死を招くような原因を作るのかどうかということではない」〔『学説彙纂』第四八巻第八章の〕「暗殺者に関するコルネリウス法典について」とも記されている。したがって、聖ヒエロニュムスが記しているように、アリウス〔二五〇?～三三六年。アレクサンドリアの司祭〕の罪は未だ完結していない。その異端的信仰〔アリウス派はイエスの神性を否定したため、三二五年に開催されたニケーア公会議で異端とされた〕によって道に迷うことになる人びとの数がまだ決まっていなかったからである。以上に述べたことは〔『学説彙纂』の〕「アクィリウス法について」〔紀元前二八六年に平民会が可決した最初のローマ法のひとつで、第三者の奴隷や家畜を不法に殺した人に対して一定の銅貨の支払いを命じた不法行為法の原点〕の章の〈殺人者〉の節、同じく「獣は害をもたらしたか」の章や「堕落した奴隷に関して」の章などでも、確認される。

〔その五〕

アタバリバとその場にいたインディオ（二〇〇〇人どころではなかった）を一人残らず、捕縛し、殺害した例のスペイン人たちは、それぞれ連帯して、法律上正当な支配権をもつ人物にペルーの諸王国を返還し、アタバリバの身代金として受け取った莫大な財宝を賠償しなければならない。そのうえ、彼らは当時だけでなくいま現在も、ペルーで加えている害を一つ残らず、賠償する義務をも負う。すなわち、たとえ他の連中が賠償しなかったのが周知の事実だとしても、彼らは各自、先記の害を一つ残らず、賠償しなければならない。賠償できるのに賠償を怠った場合、救霊を得ることはできない。

この結論はまず、聖トマスが述べている例の箴言、すなわち、「不当に物を手に入れたり、あるいは、害を与えたりする人は賠償義務を負う」(『神学大全』第二論集第二部第六二問題第七項)で立証される。つまり、例の場所〔カハマルカでアタバリバ王を捕らえた事件の現場〕に居合わせたスペイン人は一人残らず、アタバリバ王の幽閉と殺害に関与し、さらに、当時も、またその後も相変わらず、ペルーの地で行われている略奪や悪行に加担した張本人であり、彼らの中に五〇人、三〇人、二〇人、一〇人、いや一人でもそのような行為に関与しなかったものはいなかった。つまり、彼らは全員が殺戮と略奪を働き、先述したような悪事に耽ったのである。したがって、彼らは各自、全体として、すなわち、連帯して、賠償義務を負う。

二番目の理由は、彼らが全員、また、各自、まったく同じ思惑や願望、それに同じ目的を胸に渡航したからである。と言うのも、彼らは一人残らず、目指している土地のことを知っていたし、そこへ渡りたいとずっと切望していた。つまり、彼らはまったく同じ野心と欲望に駆られて渡航したのであり、その目的はペルー王国に対し、また、スペイン人にいっさい害を加えなかったインディオを相手に、戦いを仕掛け、彼らを服従させ、略奪することだった。そうして、連中はインディオから金や銀、王国や財産、それに、自由までも奪い去った。したがって、連中は一人残らず、また、各自、**結論〔その二、その三、その四〕**で述べたすべての害に対して賠償義務を負う。

また、この**結論〔その五〕**は以下のように立証される。まず、賠償義務は略奪したり、害を加えたりする本人自身に関わることであり、差し控えるべき態度もしくは行動を取らなかった人びとおよび彼らの加えた害に関係する。彼らは、善がことごとく排除されるか、さもなければ、悪という悪が実行される状況を惹起するのに、稀にみるほど堅い意志を抱き、実際にそのような行動に出る。その際、部分的な原因など、問題ではない。したがって(犯された法からも明らかなように)、賠償義務と彼らとの因果関係はあらゆる出来事に及んでいる。

三番目に、この結論は以下のように立証される。もし崩れ落ちそうな梁があるのを知りながら、大勢の人がそのまま放置した結果、梁が落下して死者が出た場合、全員がその責任を負う(「アクィリウス法」および「普通法」〔『学説彙纂』第九巻第二章第一一節と第四七巻第二章第二一節〕。「しかし、奴隷をさらに殴打すれば」の部)。また、もし二人ないし数人が、あるいは、これはありえないことだが、たった一人で、船を盗んだ場合でも、その責任は全員が負う（「常套表現」）。すなわち、通例では、一人ひとりが船の一部を奪ったとは認められず、全員で目的のもの、つまり、船を奪ったと言うからである。したがって、全員が、また、各自が責任を負うことになる。その著者〔ロメ〕は最後の方で、こう述べている。「船を奪った者が大勢いる場合、一人ひとりが自己負担で船を建造するのは不可能だから、全員が盗むという行為の責任を負う」と。また、『グロサ』の中でも、著者〔ヒエロニュムス〕は、「全員が連帯責任を負う」と記している。したがって、先記の害の場合、全員が賠償を義務づけられる。

〔その六〕

アタバリバの捕縛と臨終に立ち会った例のスペイン人たちは不誠実かつ不信心で、嘘ばかり吐いている。

この結論は以下の通り立証される。われわれは、敵に対しても、われわれが正当な戦争を仕掛ける相手に対しても、彼らと交わした約束を遵守し、実行する義務を負っているからである。なぜなら、約束を守らないのは自然な平等に背馳し、約束がまったく役に立たなくなるからである（契約に関するさまざまな協定と同じ。捕虜の権利回復に関する事柄や、資産や市民権の回復に関することなど)。また、聖トマスの『神学大全』第二論集第二部第四〇問題第三項によれば、敵味方同士の間でも、遵守されるべき権利や同盟は存在する。それは聖アンブロシウス〔三四〇？～三九七年。ミラノ司教。西方の四大教会博士のひとり〕も祭式に関する書に記しているとおりである。つまり、われわれスペイン人は先記のアタバリバ王に不当な監禁状態から解放すると誓い、約束したのだから、その約束を守り、実行しなければならなかった。アタバリバ王は自身が受けていた虐待を免れるために、金や銀で溢れた館を差し出すと約束し、その約束を履行したからである。したがって、スペイン人は王を解放するだけでは十分ではなく、金と銀の館もそっくりそのまま、返還する義務も負っていた。と言うのも、アタバリバ王の幽閉が不当かつ横暴であり、王が、自分の所有する財産を一つ残らず差し出すと約束したのは、身の自由を奪われていたからである。法律を齧っている人なら、その約束が無効であるのは自明である。

これまで述べたすべての出来事に対して、誰に賠償が行われるべきか、その相手の正体は明白だが、その件については《**疑問八**》で扱うことにする。差し当たり、賠償はそれぞれ、本来の所有者か、もし存在するなら、その後継者に対して実行されなければならず、後継者がいない場合は、財産を奪われた村落に対して、実行されることになる。

〔その七〕

例のスペイン人一行がアタバリバ王を捕虜にして以来、王の子息や後継者およびペルーの王国の人びとは例外なく、スペイン人全員を社会の敵とみなし、彼らを相手に正当な戦争、それも、果てしない戦争を遂行する権利を手に入れた。正当戦争を仕掛けるその権利は、以下に掲げる四つの方法のいずれかで中断されない限り、最後の審判の日まで有効である。その方法とは、被害者であるインディオが強制されたり、あるいは、恐怖に駆られたりした結果ではなく、彼らが自発的に和平もしくは休戦を求めたり、あるいは、万が一にでも心を満たされたり、赦免を与えたりする場合である。つまるところ、正当戦争を遂行するインディオの権利が消滅するのは、現在ペルーの地で行われている圧制や抑圧に終止符が打たれた時のことである。

この結論はまず以下のように立証される。第一に、正当戦争は例外なく、罪のない人びとに不正な振る舞いや害が加えられないよう、邪悪な人びとから身を守ったり、彼らを抑制、あるいは、拒絶したりするために遂行されるものであり、さもなければ、奪われたものを取り返したり、蒙った傷や害から立ち直ったりするため、もしくは、受けた害に報復するために行われるからである。それは〔『グラティアヌス教令集』の第二部〕事例二三問題一法文六「神を心から崇める人」ならびに「最初に武力を使用すること」に関する章と〔『学説彙纂』第一巻第一章〕「正義と法」の第一節および〔『グレゴリウス九世教皇令集』第一巻および〕第六巻の「破門宣告の罪」に記されているとおりである。法令や法律では例外なく、力を力で斥けることや自己防衛をすることは認められており、それは『殺人に関して』*De homicidio* の第二章「兆候」にも記されている。

聖トマスによれば（『神学大全』第一論集第二部第九四問題第二項および『対異教徒大全』*Contra gentiles* 第三巻第三章）、自己防衛が自然な理性に基づくのは、物質が例外なく、その本性にしたがって、自己保存を求めるのは自然なことだからである。聖トマスは言う。「自然の生物は力のある限り、腐敗にたいして抵抗する。腐敗が悪だからである。つまり、生物は本来の姿のまま保存できないか、さもなければ、腐敗するかのいずれかである。」われわれは経験上、石は硬い（本来の能力）ので、石を破壊しようとするあらゆる企てに出来る限り抵抗するのを知っている。また、ボエティウス〔アニキウス・マンリウス・トルクアトゥス・セウェリヌス・、四八〇?～五二四年? 古代ローマ末期の哲学者〕も〔その著書『哲学の慰め』*De consolatione philosophiae* の〕第三巻一一番目の散文詩で、「石のように本来硬いものは自分の最も硬い部分と力を合わせて簡単に破壊されるのに抵抗する」と述べ、さらに、「しかし、白然は、その構成要素が維持できるかぎり、それらの要素が死滅しないよう作用する」と記している。

もし、たとえ〔石のように〕無感覚なものでも、自己保存の願望を抱き、可能な限り、自らを破壊するようなものすべてに対して抵抗を企てる(すなわち、それは自己防衛に他ならない)のが自然であるとすれば、ましてや、人びとが自己の存在、つまり、自然な、あるいは、政治的な存在を守るのは、いたって当然である。したがって、戦争は、防御を目的とする限り、正当である。

二番目の正当な大義は、害を加えようとする人に対して抑制や抵抗を企てることである。これは、先に述べた自衛と変わらない大義による。この件に関して、〔『グラティアヌス教令集』第二部事例二三〕問題二法文一で「敵を追放するために行われる戦争は正当である」と記されている。

三番目の大義は、不当に奪われたものを取り戻すため、あるいは、蒙った不正や害の償いをさせるためである。この件に関して、先記の法文一および、それにつづく法文二「我らが主」に記されている。

四番目は、蒙った不正や害を処罰し、面皮を剝ぐためである。この件に関しても、先記の章「我らが主」に、「受けた害を罰する(害に復讐する)時、戦争は正当であると定義づけられるのが常である」と記されている。

このように仮定すれば、**結論〔その七〕**は次のように立証される。すなわち、インディオが行う戦争がこの上なく正当なのは、正当戦争に必要な先記の四項目の条件がすべて満たされているからである。つまり、アタバリバ王を捕虜にしたスペイン人に対して、ペルーの人びとが有する権利はその四つの条件をことごとく満たしているのである。したがって、彼らがスペイン人を相手に行う戦争は、正当きわまりない。この大前提に関しては、疑問の余地はない。第一の大義に関する小前提、すなわち、正当防衛に関しては、以下のとおり、論証される。つまり、インディオは過去から現在に至るまで変わることなく、筆舌に尽くしがたい圧迫を受けており、それは最初の四つの疑問、さらには、すべての疑問からも、理解できる。

第二の大義に関しては、ほぼ同じように立証される。つまり、インディアスに暮らしている人たち、すなわちインディオは日々、信じがたいほどの害や苦しみを蒙っているので、劣悪な振る舞いに及ぶ人びとを自然の法に基づいて阻止し、彼らに抗うことができるし、そのような害が引きつづいてもたらされないよう願い、努めることができる。

三番目の大義、すなわち、蒙った害や損失を取り戻す権利に関しては、インディアスの人びとにその権利があるのを否定する人はいないだろう。と言うのも、スペイン人が彼らから王国、財産や自由などを奪ったことを認めない人は皆無だからである。インディアスの人びとは例外なく、奪われたものを取り戻す権利とそのための行動を自分たちに相応しい大義だと考えている。つまり、すべてが彼らのものであり、スペイン人がそれを無理やり奪ったからである。この原因について、トゥリウス〔マルクス・トゥリウス・キケロ。紀元前一〇六～四三年。共和政ローマ末期の哲学者、政治家〕は『ピリッピカ』*Philippica*〔特定の政治家などを非難するための激越な攻撃演説〕の中で、奴隷状態を解消することほど、戦争を始める正当な原因はないと述べている。したがって、『ポリクラティクス』*Policraticus*〔イギリス生まれの司教ソールズベリーのジョン（一一一五?～八〇年）が著した道徳および政治哲学書〕によれば（第八書第五章）、ローマ人の間では、まずは都市の自由、次いで支配を求めて戦うことが義務づけられている。また、サルスティウス〔ガイウス・サルスティウス・クリスプス。紀元前八六～三五年?　共和政ローマ末期の政治家、軍人〕は『カティリナの陰謀』*Cathilinario* の中で、善人は、命を全うしたとき、初めて自由を喪失する、と記している。

四番目の大義は蒙った害に復讐するためであり、インディオがスペイン人に戦争を仕掛ける権利を有する、その四番目の大義がこの復讐する権利に基づいているのは、火を見るより明らかである。と言うのも、インディオは過去同様現在も、甚だしい不正を蒙っているからである。まず、スペイン人が理由もなく、彼らの王ならびに六〇〇〇ないしは七〇〇〇人もの人びとの命を奪ったからである。第二に、スペイン人が彼らから王国を簒奪したからである。第三に、スペイン人が彼らからアタバリバ王の身代金として莫大な量の財宝をせしめ、その後も、計り知れない量の財宝を奪ったからである。第四に、インディオがレパルティミエントという過酷きわまりない隷属状態に置かれているからである。それらはいずれも、計り知れないくらい大きな不正である。したがって、以上のことから、インディオはわれわれに対して現在も、また未来永劫に、すこぶる正当な戦争を遂行することになる。

二番目に、この結論の立証は以下のとおり。つまり、ペルーの本来の王や支配者が今や自分たちの王国や領地を奪われ、失い、名目上ではなく、実際に納税義務を負わされ、挙句の果て、スペイン人の奴隷になり下がっているからである。つまり、ペルーの王は臣下を奪われ、納税義務を負う存在に変わりはて、一方、臣下は臣下で、自らが崇める王を奪われ、抑圧されている。そのように、王国や領地を奪われ、臣下が圧迫されている間、王であるべき人物およびその後継者は、臣下をその圧制から解放する義務を負っている。なぜなら、それは、身体に譬えれば、王たるものが頭、臣下が〔頭を支える〕胴体だからであり、元来、頭は胴体の管理に必要なものを整え、管理することに専念しなければならない。それは、四肢の健康を維持し、病に抵抗するためである。したがって、頭である王は、理由があって、肢体の健康を維持促進することがかなわず、害を避けることが不可能な場合、戦いを仕掛け、必要なら、臣下のために命を犠牲にするのを義務づけられる。それは、一つには、自分の利益のためでもある。と言うのも、もし王国にとり必要なことを命じるうえで、王に仕える自由な臣下がいなければ、王は損害や損失を蒙ることになるからである（『学説彙纂』第四巻〕「恐怖のために」の章の第一二節第一項、『勅法彙纂』第一巻「教会に身を捧げる人びとに関して」と題する章〔の第一二節〕で「奴隷の場合」と記されている箇所）。いま一つは、臣下が害や損失を蒙るのを避けるためであり、そのような害は常に存在し、臣下を苦しめているからである。したがって、支配者は圧制者に対して戦争を仕掛ける権利を有し、臣下も同じ権利をもっている（〔『グロサ』の〕最後から二番目の「やむを得ず自衛することに関して」の章で証明されている。また、〔同じく『グロサ』の〕それに続く「現役兵とその帰還」の章では、支配者と臣下の区別をせず〕。とくに、暴君は隷従させた人びとを一人残らず、死地へ追いやる張本人である。バルドゥスによれば、自由が奪われている間、生身の人間に対して、じかに、しかも、絶え間なく、害が加えられる。そして、来る日も来る日も、暴力が揮われるため、次第にそれに抵抗する力が生まれる。そうして、王国の継承者は、スペイン人に対して戦いを仕掛ける権利を途切れることなく、享受することになる。

三番目に、この結論は臣下の側からも論証される。国王が配下の家来を解放しなければならないのと同じように、臣下も国王を解放する義務を負っているからである。と言うのも、軍事貢納金《パリアス》〔再征服したアル・アンダルスでタイファ王から徴収した〕に対する君主の権利と臣下の権利について判断する際、君主が臣下に対して抱くのと同じ信頼を、臣下は君主に対して抱かなければならないと記されている。この件に関しては、数多の法律があり、臣下が国王を解放する義務を負っているのは、民衆が国王に忠誠を誓っているからである。たとえ忠誠を誓わなくとも、自然の法により、臣下は国王に対して忠誠を守らなければならない。つまり、自然の法に基づいて、臣下は、たとえ自らの生命を賭すことになっても、実の親よりも国王を解放し、救済する義務を負っている。その理由は、国王が王国という神秘体全体の頭であり、共通善を求める存在だからである。アリストテレスによれば、共通善は何にもまして神聖なものである(『倫理学』第七巻)。人は個別の善ではなく、まさしく共通善のために生まれてくる。人は、実の親より祖国のために生まれてくる、と言われる所以である。したがって、法律によれば、規律がなくても、自由な人びとの好意を得ることに優先してまずなすべきことはローマの市民や親より自分たちの土地を守ることだった。子が祖国を破壊しにきた実の親を殺害したり、逆に、祖国を破壊しに来たわが子を親が殺害したりするのも合法であった(『学説彙纂』第一一巻〕「宗教と分担金」と題する章の一六番目の勅令《エディクト》)。

したがって、臣下は例外なく、たとえ自分自身や妻子の生命を危険に晒してでも、力のあるかぎり、国王を見捨ててはならず、逆境に苦しむ国王を保護し、国王を祖国全体、社会《レプブリカ》全体の頭として死守し、防衛しなければならない。なぜなら、われわれは、頭の代わりに、腕と手を切断される危険に晒すべしという、自然の教えを理解しているからである。それは、自然の肉体を神秘的肉体に応用した見事な論証であり、そのことは〔『学説彙纂』の〕「養子縁組論」にある「養子」および「大多数の人が通常果たすべき役割」に記されている。臣下は国王を守るために、生命を危険に晒さなければならないばかりか、それと同じ理由により、王の地位や威厳を取り戻すためにも、生命を賭さなければならない。と言うのも、世俗的な財産（主に地位や威厳）がなければ、王国全体を治める王は存在しえないし、王国が守られることも、ありえないからである。

前述の見解から導かれる帰結は以下のとおり。すなわち、ペルーの〔本来の〕支配者たちは正義に基づいて、人びとを糾合し、軍隊を召集して、スペイン人の存在を記憶から抹消するほど、彼らを殺め、殲滅させることが出来るばかりか、部下のインディオも例外なく、正当に同様の行動に打って出ることが可能だということであり、それは、紛うことなき真実である。つまり、インディオは、スペイン人が眠っていようと、夜を徹して見張っていようと、背後からであろうと正面からであろうと、関係なく、機会さえあれば、思惑どおりに、スペイン人を亡きものにすることが出来る。

その理由は、インディオがスペイン人を相手に極めて正当な戦争を遂行しているからであり、正当戦争では例外なく、いかなる個人も、全体の大義のために、戦いを遂行することができる。と言うのも、村落や共同体あるいは王国の住民は先記の方法で、一人ないし複数の専制者を亡き者にするのを許されているからである。もはやそのような連中は国中から、暗黙のうちに、あるいは、公然と、戦いを挑まれているのである。

公的な挑戦に関しては、その目的は〔宣戦〕布告に明示されている。他方、暗黙の挑戦とは、正真正銘、都市や王国の敵である人物、すなわち武力もしくは抑圧を通じて、市民の意思に逆らって、あるいは、市民に同意を強制して、自由な人民に対する優位性を奪った人物を相手に行われるものである。しかしながら、その人物の権力が絶大であるがゆえ、あえて人民の解放を望むものはいない。圧制が敷かれている間、人びとや王国は、その人物を公共の敵とみなしている。その結果、すべての人民にも、専制者を単数、複数を問わず、殺害する権限が賦与されていると理解される。聖トマスによれば(『命題集註解』*Scriptum super libros Sententiarum* 第四四区分、最後から二番目の条項)、上位者に訴える手段がない場合、人民の意思に反して、暴力や恐怖心を武器に支配者となった人物を、私人が殺害するのは讃えられるべきことである。

インディオの村落は過去同様現在も、自由であり、その支配者や領主は、自らが治める共同体や村落の奉仕を受けており、その奉仕ははるか昔から続いている。したがって、彼らは過去同様現在も、法律を制定することができ(と言うのも、彼らは、自然の法と人定の法に基づいて、十全なる権力と管轄権、ある一つの完全な霊的かつ俗的な支配権を有するので)、共通善を促進し、悪を回避し、さらに、国家の敵や堕落した人びとから身を守るため、法律を定め、その実行を命じる役割を担っている。そして、スペイン人は狷介な敵であり、インディオを根絶してきた連中なので、インディオは、彼らから受けた数えきれないほどの侮辱、死、災厄、拷問、搾取、隷従や取り返しのつかない禍害に罰を下すことが出来るし、武器をふりかざして制裁を加えることも可能である。また、インディオは蒙ったすべての損害や損失に対する復讐として、連中の命を奪ったり、身柄を拘束したり、財産を没収したりすることもできるし、連中を母国〔スペイン〕からも、彼らが無理やり力ずくで占領した王国〔ペルー〕からも、追放するのも可能だし、また、そうしなければならない。

〔その八〕

たとえペルーの王国や人びとがカスティーリャ・レオン王国の国王を上位者と承認したとしても（第六原則で証明したように、ペルーの王国がそのようなことを行ったり、認めたりしたことはなかった）、ペルーの人びとが、敵であるスペイン人やカスティーリャ・レオン王国の国王に仕える行政官や役人に戦いを挑むのは可能だし、戦争を介して、彼らの命を奪い、彼らから受けた害や損失に復讐するのも正当である。

この結論は以下のように立証される。あの土地〔ペルー〕では、インディアスの他の地方と同様、これまで、インディオに対して正義が守られたためしがなく、〔本論策の〕冒頭に掲げた一二項目の疑問からも明らかなように、現在に至るまで、裁判官、総督や指揮官はインディオにとり、この上なく有害かつ邪悪で残酷な存在であった。つまり、どこを探しても、正義を司る裁判官など、一人もいなかった。法律上、インディオは自由な民であったが、実際には、上に立つスペイン人は正義を実行しないか、実行する意思すらもたず、さもなければ、正義を拒否するか、それとも、正義を司っているように装うか（それは、正義を実行していないのと変わらない）、緊急の必要性を口実に、遅延を恐れて裁判官に訴えるのを認めないかのいずれかである。すなわち、上に立つ人には訴えることが出来ないのである。したがって、誰か別の人物を上位者と認めようとする人たちにとり、自らの権威にもとづいて武器を取り、戦うのは正しい。と言うのも、彼らは戦争ではなく、自然の法を実行しているのであり、その権威を行使しているからである。すなわち、バルトロメオ〔・ダ・サリチェト。一三三五?〜一四一二年。イタリア、ボローニャ生まれ。法学者〕が〔『勅法彙纂』の〕第一〇巻「法律で禁止されている場所」に記しているように、正義の鍵から逃れた人が押し入ってくるのを防ぐ手立ては、武力以外にないのである。

インディオには、われわれ〔スペイン人〕に対して、正当な戦争を仕掛ける権利があり、その権利を齎す数かずの原因は永遠に消滅することがない。また、それらの原因は結論〔その七〕に記した四つの方法のいずれによっても途切れることがないので、われわれに戦争を仕掛ける権利もその四つのいずれかの方法で遮られない限り、永遠に消滅しない。と言うのも、個々の暴力や害が絶え間なく、また、止むことなく加えられているからであり、また、本来の自由が奪われ、支配者も臣下も、隷従によって圧迫されているからでもある。したがって、支配者も臣下も、両者とも、つねに戦争を介して、不正を打破することが出来る。戦争を仕掛けるインディオの権利が中断されるには、まず彼らが蒙っている不正や苦しみに終止符が打たれ、彼らを破滅させるに等しいレパルティミエントが廃止されなければならない。レパルティミエントが撤廃されないかぎり、インディオが有する正当戦争の権利を無効にする和平も休戦も、また、贖罪も役に立たず、いずれも、一時的な慰めに過ぎない。なぜなら、常にインディオの側に正当な原因があり、現在と同じような圧迫が変わることなく行われると考えられるからである。態度が改められないかぎり、罪が赦されないのは定めである(〔『勅法彙纂』にあるバルトロメオの〕第六書『罪』の「法律の規制に関して」、第六書第一章「分裂に関して」)。贖罪に関しては、可能性に関わる問題であることを理解しなければならない。と言うのも、思うに、賠償や贖罪を義務づけられている人びとに対して、公平に報いるのは不可能だからである。

《疑問二に対する結論》

〔その一〕

この《疑問二》で取り上げられているスペイン人は全員、実際に貢物を持ち去ったり、征服や侵略を企てたりして、計り知れないほどの大罪を犯した。

この結論は、《疑問一》に対する最初の結論で挙げたいくつかの理由によって立証される。つまり、まず、彼らスペイン人は土着の君主から支配権を奪い、インディオを耐えがたい隷従状態に貶め、彼らから自由を奪ったから、まごうことなき専制者である。専制は重罪であり、自由は財産よりはるかに大きな価値があるので、インディオから自由を剝奪するのは財産を奪うより、はるかに重い罪である。自由は金《きん》では買えないからである。

同じく、この結論は《疑問一に対する結論》〔その一〕で挙げた第三、第四および第五番目の理由で立証される。と言うのも、スペイン人はインディオから害や損傷をいっさい蒙っていないのに、インディオの土地に足を踏み入れるや、まるで民衆の敵のように、彼らを殺《あや》めたり、略奪したり、隷従させたりしたからである。

同じく、この結論は、スペイン人が正真正銘の略奪者であり、土着の王や支配者からその地位、威厳、管轄権、名誉や財産を剝奪し、彼らを貢租の負担者、さらには奴隷に貶めたからである。また、スペイン人は他の大勢のインディオにも、それに類することやそれ以上に卑劣な仕打ちを加え、彼らを、かつて人びとが置かれたこともないような、最も卑しく、絶望的で、蔑視されるような状態、すなわち、レパルティミエントに配置した。その状況は現在も変わらず、インディオは過重な貢租と個人奉仕〔私的賦役〕に拘束され、休むことも神事に携わることもできない。要するに、スペイン人は大罪を犯したのである。

〔その二〕

《疑問二》で取り上げられているスペイン人は征服や戦争、あるいは彼らが進出《エントラダ》とよぶ行為を通じて、インディオから奪った金、銀、エメラルド、衣服、家畜、トウモロコシ

などを一つ残らず、賠償する義務を負う。

この結論は、**《疑問一に対する結論》〔その二〕**、つまり、スペイン人が過去同様現在も、正真正銘の専制者であることを証明した六項目〔正しくは五項目〕の理由によって、立証される。今日、フランス国王がスペインに対して同様の害を加えたり略奪を働いたりする権利をもたないのとまったく変わらず、スペイン人には、そのような権利など、存在しなかった。ましてや、インディオは未知な存在であり、過去に、われわれに害をいっさい加えたことがなかった。

〔その三〕

例のスペイン人たち〔カハマルカでアタバリバ王を捕らえ、殺害した連中〕は、査定が実施されなかった頃に手に入れた貢物を、トウモロコシの最後の一粒にいたるまで、賠償する義務を負う。

この結論は、先記の**《疑問二に対する結論》〔その二〕**を論証したのと同じ理由で立証される。今日、ペルシア人に、同じインディオから貢物を取り上げる権利がないのと同様、いやそれ以上に、例のスペイン人には、インディオから貢物を持ち去る権利など、ないからである。この答えは、異教徒もキリスト教徒と同じように、自然の法、神の法および人定の法に基づいて、財産、顕職、収入、領地などを所有すると記した《**第一原則**》を前提としている。これに背反する見解を述べるのはまさしく異端そのものである。次に、異教徒の違いについて定めた《**第二原則**》もそのことを前提としている。また、この結論は《**第三原則**》、《**第四原則**》と《**第五原則**》をも前提としたものだが、詳細は当該箇所で触れているので、ここでは「前掲参照」とだけ、記しておくことにする。

〔その四〕

例のスペイン人たちは、インディオに仕掛けた戦争で全員が手に入れたものを一つ残らず、連帯して、また、個別に、賠償する義務を負う。つまり、この《疑問二》に対する前述の結論〔その二〕に記したとおりである。同じく、彼らは、全員が持ち去った貢物を一つ残らず、各自、連帯して賠償する義務を負う。

この結論は、《**疑問一に対する結論**》〔**その五**〕を立証した三つの理由で証明される。それら三つの理由はこの結論にも適用されるし、この結論は《**疑問一に対する結論**》〔**その五**〕で言及されたすべての事柄でも立証される。それは、例のスペイン人たちがインディオを服従させたり、たとえ全員が一緒でなくても、単数、複数を問わず、仲間同士で例のレパルティミエントを実行したりするのを防ぐためである。彼らが全員、同じ意思を抱き、同じ目的を希求したからである。つまり、彼らは、全員が先記のレパルティミエントを考えだした張本人であり、貢物は不正な形で持ち去られた。したがって、例のスペイン人たちは全員、各自、連帯して、貢租の査定が実施されなかったころにインディオから奪ったものを一つ残らず、賠償する義務を負う。

〔その五〕

例のスペイン人たちは、インディオから奪ったチャカラと呼ばれる畑を返還しなければならない。たとえ彼らがチャカラに家屋敷を建てたり、葡萄畑や別の畑を拓いたり、あるいは、チャカラをそれ以外の目的に利用していても、その返還義務に変わりはない。

この結論は、以下のとおり、立証される。すなわち、例のスペイン人たちは本来の所有者から不正に財宝、その他の動産を簒奪したが、それと同じように、インディオや領主あるいは特定の個人から、土地や畑を不正かつ暴力的に強奪した暴君だったからである。したがって、連中は動産を賠償しなければ、永遠に罰を受けるだけでなく、奪った建物や土地を賠償する義務をも負っている。彼らは重大な罪を犯さずに一片《パルモ》の土地も所有できなかったし、永罰を受けずに、自分の物にすることもできなかった。と言うのも、彼らは窃盗や強奪の罪を犯したからである。ペルーの王国の所有者であるインガ王たちがスペイン人に王国を無償で与えることなど、なかったし、あるいは、特定の所有者〔インディオ〕が〔建物や土地をスペイン人に〕自発的に譲ろうとしたこともなかった。

したがって、町、村落や集落にある公共の建築物や個人が拓いたり耕したりした牧場、集落や畑、葡萄園や果樹園、放牧場などはことごとく、他人の土地、つまり、先記のインガ王やインディオ個人が所有した土地に位置し、現在、それらの土地をことごとく、われわれスペイン人が圧制的に占有している。したがって、われわれは不正な所有者であるから、すべてを賠償する義務を負う。インガ王やその後継者もしくは個々の所有者がわれわれに無償で土地を譲渡しないかぎり、その不正な所有は決して正当化されない。むしろ、建物がある土地や植物が栽培されている土地は元来、土着の支配者やその臣下に属しているのだから、われわれは、自分たちが築いたものを一つ残らず失うことになる。

第一に、神の法が定めるところでは、通常、土地がなければ建物は存在しないからである〔『法学提要』*Institutiones* 第二巻〕。

第二に、われわれスペイン人のように、故意に、しかも、悪意をもって、他人の土地に建物を築けば、その財産の一部、つまり資材(それが用いられた場合)を失い、罪を犯すことになる。建物は、その土地の所有者自身の権威に基づいて、破壊することができる(同じく『法学提要』の第二巻第一章にある〈さもなければ〉および〈いかなる動機によるのか〉と題する節。〔『学説彙纂』の〕バルトールスの「売家に関する疑問」)。また、バルトールスをはじめ、法学者たちの意見によれば、その建物は、それを建てた不正な人物の負担のもと、取り壊されなければならない(〔『学説彙纂』の〕「譲渡行為に関する考察」)。これは、スペイン人が自費で、しかも自分の額に汗して建てた場合を想定したときの話であり、ましてや、イスラエルの子らが暴君ファラオに強要されて、エジプトに数かずの町を建設したように、インディオがスペイン人に強制されて、無理やり自費で、しかも、汗水流して、建てさせられた場合の対応策は言を俟たない。

《疑問三に対する結論》

〔その一〕

貢租の査定を任務とするスペイン人官吏は、圧制者〔征服者（コンキスタドール）や植民者〕が暴動を起こすことなく、許容できると思われる範囲内で、査定を実施したので、良心にもとづいて任務を遂行していたら、善を実行したことになり、神の前に立つのにふさわしかった。実際、彼らには、それ以上のことは出来なかったし、貢租量を認定しながらも、その実行を命じることもなかったからである。

この結論は、以下のように立証される。すなわち、彼ら査定官は、貢租量を査定する際、実際には以下に記すこと以外、なにもできなかった。ただ、例に挙がっている一万ペソや、インディオが査定以前に差し出していた量から、僅かばかりを差し引いて査定を行えば、インディオに対して善を施したことになる。と言うのも、アリストテレスが『倫理学』に記しているところによれば、悪を除外したり、あるいは、最小悪を実行したりするのは、善を実践するのと変わらないからである。したがって、われわれはまさになにか大悪を犯そうとしている人に向かって、最小悪を行うことで満足するよう、助言することができる。例えば、もし聖職者の生命を奪おうと決意している人がいれば、われわれはその人に、棒で殴ることで満足するよう、勧告することができる。それは、高利貸しに対して、貧しい人から、裕福な人と同じ高い利子を取らないよう、助言するのと変わらない。

この結論は、貢租査定官が善意で任務を遂行した場合を想定したものである。しかし、もし査定業務に依頼、友情、私利私欲もしくはスペイン人の親戚や友人の利害などが絡んでいたら、当の査定官は大罪を犯したことになり、その結果、専制者〔エンコメンデロ〕の反感を買わずに査定出来た量、査定しなければならなかった量をことごとく、賠償する義務を負う。したがって、貢租査定官が大罪や賠償義務を免れるためには、たとえスペイン人が国王に反旗を翻しても、抑圧されているインディオの身に降りかかるかも知れない最大悪にのみ、関心を払わなければならない。

〔その二〕

査定官によって貢租量が決定されると、エンコメンデロは、その査定量を越えて一マラベディもトウモロコシ一粒も持ち去ることができなかった。まして、査定されなかった分については言を俟たない。したがって、査定済みか未査定かに関わらず、エンコメンデロは持ち去ったものを一つ残らず、賠償する義務を負う。

まず、この結論は先記の《**第七原則**》によって証明される。すなわち、スペイン人が、神の法と自然の法に反して、インディアスへ進出《エントラダ》したからであり、既述したとおり、また《**第七原則**》でも論証したように、彼らが正真正銘の専制者だったからである。つまり、スペイン人が行ったことはことごとく、無効であり、どれひとつとっても、まったく価値がない。要するに、スペイン人の進出《エントラダ》は暴力的かつ専横的だったので、彼らがトウモロコシを一粒でも持ち去ることは許されなかった。

ついで、この結論は以下のように立証される。スペイン人が実施したレパルティミエントは不正かつ邪悪で、悪辣な統治方法であり、自然の法と神の法に背馳し、むしろ、専横的だからである。したがって、レパルティミエントは無効であり、まったく価値がない。第一に、自由な人たちを、そのように統治するのは自然の法に反している。つまり、レパルティミエントは、臣下から財産や自由をことごとく奪い去る専横にほかならない。換言すれば、ペルーにおけるレパルティミエントやエンコミエンダは、エンコメンデロがインディオから財産や自由をことごとく奪い去る形で実施されたので、専横的かつ嫌忌すべき制度なのである。

この大前提は、圧制という言葉の定義によって立証される。つまり、圧制とは、統治者がもっぱら私利私欲を満たすために行う支配である、と定義づけられる。小前提となるのは、エンコメンデロが自分に割り当てられたインディオに対して、可能な限り、金や銀や豪華な衣装、とどのつまりは持っているものを一つ残らず、差し出させたことである。その事実を否定するエンコメンデロは、一人もいない。同じく、スペイン人はインディオを奴隷同然に扱い、金や銀を採掘させるために鉱山へ送り込み、エンコメンデロは各自、一〇〇人もしくは二〇〇人など、好きなだけの人数のインディオを鉱山へ送り出した。また、エンコメンデロは自分自身のために、インディオに広大な畑を耕作させたり、時には、二〇レグワかそれ以上離れたところにある土地を開墾させたりすることもあった。さらに、エンコメンデロはインディオに、大量の織物を編ませ、後述するとおり、一人ひとりに、大量の衣服を縫わせている。また、スペイン人エンコメンデロはインディオに、相当な数の馬の世話をさせたり、荷物を背負わせて、二〇ないしは六〇レグワの距離を運搬させたりしている。時には、一〇〇〇人ものインディオが荷担ぎに使役されることもあり、そのとき、彼らは食事を自己負担で賄わなければならない。エンコメンデロがインディオに食事を与えるなど、夢物語にすぎない〔線画12〕。

最後に、この小前提を論証するのに、実態を知りたいと思う人が理解できるよう、以下に、査定官がペルーで実施した貢租査定の実例を記すことにする。その査定は住居を

線画 12　インカ王のごとく振舞うエンコメンデロ（fol. 554［568］）

構え、妻子のいるインディオ、つまり、納税義務負担者〔法令では、一八～五〇歳の男性と規定されていたが、実際にはインディオの実年齢が定かではなかったため、法令が遵守されることはまれだった〕五〇〇人を相手に実施されたものであり、査定官はその五〇〇人に対して、一年ごとに、以下に列挙するような税を納める義務を課した。これはアレキパ〔ペルー南部の高原都市。一五四〇年に建設された、銀の交易ルート上に位置した重要な都市〕という町で行われた査定の実例である。

「まず、ペルーの先住民が飼育しているヒツジ〔リャマのこと〕一八〇頭。ヒツジ一頭につき八ペソ」一ペソは、現行の換算では、一ドゥカドに相当する〔線画13〕。インディオはアレキパから四〇レグワ離れたチュクイトという地方〔スペイン王室の直轄領で、ペルー南部アンデス山中の標高四〇〇〇メートル近くに位置するティティカカ湖岸に位置する〕に棲息するヒツジを物々交換で手に入れる。と言うのも、アレキパ地方では、ヒツジは飼育されていないからである。

「同じく、三〇〇巻きの綿花」一巻きの綿花でインディオ一人分のマントとシャツが織られ、四ペソ、場合によっては、五ペソの価値。

「同じく、一〇〇〇ファネーガ〔一ファネーガはおよそ五五・五リットル〕のトウモロコシ」ペルーでは、一ドゥカドの価値。

「同じく、八五〇ファネーガの小麦」一ファネーガは二ペソ。

「同じく、一〇〇〇羽の鶏」一羽につき二トミンで、八トミンで一ペソ。

線画 13　貢租の一部としてリャマを奪われる年老いた哀れなインディオ（fol. 877）

「同じく、縄付きの大袋を一〇〇〇枚」一枚につき一ペソ半もしくは二ペソ。

「同じく、コカ用の籠を六〇個」村落を問わず、一籠あたり八ペソ。

「同じく、一〇〇枚の布巾」綿製であること。

「同じく、生後一年半ないしはそれ以上の豚を三〇頭」

「同じく、五〇アローバ〔一アローバは約一一・五キロ〕の小エビ」魚介類の一種。

「同じく、五〇〇アローバの魚」

「同じく、五アローバの羊毛」

「同じく、四〇枚の鞣し済みのオタリア〔主として南半球に棲息する大型のアシカ類〕の革と四〇枚の鞣し用のオタリアの皮」

「同じく、二アローバのリュウゼツランの紐」

「同じく、三枚の天幕」テントと呼ばれるもので、一枚につき二〇ないし二五ペソ。

「同じく、八枚のテーブルクロス」

「同じく、二〇〇〇個の唐辛子《アヒー》の籠」一籠あたり一ペソ。

「同じく、草履用の綿の玉を二アローバ」

「同じく、馬衣九枚」

「同じく、キャンドル用に三アローバの獣脂」
「同じく、毎日、エンコメンデロの屋敷で私的賦役に従事するインディオを一五名」
「同じく、エンコメンデロの果樹園で労働に従事するインディオを八名」
「同じく、エンコメンデロの家畜を世話するインディオを八名」

以上はペルーで実施された貢租査定の一例であり、これは最も負担の重い査定例ではなく、所有するインディオによっては、これよりはるかに重い査定が行われたところはいくつもある。さしあたり、この例からだけでも、スペイン人がレパルティミエントでインディオを奴隷同然に扱った、その統治方法が優れたものだったかどうか、容易に判断がつくだろう。と言うのも、インディオは生涯、査定された貢租量を差し出すために精一杯働き、そのうちの一部でも不足すれば、カシーケ〔ケチュア語ではクラーカ。先住民の集落を統括する役目を負ったインディオ。世襲の場合もあれば、植民地当局に任命された場合もあり、後者の場合、スペイン人官吏と結託して配下のインディオに虐待を働くことが多かった〕やスペイン人の主人に投獄されたり、顔を踏みつけられたりした。それも、インディオがエンコメンデロのために数限りない労働奉仕、たとえば、家屋敷を建てたり、葡萄園に葡萄の木を植えたり、果樹園を柵で囲んだり、相当な数の馬を飼育したり、砂糖生産工場で働いたり、その他、数えきれない種類の労働奉仕をした挙句のことである。すなわち、インディオは財産や自由を奪われてしまっているのである。このような統治は専横的で、嫌悪すべきものであり、決して価値のあるものではない。したがって、たとえ貢租量が査定されようと、エンコメンデロは、一粒たりとも、トウモロコシを持ち去ることはできない。

この結論を立証する二番目の理由は以下のとおり。以上のような統治方法は、本来の支配者から地位、威厳や管轄権を剝奪し、生来の自由をも奪い去る専横的かつ邪悪な制度である。つまり、ペルーのレパルティミエントやエンコミエンダはそのような類の制度であり、したがって、独裁的である。この大前提はすでに述べたことで明らかである。と言うのも、自由な人びとを治めるその目標は、形はどうあれ、彼ら被治者の俗的もしくは霊的な善に向けられなければならないからである(アリストテレス『政治学』第三巻および『倫理学』第八巻)。したがって、もし統治者が自己の利益だけを追い求め、被治者を奴隷扱いするなら、その統治者は暴君である。この小前提は、いま述べた最初の原因で証明される。つまり、ペルーの本来の支配者や領主は臣下を奪われ、過酷な隷属状態に置かれているからである。インディオから貢租を徴収し、エンコメンデロのもとへ届ける責任を負うのは(カシーケと呼ばれる)土着の権力者や領主である。そして、彼ら、その土地の本来の権力者や領主は、もしその義務を怠った場合、投獄され、黒人より劣悪な扱いを受ける。つまり、彼らは容赦なく足蹴にされ、顔を踏みつけられるのである。それはことごとく、圧制である。特定の人物から住居を奪うのは盗みであり、略奪であり、暴虐的な振る舞いだから、この結論は立証される。したがって、不正に、しかも、理由もなく、本来の支配者からその地位を奪うのは、尚更のこと、盗み、略奪、専横にほかならない〔線画14・15〕。

三番目に、そのような邪悪かつ専横的な統治方法の所為で、人口は増えるどころか、人びとは憔悴し、自ら命を絶つのである。レパルティミエントとかエンコミエンダと呼ばれる制度は、そのような類のものなので、暴虐的である。大前提は、自由な人びとを治める人は、（聖トマスの『君主の統治について』第一巻第一五章および第三巻第三章によれば）可能なかぎり、共通善の維持と被支配者の増加と繁栄に努めなければならない。小前提〔エンコミエンダの所為でインディオ人口が減少している〕は、今でもなお、ペルーには、リャノス〔南アメリカ北部の草原地帯〕のように、寂れた広大な地方が数多く存在することで立証される。チンチャ〔ペルー南部の海岸地方〕、カパチカ〔ペルー南部ティティカカ湖に接する山岳地方〕やイラバヤ〔ペルー南部、現タクナ県に位置する山岳地方〕などのレパルティミエントでは、かつては三〇〇〇人もの住民が暮らしていたが、今では一〇〇〇人にも満たない有様である[12]。その行く末は火を見るより明らかである。

線画 14　エンコメンデロの思惑どおり絞首刑にされたインディオ（fol. 557［571］）

線画 15　些細な理由で鞭打たれるインディオ（カシーケ）（fol. 499［503］）

四番目に、自由な人間をそのように統治するやり方は忌まわしく、専横的であるため、異教徒であるインディオはキリストの信仰に疑念を抱き、キリスト教を不正かつ間違ったもの、そして、我らが主を邪悪で残酷な存在と見なしている。エンコミエンダやレパルティミエントはそのような類の制度である。したがって、その統治方法は専横的である。次に、この主張には異議があるようなので、この小前提を論証することにする。まず、この件に関しては、インディアスの歴史が多くのことを物語っている。

さて、その小前提が間違っていないのは、インディオがわれわれスペイン人の悪行や不当な扱いを目撃して、キリスト教への改宗を望まず、すでに洗礼を受けたインディオも、その大半はキリスト教を信じるふりをしているに過ぎないからである。ことの発端は、一五六〇年にクスコで、アルカルデ〔主として地方の公共秩序の維持や下級裁判の管轄を任務とする〕としてインディオを治める地位にあった土着の役人が数名、クスコおよびその周囲一レグワ半の土地に五〇〇余りのグァカ（土着信仰の対象物もしくは場所）が存在するのを明らかにしたことである。つまり、クスコには、司教や司教座聖堂、四つの修道院や大勢の聖職者が存在し、一五三一年以来キリスト教徒が暮らしていたが、一五六〇年のその時まで、インディオはそれらのグァカを崇めていたのである。もしかすると、今でも状況は変わらないかも知れない。「もう俺はキリスト教徒だ。キリスト教徒のはしくれだ。だって俺は盗みもできれば、誓いの立て方も知っているし、トランプ賭博のやり方だって心得ているんだから……」と、不埒なインディオが公言して憚らないのは、別に稀有なことではない。われわれがインディオに、イエス・キリストの謙虚さと貧しさを説き、イエス・キリストがいかにわれわれのために苦難を味わい、神がいかに貧しい人びとや世間を見下す人びとを喜んで迎えいれるかを伝えても、インディオには、われわれが虚言を並べ立てているとしか思えない。と言うのも、インディオは次のようにわれわれに抗弁するからである。つまり、スペイン人がインディアスへやって来たのは裕福になるためであり、実際、その思いを遂げ、インディオを酷使する主人になったとか、あるいは、スペイン人の目的は母国での貧しい生活を逃れ、インディオから土地を奪うためだった、と。

誰ひとり、信じられないだろうが、現在、インディアスには、夫に先立たれたインディオの女性が数え切れないほど存在する。つまり、夫は横暴なエンコメンデロに納める貢租の品を手に入れるために出掛けたまま、二度と妻のもとへ戻ってこないのである。

結局のところ、エンコミエンダは専横的かつ嫌悪すべき統治制度だから、それ自体、全く価値がない。したがって、この疑問に対する答えは、エンコメンデロはインディオから奪い去ったものを一つ残らず、賠償する義務を負うということである。

五番目に、この結論は以下のとおり立証される。先記の貢租査定官はエンコメンデロに対して、査定量の貢租を持ち去ることが出来ると理解させることによって、彼らの良心を確保しようとして査定を実施しているわけではない。そうではなく、《疑問三》の報告が述べているように、査定を実施する際、査定官はインディオに害が及ばないことを目的としている。また、査定官はもっぱらその目的のために査定を実施する旨をエンコメンデロに伝える。リマ市の大司教（彼も貢租査定官の一人だった）〔ヘロニモ・デ・ロアイサ。一四九八？～一五七五年。ドミニコ会士。先住民語による公教要理（カテキズム）の教育などを実施〕はエンコメンデロに査定量の貢租を持ち去るよう命じなかったが、承認したことはあると語った。つまり、査定は、さらなる悪を避けるために、行われたのである。現在、チャルカス〔現ボリビアのスクレを中心とする司教区〕の司教を務める人物（彼もまた貢租査定官を務めたことがあった）〔ドミンゴ・デ・サント・トマス。一四九九？～一五七〇年。ドミニコ会士。ラス・カサスと親しく、ペルーに関する貴重な情報提供者。ケチュア語辞典などを編纂〕も同じような趣旨の話を繰りかえし語った。貢租査定官は、スペイン人が全土を挙げて決起するのを避けるため、貢租量を正当に査定しなかった。と言うのも、スペイン人が決起すれば、その戦いでインディオが命を失うことになり、インディオに甚大な害が及ぶので、査定官はそのような事態を回避しようとしたのである。それにも拘わらず、

線画 16　エルナンデス・ヒローンの反乱(fol. 428［434］)

フランシスコ・エルナンデス〔・ヒローン、一五一〇～五四年。スペイン、エストレマドゥーラ生まれの征服者（コンキスタドール）。一五三五年に中央アメリカの征服に参加すべくパナマへ向かうが挫折し、ペルーへ渡る〕はクスコで武装蜂起した。それは、貢租査定官がインディオに負わされていた私的賦役を緩和したからだった[13]〔線画16〕。その結果、エンコメンデロは貢納品を持ち去ることが出来なくなった。それが、この《**疑問三**》が問うていることである。この結論は、以下に挙げる結論により立証される。

〔その三〕

これまで言及してきたエンコミエンダやレパルティミエントはカトリック両王の許可なくエスパニョーラ島に導入され、爾来、カスティーリャ王国の歴代国王の意思に反して実施されている、この上なく劣悪な統治制度である。

この結論はまず、カトリック両王が一度としてエンコミエンダ制導入の権限を与えず、エスパニョーラ島の某総督〔ニコラス・デ・オバンド。一四五一？～一五一一年。アルカンタラ宗教騎士団員。一五〇二～〇九年、エスパニョーラ島初代総督〕が自らの権威のもと、恣意的に導入したのが明らかであることにより、論証される。この問題に関しては、私はエンコミエンダを論駁した小著で、すでに印刷に付された文書の一一番目の理由で詳細に論じた[14]。

次に、カトリック王（アラゴン国王フェルナンド二世。在位一四七九～一五一六年）が崩御すると、時の統治者たち、すなわち枢機卿でトレド大司教を務めたドン・フランシスコ・ヒメネス（・デ・シスネロス、一四三六～一五一七年。フランシスコ会士。枢機卿。多言語対訳聖書（ビブリア・ポリグロタ）の編纂者で現マドリード・コンプルテンセ大学の創立者）と、のちにローマ教皇（ハドリアヌス六世。在位一五二二～二三年）になったアドリアーノ（一四五九～一五二三年。オランダ生まれ。スペイン国王カルロス一世の私教師を務めた）が一五一六年に、エンコミエンダ制の撤廃を命じたからである[15]。以上のことは、当時の文書を繙けば、記載されているはずである。

三番目に、今は亡き皇帝陛下（神聖ローマ皇帝カール五世。スペイン国王カルロス一世）がスペインに到着し、一五二〇年、ラ・コルーニャで、エンコミエンダを邪悪な制度として撤廃する旨を決定されたからである[16]。

四番目に、同じ皇帝陛下が一五二三年、当時ヌエバ・エスパーニャ（副王領。現在のメキシコおよびグアテマラの一部を含む行政管区）にいたエルナンド（エルナン）・コルテスに宛てて訓令を送り、とくに以下のことを厳命したからである。

「同じく、我らはこれまでの長い経験から、エスパニョーラ島をはじめ、今や荒廃しつつある数かずの島で、インディオのレパルティミエントが実施され、植民を目的にそれらの島々へ渡ったキリスト教徒にインディオが委託され、引き渡された結果、インディオが著しく減少しているのを知った。我らは、それがキリスト教徒によるインディオ虐待と過重労働の強制が招いた結果であるのを承知している。インディオの死によって、我らが主は、我らが受けた計り知れない害、損失や減益をはるかに凌ぐ甚大な害を蒙ることになった。レパルティミエントは、インディオが我らが聖なるカトリック教を知り、救霊を得るのに、大きな障害となった。したがって、インディオがレパルティミエントによって蒙る害を考慮して、先記の状況を是正し、改善するため、また、とりわけ、我らが主である神のために負っている義務を完全に履行するためにも、レパルティミエントがインディオの改宗化を阻害する原因であることに鑑みて、上記の事態を収拾し、改善したいと考えた。また、とりわけ、我らが大いなる善と恩恵を授かっている我らが主である神、すなわち、我らがこれまで同様現在も、数多くの善や恩恵を賜っている神に奉仕すべく担っている義務を全うしたく思い、また、ローマ教皇庁が例の贈与と譲渡の大教書〔ローマ教皇アレクサンデル六世が一四九三年五月四日付で発布したいわゆる「贈与大教書」〕で我らに命じ、委ねられたことを実行したく思い、この件に関して、わが〔カスティーリャ〕枢機会議の議員全員と、わが宮廷に伺候していた神学者、聖職者および博識豊かで立派な徳高い生活を送っている人たちに合同で審議するよう、命じた。その結果、(我らが主である神はインディオを誰にも従属しない自由な存在として創造されたので、）我らは良心に照らせば、インディオをキリスト教徒に委託し、レパルティミエントで分け与えるよう、命じることができないと判断した。したがって、この判断は我らの意図するところであるがゆえ、そちらにおいても、レパルティミエントやエンコミエンダ、すなわち、インディオの委託を実施しないよう、また、その実施を承諾しないよう命じる。いやむしろ、余は、インディオがわがカスティーリャの数かずの王国に暮らしている臣下と同様、自由な生活を送るよう、命じる。そして、もしこの訓令が届いた頃、汝がすでにそちらに暮らしているスペイン人キリスト教徒の一部にレパルティミエント、すなわち、インディオの割当てを実施してしまっている場合、本状を受領後はただちに、インディオのレパルティミエントもしくはエンコミエンダを一つ残らず撤廃し、レパルティミエントもしくはエンコミエンダでインディオを所有するスペイン人から、その地位に関係なく、また、例外なく、インディオを解放し、完全に自由にするよう、命じる…」

　以上が正式に先記の訓令で命じられたことである。しかし、例の圧制者〔コルテス〕はその訓令を一向に実行しようとはせず、それどころか、まず自分に最も都合のいい分配を行い、ついで、彼とともに例の王国〔メシーカ〕を暴虐的に支配していた圧制者たちにインディオを割り当てたのである。

五番目に、この結論は、皇帝が一五二四年にフロリダ総督として赴任した学士ルーカス・バスケス・デ・アイリョン〔一四七五?～一五二六年。スペインの探検家〕と交わした協定書に記載されている以下の一項目でも立証される。その協定書には、こう記されている。

「同じく、経験に照らして、インディオを私的に働かせる目的で委託もしくはレパルティミエントで分与した結果、インディオが甚大な害や荒廃を蒙り、レパルティミエントの実施された島々や地方が荒れ果てたのが明らかなので、貴下は、インディオを分与すれば、必ずや良心の呵責に苛まれることになると判断し、先記の土地〔フロリダ〕では、インディオの分配を行わず、彼らを強制的に私的賦役に従事させない旨を申し出られた。但し、インディオが自発的に喜んで従う場合、話は別である。つまり、その場合には、貴下は、本国において自由な臣下や労働者に対して行われているのと同じようなことが実行されるよう配慮し、先記のインディオが正当に扱われることに、大いに留意しなければならない…」

六番目に、この結論は、枢機卿でありトレド大司教でもあったフワン・タベーラ〔一四七二～一五四五年。スペインの異端総審問官も務める〕が総裁を務めた枢機会議〔インディアス枢機会議。一五二四年にインディアス関係の立法、司法、行政、財務、軍事および宗教などを管轄する最高機関として設置された〕において、一五二九年、今は亡き皇帝が〔神聖ローマ帝国皇帝として〕戴冠式〔イタリア北部のボローニャで開催〕に赴く途中に立ち寄ったバルセロナで下された命令にもとづき、以下のような決定を下したことでも、論証される。

「同じく、今後いっさい、インディオは誰にも委託されず、現存するエンコミエンダは、これをすべて廃止し、インディオがスペイン人に分与されることはない。スペイン人はいかなる肩書をもつ人物であろうと、インディオを働かせるためにレパルティミエント、その他の方法で、その身柄を所有することはない。それは、かつてのエスパニョーラ島同様大陸においても、自由であるはずのインディオが数多の残虐な仕打ちを受け、過重労働や食料不足、虐待や数かずの苦しみを蒙った結果、全滅し、途絶え、彼らが暮らしていた土地も荒廃してしまったからである。」

また、別の項目でも、国王陛下は、一時的にせよ永遠にせよ、インディオを臣下として第三者に与えるのを禁止した、と記されているからである。「…と言うのも、インディオを第三者に与えるのは実際上、彼らを現在と変わらない隷従と破滅あるいはそれ以上劣悪な状態へ追い込むことになると考えなければならないし、それがインディオのために制定される数かずの命令、禁止や処罰の理由になってはならないからである。つまり、経験に照らして、われわれは、今日までに発出されたじつに優れた命令が何ひとつ遵守されなかったのを承知している。インディオを国王ではなく、特定の個人に従属させながら、いくら先記の弊害や虐待を防止する対策などを講じても、まったく役に立たない。」

以上のように、当時、著名人が名を連ねた枢機会議の議員たちは皇帝陛下に報告した。

最後に、この結論は、皇帝陛下がバリャドリードに召集した審議会で策定された「新法」で証明される。バリャドリードの審議会はじつに厳粛に執り行われ、すべての枢機会議〔カスティーリャ枢機会議、宗教騎士団枢機会議、インディアス枢機会議〕から選ばれた学識経験者、高位聖職者や騎士団員〔合計二三名〕らが参加し、一五四二年に開催され、それぞれの立場から、白熱した議論が戦わされた[17]。そして、最終的に、インディアスを正しく統治することを目的とした新しい法令の制定が決定された。その条文の一つに〔第三〇条〕、以下のような規定がある。「…新たに発布される勅令に基づいて、今後は副王であれ総督であれ、また、アウディエンシアや発見者、その他、いかなる人物であれ、誰ひとり、所有するインディオを譲渡することはできない。また、所有するインディオの放棄あるいは他人への譲渡や売却、その他いかなる形、方法によろうと、欠員が出ようと相続に基づく場合であろうと、現にインディオを所有する人物が死去すれば、そのインディオは王室の直轄下に置かれる…。」

国王が以上のような禁止条項を数かず制定したのは、過去同様現在も、神から授かった権力をもってしても、国王は大罪を犯さずに、エンコミエンダもしくはレパルティミエントを正当化できないからである。**《疑問三に対する結論》〔その二〕**で論証したとおり、インディオは自由な存在なので、彼らを捕らえてエンコミエンダを通じて隷従させるのは専横的な統治である。皇帝陛下自ら、神学者や模範的な生活を送る人たちの見解を知悉し、良心があれば、インディオを分配したり委託したりすることはできない、と認めているのである。したがって、エンコミエンダやレパルティミエントが絶えずカスティーリャ国王の意思、命令や指示に違背して、インディオを圧制的に統治する手段として実行されたのは明らかである。それどころか、スペイン人はさまざまな手練手管を弄して、国王の出した命令に背き、反抗的な態度を貫き、中には、私利私欲に駆られて、勅令や訓令を見て見ぬふりをした総督も一人ではなかった(18)。それは、彼らがレパルティミエントを所有していたか、それとも身内にレパルティミエントを所有する者がいたか、さもなければ、別の邪悪な目論見があってのことだった。したがって、無法者が持ち去った財産を賠償する責任を負った総督は、大勢、存在する。と言うのも、総督は、勅令に従えば、インディオに害を加えてはならないはずなのに、その義務を履行しなかったからである。

国王がエンコミエンダを許可しているからと言って、スペイン人、つまり、暴君たちの罪が許されるわけではない。国王がエンコミエンダを許可されたのは、スペイン人が常々脅迫しているように、彼らが全土を挙げて決起するのを未然に防ぐためである。なぜなら、彼らが決起すれば、インディオがさらに甚大な害を被り、スペイン人の仕掛ける戦いで、一人残らず、死に絶えてしまうからである。許可することと承認することは同じではない。聖アウグスティヌスの『自由意志論』*De libero arbitrio* の第一巻によれば、「法律は人間的であると言われるが、それは、法律によって許可されている行為がいくつかあるが、その行為が認められていることを意味しないからである。人民を統べるために記された掟では、神の摂理では認められないことが数多く認められている」。また、聖トマスも同様の見解を記している（『神学大全』第一論集第二部第九三問題第三項）。それだからこそ、教会は罪深い公娼の存在を認めたし、古い戒律では、高利貸しも許容されたのである。しかし、だからと言って、それら罪深い人たちが誤った状態にいないわけではない。また、許容されているからと言って、彼らが過去同様現在も、略奪したものに対する賠償義務を免れるわけでもない。それは、『グラティアヌス教令集』第二部事例三一に記されているように、「したがって、望まないまま許容しているのは、われわれが人間の悪意を全面的に禁じることができないからである」。つまり、たとえエンコミエンダが許容されていても、エンコメンデロは大罪を犯しており、賠償義務を負うのである。この件に関しては、バルドゥスが〔『勅法彙纂』第一巻第二章〕「聖なる教会」の〈確認〉で開陳している見解、つまり、「もし君主がある人物を〈たとえ彼が正しく地方を治めていても〉裁くことも処罰することも出来ないという理由で、許容すれば、その人物はまさしく国王に逆らう反乱者であり、圧制者であり、大逆罪を犯している」という意見が、エンコメンデロに反対する意図に合致している。したがって、エンコメンデロは自らの置かれている立場を理解しなければならない。

〔**その四**〕

自己の所有するレパルティミエント内にキリスト教の教えを説く聖職者や修道士の教化集落《ドクトリナ》を設置しているエンコメンデロは、その集落に身を置く聖職者や修道士に支払った俸給、あるいは、彼らのために負担した諸費用に関しては、賠償義務を負わない。

この結論は、以下のように証明される。つまり、司祭が受領する俸給や支出する諸費用は、インディオ自身のために使われるからである。それは、さながらエンコメンデロがそれらの諸経費を通じてインディオに対する賠償義務を履行しているのに等しい〔線画17〕。

《疑問四に対する結論》

立派な教化集落《ドクトリナ》を設けていようといまいと、エンコメンデロが査定された貢租、もしくは一度ならずくりかえし再査定された貢租を、インディオから徴収している場合、そのエンコメンデロは過去同様現在もインディオから持ち去っているものを一つ残らず、賠償する義務を負う。ただし、インディオの教育を担う人たち〔神父〕のために費やした分はその限りではない。

この結論は**《疑問三に対する結論》〔その二〕**で述べた理由で立証される。すなわち、その理由とは、エンコミエンダはまったく価値がなく、エンコミエンダを口実に、トウモロコシを一粒たりとも持ち去ることが出来ないからである。同じく、**《疑問三》**、その他

線画 17　教化集落で（主としてスペイン語で）説教する神父（fol. 609［623］）

の疑問に対する答えで示したように、副王も王室官吏も司法役人も、また、国王自身でさえ、エンコミエンダを授与したり正当化したりすることができないからでもある。

《疑問五に対する結論》

〔その一〕

この《疑問五》で名指しされている人たちは例外なく、仕事柄、ひたすらスペイン人のために働くだけで、インディオに救いの手を差しのべたり、インディオのことを思って行動したりすることなどまったくない。したがって、彼らは大罪を犯しており、エンコメンデロから俸給、日当あるいは報酬、さもなければ、贖罪もしくは芳志として受けとった財貨を一つ残らず、賠償する義務を負う。

この結論は以下のように証明される。つまり、博学な神学者や法学者が共通してこぞって認めている規則によれば、高利貸し、もしくは、それ以外の方法で築いた現有財産を一つ残らず賠償する義務を負う人がその義務を全うした場合、その人の手元には何も残らないことになる。すなわち、その人物は、いかなる名目にせよ、もし財産を譲渡すれば、義務づけられている賠償を完遂できなくなるので、その場合、財産を一部たりとも譲渡することはできない。つまり、その人は現有する財産を元手に寄付や慈善事業を行ったり、子供たちを結婚させたり、養育したりすることもできないし、赤貧に喘ぐ貧者に対する場合を除き、第三者に布施を差し出すこともできない。また、その人物は、略奪された人びと〔インディオ〕のためにならない場合、礼拝堂を建設したり、司祭職に俸禄を払うための基金に寄付をしたり、教会や修道院を建設したり、聖職者に俸禄を与えたり、召使たちに給金を支払ったりすることもできない。略奪された人びとの労働のおかげで、主人の財産が豊かになり、同時に召使が受け取る給金も増えるからである。主人は自分と家族が生きていくのに必要不可欠なもの以外、つまり、生活必需品を除いて、空腹を満たしたり身を飾ったりするのに、出費できない。

その理由は以下のとおり。その人物〔エンコメンデロ〕には、支払いに充てるべき私財がないからであり、人が、財産を所有する人物の意思に反して、その財産を頼りに生きるのは正しくないからである。つまり、人は、自分が所有しない物を他人に与えたり譲渡したりできないし、もしそのようなことをすれば、大罪を犯すことになる。と言うのも、窃盗を働くことになるからである。したがって、そのような人物と取引関係のある公証人や商人がその財貨を受け取れば、大罪を犯すことになる。それらの財貨はことごとく、他人のものであり、その人物が所有する物ではないからである。つまり、財産を所有する人〔インディオ〕の意思に反してその財産を取引すれば、窃盗を犯すことになる。したがって、名目を問わず、他人の財産を受け取れば、それを賠償する義務を負う。それゆえ、以下に列挙する人たちは、かつて略奪して手に入れたものでしか支払いができない連中〔エンコメンデロ〕から財貨を受け取った場合、その財貨を賠償する義務を負う。すなわち、〔エンコメンデロから〕無償で宝石などの高価な品を受け取った人たち。売却もしくは交換された財産に見合った代価を支払わずに、その財産を買ったり交換したりした人。たとえその一部が減少したとしても、彼らから融資を受けた人。彼らから貰った寄付や資金をもとに結婚した息子や娘。彼らから手に入れた金銭を勉学に費やした人。教育を授けた代償に、彼らから何らかの財貨を受け取った〔家庭〕教師。それに、極貧の場合を除き、彼らから布施を受け取った貧しい人。司祭として彼らに仕えた聖職者や、彼らからミサをあげる代償として配給食を受け取った礼拝堂付き司祭。教会や修道院の建設を言葉巧みに説得した人たち。彼らから書籍やその他の布施を受け取った聖職者や治療代を受け取った医者。彼らからそれぞれの労働の代価として日銭を受け取った役人、石工、大工、洋服の仕立て屋、靴職人。裁判沙汰が起きた時に彼らのために働いた公証人や弁護士。彼らから報酬を貰った側近の召使いや彼らの家族に仕えた使用人。それに、屠殺業者をはじめ、生計を維持するのに必要な食糧を彼らに販売した人たち。

上記の人たちは例外なく、また、彼ら以外に、方法は問わず、例の人物〔エンコメンデロ〕から、その財産の一部を手に入れた人たちがいれば、その人たちも全員、重罪を犯しており、もし(すでに述べたように)手に入れたものを返却するのに他人の財産しかない場合、その現有する財産で賠償する義務を負う。例の人物が奪った物を全財産で支払わないか、もしくは、支払うことに疑念を抱いているのは周知のことだから、もし前述した人たちがそのことを知っていれば、今述べたことは理解される。と言うのも、これらの疑問においては、彼らは真相を究明する義務を負っているので、真相を調査し、明らかにするまでは、その財産を一部たりとも、受けとるのを差し控えなければならないからである。そうしなければ、(すでに《**第八原則**》で言及したように)彼らには、弁解の余地はない。彼らは窃盗を働く危険に身を晒しているからである。すなわち、博学な方々の主張する規則によれば、良心を持ち合わせている人でも、他人の財貨ではないかと疑いながらも、その財貨が本人のものかどうかを究明しなければ、例外なく、その財貨を賠償する義務を負うことになる。以上は、ヘイルズのアレクサンデル〔一一八五?〜一二四五年。イギリスの神学者。フランシスコ会士。〈反駁できない教師〉と呼ばれる〕が述べている教えである（「『神学大全』 *Summa universae theologiae*」第四巻第八六問題第三部第四考察第六論考）。すなわち、アレクサンデルはこう記している。「聖職者であろうとなかろうと、高利の貸付、もしくは、略奪によって手に入れたものを口にしたり、用立てたりすれば、賠償義務を負う。さらに、もしこのことに疑問を抱く場合、賠償義務の危険に身を晒さないようにする責任を負う。したがって、他人の財を私有しているという認識を抱く人は例外なく、賠償義務を負うことになる。」

〔その二〕

所有する財産がことごとく略奪品である人たちの妻子は、賠償義務を果たすまで、それらの財産をもとに、食べたり身を飾ったりすることはできない。彼女たちは、万策を尽くして、生計を立てる道を探らなければならない。そして、どうしてもその方策が見当たらない場合、生活必需品のみ、入手できる。

　この結論は以下のとおり立証される。つまり、誰ひとり、所有者の意思に反して、その人の財産で糊口を凌いだり身を飾ったりすることはできないからであり、それは盗みを働くのと変わらず、賠償義務を負う。これは火を見るより明らかである。

〔その三〕

そのように、他人の物を口にしたり、身に着けたりする以外に、生計を維持する手段のない人は、相続あるいはその他の方法で、財産を入手できるようになれば、それまでに口にしたり身を飾ったりした分を償い、賠償する義務を負う。

この結論は以下のとおり、証明される。すなわち、そのように、自分のものでないものを食べたり身に着けたりした人は、当然、それに費やした分を賠償しなければならないからである。

〔その四〕

聖職者や宣教師は、もし説教の場で、あるいは、告解聴聞の場や日常の談話の中で、他人の物を所有する連中〔エンコメンデロ〕を諫め、彼らに償いと苦行を実践するよう、勧説するなら、生活に必要不可欠なものを口にし、所有することができる。

この結論は、「宣教師が説教の場で、破門された人や他人の財を所有する人びと〔エンコメンデロ〕を前に、被害者〔インディオ〕の大義もしくは嘆きを訴えた場合、その宣教師が被害者から布施を受けとるのは正しい。とりわけ、宣教師が布施以外に、糊口の道を得ることが出来ない場合は、言を俟たない」という〔『グレゴリウス九世教皇令集』第五巻第三九章の〕「破門宣告」一〔第五四節〕の〈意思をもって〉と題する節で立証される。その理由に関しては、〔『グラティアヌス教令集』第二部の〕「役目柄」の章と「罰金」の章の問題三第一一項、および、〔『学説彙纂』第三巻第五章の〕「商取引」ならびに〈ポンポニウス〔・メラ〕〉の節などを参照されたい。すなわち、「そのような宣教師や告解聴聞師は、法律用語に従えば、被害者〔インディオ〕の代理人のごとき存在であり、裁判にかかる諸費用をはるかに凌ぐ利益を被害者にもたらすからである」。

しかし、博識な人たちが理解するところでは、それらの布施は必要以上のものであってはならず、また、略奪品や高利貸しで不正に得た物を元手に蓄財した人たちが賠償を実行することに確実な期待がもてる場合に限られ、もしその期待がもてない場合、宣教師は賠償義務を免れない。同じく、もし債務者が、消費する財に関してまったく、もしくは、ほとんど賠償能力に欠ける場合も、宣教師は賠償義務を免れない(『グラティアヌス教令集』第二部事例一二問題六法文二八の第二項)。

〔その五〕

宣教師や告解聴聞師は、もし略奪した物を所有する人びと〔エンコメンデロ〕に対して、略奪品を賠償し、苦行を実行するよう、勧説も説得も行わず、そうしていつも真理を叫ばず、説こうとしない場合、胃を満たすこともできなければ、わずか一マラベディの貨幣すら、手にすることもできない。そのような宣教師や告解聴聞師は食べたり、手に入れたりした物に対して賠償義務を負う。

　この結論は以下の理由から立証される。つまり、そのような聖職者が必要なものを口にしたり、身に着けたりすることが出来るその原因と理由は、聖職者が賠償義務を負う人びとに対して賠償を実行するよう、巧みに説得し、勧説すると同時に、被害者〔インディオ〕に代わって、彼らの申し立てを交渉し、追求する役割を担っているからである。したがって、原因が無くなれば、結果も消滅する。

　次に、この結論が証明されるのは、そのような聖職者は犯罪者と手を組んで罪や略奪に加担し、他人の財をその所有者の意思に反して利用するため、窃盗の罪を犯すことになるからである〔線画18・19〕。

線画 18　告解の場でインディオ女性を虐待する神父(fol. 576［590］)

線画 19　賭け事に興じる神父と役人(fol. 596［610］)

以上の五つの結論で述べたことは、以下に掲げる碩学の主張からも推察される。すなわち、聖トマスは『小論集』第一九巻第七章および『自由討論集』*Quodlibet* の第一二書問題第三〇で、ヘイルズのアレクサンデルは〔『神学大全』の〕第四巻第八六問題第三部第四考察第六論考および第五考察の「全員のために」で、詳細に論じている。とりわけ、ヘイルズのアレクサンデルはその第五考察で、じつに詳細に先記の見解を披瀝している。また、ピエール・ラ・パリュは『命題集註解・四』*4º de las Sentencias* の第一五区分問題二第三項および問題三第五項結論一および結論二で、また、エンリケ・デ・ガウドヴォ〔・ガンダボもしくはガンテとも。一二一七～九三年。〈荘厳博士〉と言われる。告解の義務に関する論争に積極的に参加〕は〔自著『神学大全』*Summa theologiae* の〕「討論集」で、ハドリアヌスは『名声の回復』*De restitutione* の四番目の「判決」で、それぞれ論じている。さらには、カエタヌスも『神学大全註解』*Summa* の「賠償」という用語の項で、また、偉大な神父ドミンゴ・デ・ソト師〔一四九四～一五六〇年。スペイン出身のドミニコ会士。フランシスコ・デ・ビトリアとともにサラマンカ学派の創始者〕も『正義と法について』*De justitia et jure* の第六巻第一問第二項「推論に答える」で、同じ問題を論じている。以上の碩学以外にも、数かずの学識豊かな人びと（冗漫になるのを避けるため、ここではその名を逐一記すのは控える）が、この《**疑問五**》への返答に記した見解を異口同音に披瀝している。

また、先記のとおり、エンコメンデロは、たった一粒のトウモロコシですら、自分のものではなく、むしろ、所有する物をすべて、賠償する義務を負っている。しかし、彼らの大半は今でも、たとえスペインより大きな王国を所有していても、一銭たりとも支払おうとはしない。最初の三つの疑問に対する答えからも推測できるように、そのようなエンコメンデロと取引関係にある人は例外なく、窃盗罪を犯しており、したがって、彼らも、本来の所有者の意思に反して、他人の財を取引しているので、大罪を犯していることになる。

エンコメンデロと取引する人たちが大罪を犯している二番目の理由は、彼らが大罪を犯しているエンコメンデロと親しく交わり、結託しているからであり、また、彼らが大罪を犯しているのは、エンコメンデロが差し出す財を譲渡しているからでもある。「彼らは、このようなことを行う者が死に値するという神の定めを知っていながら、自分でそれを行うだけではなく、他人の同じ行為をも是認しています」(『ローマの信徒への手紙』)〔第一章第三一～三二節〕。このことについて、ヘイルズのアレクサンデルは以下のように記している。「盗人もしくは略奪者は、盗んだり略奪したりしたものを誰かに与えたり、あるいは、売却したりすれば、大罪を犯すことになる。また、すでに記したように、赤貧に苦しめられてやむを得ない場合を除き、とは言え、この場合もやはり盗人自身は大罪を犯す原因となるが、略奪物と知りつつ（あるいはそのような疑念を抱きながら）、盗人からそれを無償で受け取ったり、あるいは、購入したりすれば、その人も同じく大罪を犯すことになる。同様に、止むを得ない状況ではないのに、高利でお金を借りる人も大罪を犯しており、この場合、高利貸しにも大罪を犯す危険が生じる」〔『神学大全』第四巻問題二四〕と。

　商人が義務づけられている賠償に関して言えば、受領する物品の面で、商人と比べれば、エンコメンデロがインディオに賠償しなければならない理由は、さほど大きくない。と言うのも、この点で、〔エンコメンデロより〕はるかに甚大な害をインディオに加えているのは商人だからである。すなわち、商人はエンコメンデロに絹、緋色の布地、高級な布などの無用な品物や食事用に贅沢な食料品、それに、エンコメンデロが横暴な態度を貫くのに利用する、武器という武器を売りつけている。

〔その六〕

現在キリスト教徒が所有するすべての地所の中には、本来の地主が所有するものもあれば、そうでないものもあるが、いずれにせよ、所有者は教会に対して十分の一税《ディエズモ》〔中世キリスト教世界で教会を支援・維持するために信者に求められた教会税に由来する）を負担しなければならない。また、教会に仕える聖職者は合法的に十分の一《ディエズモ》税を要求することができる。

この結論は以下のごとく論証される。すなわち、聖トマスが言うように、教会の詔勅で立証されているとおり、十分の一《ディエズモ》税は自然の法にもとづくからである（『神学大全』第二論集第二部第八七問題第一項ならびに第二項）。十分の一《ディエズモ》税は教会の司牧たちに負っているのであり、たとえ土地が奪われても、その土地には十分の一《ディエズモ》税が課され、教会はその土地から十分の一《ディエズモ》税を徴収することが出来る。と言うのも、十分の一《ディエズモ》税が実質的な負債だからであり、したがって、十分の一《ディエズモ》税は地所の所有者に受け継がれる（〔『学説彙纂』の「契約論」の章に収載されている〕〈債務者間で〉の節、「契約について」と「無査定かそれとも残余」の章および「土地に関して」と「十分の一《ディエズモ》税に関する規範」の章）。

〔その七〕

不正な戦争、窃盗や略奪、高利貸しや公職売買、それに、租税の不当な強制や途方もない判決などを通じて、不当に獲得された物を対象に個別に十分の一《ディエズモ》税を徴収するのは盗みを働くに等しい。その場合、十分の一《ディエズモ》税を差し出すべきではないし、受け取るべきでもない。ましてや、神への信仰のために、供物やお布施の形で、十分の一税《ディエズモ》を差し出してはならない。

この結論の理由は、インノケンティウス〔四世、一二〇〇?～五四年。ローマ教皇。最も優れた教会法学者とも言われる〕やホスティエンシス〔エンリケ・バルトロメイ。一二〇〇?～七一年。イタリア生まれの教会法学者〕が『グレゴリウス九世教皇令集』第三巻第三〇章「十分の一税《ディエズモ》」の第二三節〈遺贈〉および、〈それとも受領できるのか〉の節で論じているところによれば、十分の一税《ディエズモ》を受け取れば、それらの供物を手に入れる際に犯された罪を是認することになるからである。

〔その八〕

たとえキリスト教徒が異教徒の土地を所有していようと、教会はその土地から十分の一税《ディエズモ》を得ることはできない。

この結論は以下のとおり立証される。すなわち、略奪した財から、本来の所有者の意思に反して、布施や供物や十分の一税《ディエズモ》を差し出すことはできないからである。換言すれば、ペルーの土地はインディオから奪ったものであり、したがって、教会はその土地に基づいて十分の一税《ディエズモ》を受け取ることはできない。また、この結論は、スペイン人はその土地から得る実りを土地本来の所有者であるインディオに賠償しなければならないということで立証される。異教を奉じるインディオがその土地で田畑に種を蒔くことになっていたからである。したがって、スペイン人はそれを賠償する義務を負う。

次に、この結論が正しいのは、十分の一税《ディエズモ》が聖職者に与えられるものだからである。したがって、不動産やそこから上がる収益を手にする異教徒には、十分の一税《ディエズモ》や布施を頼りに生計を立てなければならない聖職者など存在しないのだから、十分の一税《ディエズモ》を差し出す義務がない。したがって、教会は、異教徒から十分の一税《ディエズモ》を取り立てることが出来ない。

三番目に、本来の土地所有者の意思に反して、その人の土地に建物を築く人は、その建物を失うからである。同じ理由から、土地所有者の意思に反して、他人の土地に種を蒔く人もその収穫を失う。その土地に種を蒔くべき人は地主自身であり、それは、たとえ種を蒔く必要がなかった場合でも、変わらない。このことは〔『法学提要』第二巻「物の分類」の章の〕「神事に関わる定め」やバルトールスの「売家に関する疑問」の〈売却済〉で立証される。先述したこと、すなわち、他人の土地に建物を築けば、その人は建てたものを失うという結論が正しいのは、地主の意思に反して、その人の土地に家を建てたり、他人の畑に種を蒔いたりする人に適用されるのと、同じ理由による。

〔その九〕

教会や修道院を建設するためだろうと、銀や金や宝石が鏤《ちりば》められた祭壇での勤行のためだろうと、エンコメンデロから布施や贈り物を受け取る聖職者や教会関係者は大罪を犯している。同様に、礼拝堂や祭壇、それに遺体が埋葬されている墓を管理する人たちも大罪を犯している。

まず、この結論は以下の理由で論証される。彼ら聖職者がエンコメンデロと結託して、大罪に等しい行為に耽っているからである。つまり、聖職者は供物として、国王陛下がこの上なく厭われるもの、すなわち、略奪したものを捧げているからである。と言うのも、それは、聖職者が、神がこの上なく嫌悪されるものを捧げて神を辱め、侮辱し、愚弄することにほかならないからである。このことは『イザヤ書』にある「主なるわたしは正義を愛し、献げ物の強奪を憎む」〔第六一章第八節〕という聖書の言葉で論証される。また、『集会の書』第三四章には、こう記されている。「不正に得たものを、いけにえとして献げるなら、その献げ物は汚れた物である。不法を行う者の献げ物は、主に喜ばれない。

いと高き方は、不信仰な者の供え物を喜ばれず、どれほどいけにえを献げても、罪は贖われない。貧しい人の持ち物を盗んで、供え物として献げるのは、父親の目の前でその子を殺して、いけにえとするようなものだ」（第二一〜二四節）と。

すなわち、償うという行為は愚弄したり嘲笑したりすることではない。敬意を示すためだと言って、目の前で自分の子供を八つ裂きにされた父親はいったいどのような名誉や喜びを得るだろうか。したがって、『グロサ』には、こう記されている。「それは、子供を奪われた父親の悲嘆に伍する悍《おぞ》ましい生贄である。」神が愚弄されるその原因となる人物、つまり、神に忌まわしい生贄を献げる人物が大罪を犯しているのを疑わない人はいないだろう。つまり、「彼らは、このようなことを行う者が死に値するという神の定めを知っていながら、自分でそれを行うだけではなく、他人の同じ行為をも是認しています」（『ローマの信徒への手紙』（第一章第三二節））。

次に、聖職者たちが、重要な事柄に関して教会の定めた法規《カノン》に違反する行為を犯しているからである。「聖櫃でも宝物庫でも、離反者の成果は受け取られない。同じように、司祭は貧しい人たちを圧迫する人びとからの贈り物を拒絶しなければならない」とある（『グラティアヌス教令集』第二部事例一四問題五法文二の〕第一〇〇項「奉納」）。また、

〔『グレゴリウス九世教皇令集』第五巻第一七章の〕略奪者に関する章では、明らかに、司祭が名の知れた略奪者から布施を受け取ることは禁止されている。もし違反すれば、聖職叙階の品級や俸禄を剝奪され、二度とそれらを取り戻すことはできない。その司祭は略奪に関与した人間とみなされ、ホスティエンシスによれば、司祭や略奪者には、罰がくりかえし下される。また、ホスティエンシスによれば、両者ともに大罪を犯しており、『申命記』第二五章には、「もし有罪の者が鞭打ちの刑に定められる場合、裁判人は彼をうつ伏せにし、自分の前で罪状に応じた数だけ打たせねばならない」〔第二節〕と記されている。罪の大小により、罰の程度が決まる。聖職を罷免され、俸禄を奪われるのは人罰であり、それは大罪を犯した場合を除き、教会が加えることのない重罰である。したがって、いま問題としている司祭のように、一見して略奪者と分かる人物から布施や供物を受け取る司祭は、大罪を犯しているのである。

第三に、聖職者たちが大罪を犯しているのは、彼らの所為で、エンコメンデロが自ら持ち去ったものの一部を布施や供えものとして出しているため、エンコメンデロには、賠償する余力が失せてしまっているからである。それは、聖職者が盗みを働いているのに等しい。この件について優れた碩学たちが主張しているように、それは窃盗を働くのと変わらない。同じく、聖職者たちが大罪を犯しているのは、所有者の意思に反して、他人のものを取引しているからである。

第四に、聖職者たちが大罪を犯しているのは、略奪の憂き目にあった貧しい人びとがいとも簡単に命を失う、その原因になっているからである〔線画20〕。ヘイルズのアレクサンデルは以下のように主張している。「僅かな財産すら返してもらえない貧しい人びとには、餓死するしか道はなく、したがって共犯者は殺人者である」と。この件に関して、『集会の書』第三四章に、「貧しい人々にとって、パンは命そのもの。これを奪い取るやからは、冷血漢だ」〔第二五節〕と記されている。このことは、未信者の中でも、とりわけインディアスに住んでいる赤貧洗うがごとき人たちによって立証されており、実際、彼らの大半が餓死しているのは嘘偽りのない真実である。したがって、もしも聖職者や教会関係者が布施や贈り物を受け取らず、例のスペイン人たちを集団として明白な罪人とみなし、神の法や教会法に義務づけられているように、彼らを聖餐式から追放すれば、苦しみに喘ぐインディオたちも自らの財産を手にすることになるだろう。と言うのも、そうなれば、スペイン人は困惑し、財産のすべて、もしくは、一部を、インディオたちに賠償することになると考えられるからである。

線画 20　インディオを虐待する神父と役人(fol. 922 [936])

線画 21　邪な目的を叶えるためにインディオの男女を無理やり結婚させる神父(fol. 573［587］)

〔その一〇〕

司教座聖堂の教会や教区教会に所属する高位聖職者および修道司祭は、神を畏れる立派な人たちに、教会や修道院の資産価値、および、それらが建立されている土地もしくは敷地の価格を査定し、評価するよう、また、インディオが行った労働や彼らが提供した物資の価値も査定し、評価するよう、命令を下さなければならない。そして、高位聖職者たちはその査定価格の全額を、土地の所有者であるインディオや、建築作業に労力を提供したインディオに賠償しなければならない。

この結論は以下のように証明される。つまり、先に立証したように、その土地や建物が築かれた敷地がインディオのものだからであり、彼らの意思に反して、土地を奪ったからである。したがって、それらの教会で高い地位についている司祭は大罪を犯しており、その罪を免れるためには、インディオに対し、賠償を実行しなければならない。しかし、教会や修道院は神に捧げられたものだから、世俗的な目的に使用されてはならず、その現状は維持されなければならない。とは言え、インディオに対しては、その土地と建物、それに、労働の対価を賠償しなければならない。そのように、聖アウグスティヌスは記している（〔『マケドニア人に宛てた書簡』〕第一章第一四問一六）。つまり、聖アウグスティヌスによれば、「もし他人の物を捧げたら、同じものではなく、その対価を賠償しなければならない」のである。また、聖グレゴリウスも『一覧』*Registro* の第七書第一八章に同じ趣旨のことを記している。すなわち、聖グレゴリウスによれば、とある司教がユダヤ教徒からシナゴーグ〔ユダヤ教の礼拝堂〕を奪って、それを教会に改築したとき、ユダヤ教徒がそれを訴えた。そのとき、聖グレゴリウスは信頼に足る人物数名に、シナゴーグの価値を評価させ、その代価をユダヤ教徒に支払うよう、そして、改築された教会はそのまま残すよう、命令した。

私が司教など、高位聖職者について語ったのは、彼らこそ、不正に得たものや罪を犯して手に入れたものを賠償させる役割を担っているからである。このことは、数かずの著名な学者によって記されており、ホスティエンシスも『破門宣告』*De sententia excommunicationis* 第二巻「私たちに」の章に、そう記している。

同じく、私が高位聖職者について記したのは、彼らが、所有者〔インディオ〕の意思に反して、他人の財産を取り扱っているからであり、また被害者〔インディオ〕に対して、正義を実践していないからでもあり、それは大罪である。同じく、高位聖職者がエンコメンデロに悪例を垂れ、暗黙裡にエンコメンデロが賠償するのを妨げているからでもある。と言うのも、エンコメンデロは、自分が奪った土地に、司教や修道士たちが教会や修道院、それも、インディオが血を流して建てた教会や修道院を所有しているのを知っているので、インディオから奪った物を賠償する義務などはない、と考えているからである。エンコメンデロは、もし聖職者がインディオから奪ったものを賠償しているのを目にすれば、真実、心を動かされてインディオから奪ったものを賠償するようになるだろうし、少なくとも、これまでのような無関心な生き方に終止符を打ち、非業の最期を遂げることもなくなるだろう。

〔その一二〕

ことの真偽に関わらず、赤貧に苦しむ両親や兄弟、あるいは親戚縁者に救いの手を差しのべるという口実のもと、エンコメンデロに布施を要求し、それをこの王国《スペイン》へ送ったり、あるいは、持参したりする聖職者は言うまでもなく、それ以外の人たちも例外なく、大罪を犯しており、賠償義務を負う。それは、たとえ自分が仕える高位聖職者の許可を得ていても、言い訳にはならない。

この帰結は、《疑問三》に対する答え、すなわち、エンコメンデロは所有する財産すべてに対して賠償義務を負うという結論で立証される。また、エンコメンデロは教会に布施をしたり、装飾品を差し出したり、その他一切の慈善活動を行うこともできない。もっとも、相手が極貧に苦しんでいる場合、話は別だが、しかし、それでも、極貧に喘ぐ人の苦しみはインディオが蒙っている苦しみと比べれば、さほど大きくないので、この場合も、不可能である。つまり、インディオの置かれている困窮状態は、彼らとは比べものにならないほど厳しく、インディオは財産を奪われた結果、途轍もなく貧しい状態に呻吟しているのである。

高位聖職者の許可が司祭の口実にならないのは、高位聖職者も略奪に関与しているので、許可を与えたとしたら、大罪を犯すことになるからである。

《疑問六に対する結論》

〔その一〕

スペイン国王およびスペイン人は、ペルーの支配者とインディオの意思に反して、鉱山を占有している。

この結論の立証は以下のとおり。まず、インディオはスペイン人を社会の敵とか自分たちの国の破壊者とみなし、また、カスティーリャ国王を彼らと同類と考え、現在蒙っている不正や圧制をことごとく、カスティーリャ国王の意思と命令によるものだと考えている。したがって、スペイン人が彼らの金鉱山や銀鉱山、それに水銀鉱山などの資源を利用すれば、インディオに致命的な負担がのしかかるのは火を見るより明らかである。

次に、われわれスペイン人がインディオから金鉱山や銀鉱山などを奪っただけでなく、彼らを無理やり働かせて、鉱山から金、銀、その他の貴石を採掘させたからである。その労働たるや、信じがたいほど過酷であり、夥しい数のインディオが息絶えている。そのような事態が生じた原因をインディオたちの意思〔労働意欲〕に求めるのは正鵠を射ていない。

三番目に、数かずの法律によれば、圧制下、抑圧に苦しむ人びとがつねに正当な恐怖心を抱くのは確かなこと、あるいは、容易に想像がつくことだからであり、したがって、たとえいくら態度や言葉で承諾しているように見えても、彼らは、暴君が行うことに対しては何事によらず、嫌悪感を抱いている。暴力あるいは恐怖心が良き習慣に反するのは、立証するまでもなく、暗黙の了解事項である（〔『学説彙纂』〕第五〇巻の「法規定」の章の〈同意なし〉の節、および「裁判権に関して」の第二節）。したがって、いかに僅かな量であっても、嫌々ながら、しかし、やや自発的に、何かを差し出す人は役人を恐れているに違いないと推察される（〔『勅法彙纂』第一巻〕第一〇章「農民は従順であってはならない」および「手厚くもてなすこと」）。判断力や意思が萎えるや、たちまち興奮するような役人が恐れられるのはよくあることである（『グラティアヌス教令集』第二部事例一六問題二）。そして、その正当な恐怖心は、圧制者〔役人〕が強権を振りかざす限り、消え去ることはない。つまり、インディオたちは圧迫され、残酷な圧制下に置かれているので、正当極まりない恐怖心に苦しんでいるのである〔線画22〕。したがって、たとえ彼らの態度や話から、カスティーリャの国王やスペイン人が鉱山を所有し、そこから金や銀、その他の財宝を採掘し、持ち去るのを認めているように見えても、数かずの法律に従えば、彼らの話を鵜呑みにしてはならない。

線画 22　鉱山でスペイン人役人に虐待されるインディオ（fol. 525［529］）

〔その二〕

カスティーリャ・レオン王国の国王は、ペルーの支配者もしくはその後継者の許可および自由な意思なくして、ペルーにある金や銀などの貴金属の鉱山や水銀やエメラルドなど貴重な資源を蔵する鉱山を所有できないし、ましてや、誰にも与えることはできない。

　この結論の立証は以下のとおり。ペルーの君主〔インカ王〕とその後継者は法にもとづき、すなわち、自然の法、神の法および人定の法にもとづいて、それらの王国を治める至高の国王だからである。つまり、ペルーの王たちはキリスト教を信仰したからといって、君主の地位を喪失するわけではなく、カスティーリャ・レオン王国の国王を普遍的な支配者や皇帝として承認するものでもない。したがって、カスティーリャの国王はペルーの支配者の許可なくして、ペルーに位置する鉱山を所有できない。この大前提は《**第一原則**》および《**第二原則**》、すなわち、キリスト教徒の場合と同様、異教徒の間においても、確かに、大小様々な管轄権と支配権を掌握する正真正銘の国王、支配者が存在することで立証ずみである。小前提〔ペルーの支配者は正当な統治者である〕が立証されるのは、恩寵は自然を破壊せず、完成させるからである。隣人愛は支配の始まりではないというのは、ヤン・フス〔一三七〇?〜一四一五年。ボヘミアの神学者。宗教改革の先駆者。異端として焚刑に処される〕が唱えた異説である。さらに、ローマ教皇はペルーの支配者から統治権や土地を剥奪しなかったからでもある。《第四原則》で証明したように、ローマ教皇には、そのための大義名分がなかった。

次に、《第六原則》が明らかにしているとおり、ペルーの支配者がカスティーリャの国王を一度も〔上位の〕支配者と認めなかったからである。それは、我らが君主、カスティーリャ・レオン王国の国王がペルーの王国を統べ治め、あのインディアスという世界の普遍的な支配者とか君主を名乗る妨げにはならない。なぜなら、歴代のローマ教皇が信仰を守るためにその旨を定めたからである。そのような卓越した地位や所有権を実際に手に入れるためには、すでに《第七原則》で言及したとおり、自然の法と神の法の命じることが遵守されなければならなかった。ところが、ペルーの地へ渡ったスペイン人はその掟を一向に守らなかった。すなわち、彼らは、最初の二つの疑問で言及したような形で〔暴力的に〕ペルーの土地へ足を踏み入れたのである。したがって、現在、インガ王もしくはその後継者は王国やその地位を奪われたまま、大いなる不正の中に身を置いている。つまり、カスティーリャの国王は、自然の法や人定の法が求めるような形でペルーの王国へ足を踏み入れたのではなかった。その罪を負うのは、ペルーの地へ渡ったスペイン人、ならびに、国王陛下がペルーの地で正義を司るべく派遣したスペイン人たちである。したがって、その土地ペルーの支配者たちの許可を得ずに、ペルーに位置する鉱山を所有するなど、ありえないことである。

〔その三〕

スペイン人、とりわけペルーに身を置くスペイン人は、同王国の支配者の許可なく、王国に位置する金鉱山や銀鉱山および、その他の貴金属を蔵する鉱山を所有することができない。また、彼らはこれまでに奪った貴金属に関して、一つ残らず、賠償する義務を負う。

この結論は、以下のように立証される。もしカスティーリャ・レオン王国の国王がペルーにある鉱山を所有するのが正当でなければ、ましてやスペイン人個人にとっては言うまでもないからである。なぜなら、もしスペイン人が個々にペルーに位置する鉱山を所有するなにがしかの権原をもっていたとすれば、それは、国王がもつ権原に由来するからである。しかし、すでに論証したように、ペルーの王国はインディオのものであり、彼らの意思に反して、鉱山もろとも、スペイン人に強奪されたのである。

〔その四〕

スペイン人がペルーの王国に足を踏み入れた時に発見した金鉱山、銀鉱山、その他の貴金属の鉱山、あるいは到着後に、彼らが発見した鉱山、もしくは、ずっと後にインディオ、あるいは、スペイン人が見つけた鉱山はいずれも、スペイン人が盗んだり奪ったりしたので、彼らはそれらの鉱山から採掘した金、銀、その他の財宝を一つ残らず、賠償する義務を負い、違反すれば、永罰を受ける。

この結論の立証は以下のとおり。すなわち、《第一原則》および《第二原則》で証明されたとおり、ペルーの王国は土着の支配者のものであり、《第七原則》が示しているように、われわれは、ペルーの王国に埋蔵されている資源を探り、知る目的で、王国を探索することができなかったからである。この件に関しては、すでに発見されていた鉱山とその後に発見された鉱山、また、発見したのが住民のインディオであろうと、われわれスペイン人であろうと、違いはいっさい認められない。つまり、われわれが進出《エントラダ》したときの状況からして、また、われわれが未発見の鉱山を探索したり、あるいは、すでに知られていた鉱山を略奪したりしたことからして、われわれには、正当な権利はまったくない。それどころか、たとえわれわれが何らかの理由で、いくばくかの権利をもっていたとしても、われわれの進出《エントラダ》とその後の進撃がじつに邪悪かつ不正きわまりなかったので、われわれはその権利をことごとく喪失した。このことは、〔『グラティアヌス教令集』〕第二部事例二五問題二「私たちのように」および『グレゴリウス九世教皇令集』第三巻第三〇章「十分の一税《ディエズモ》」の追補の章や最終章の「教会特権に関して」と〔『学説彙纂』第四七巻第二章の〕「窃盗」の章の〈したがって正当である〉の節でも立証される。また、この件については、神父ドミンゴ・デ・ソト師も『正義と法について』第五巻第三問第二の論拠で明確に論じている。

スペイン人は鉱山から持ち去ったものを賠償する義務を負うということは、彼らが鉱山から持ち去ったものが、ペルー王国にあった他の財と同様、インディオのもの、あるいは、ペルー王国の君主や領主、もしくは、個々のインディオの所有物であることにより、立証される。また、《**疑問六**》に見るように、王国全土がすでにスペイン人に分配されたからであり、また、われわれが名にしおう略奪者として、ペルーの財宝をインディオから無理やり奪い取ったからでもある。それゆえ、忌憚なく言えば、われわれはそれらの財宝をインディオに賠償する義務を負い、その義務に違反すれば、永罰を受ける。それと同時に、われわれは鉱山から奪ったものを一つ残らず、賠償する義務も負っている。

このことは、これまでに幾度となく、また、とくに**《疑問二に対する結論》〔その五〕**で、立証されている。

〔その五〕

カスティーリャ・レオン王国の国王は、神の法と自然の法に基づいて、改宗、未改宗を問わず、ペルー王国に住むインディオにキリストの教えを説き、授け、秘蹟を与えるのにふさわしい人たちを用意しなければならず、また、礼拝堂や教会を建設し、神の信仰に必要な司祭を育てる義務をも負っている。また、国王は、インディオが自発的にいくばくかを寄進しようとしないかぎり、現時点では、彼らに十分の一税《ディエズモ》や初穂税《プリミシア》〔旧約聖書で神に献げるように決められていた最初の農作物〕を要求したり、租税や貢物を、たとえその価値が一マラベディほどの安価なものであっても、納めさせたりしてはならない。

この結論は以下のように証明される。まず、**《第五原則》**で言及したとおり、国王陛下は、信仰が説かれるよう、その準備を整える義務を負っているからである。

次に、国王陛下のもとには、インディオに数多くの甚大な不正を加えて手に入れた莫大な量の財宝が届いているからである。

三番目に、当代の国王陛下〔フェリペ二世。在位一五五六～九八年。〈慎重王〉と称される〕は、歴代の国王ならびに陛下ご自身が奪ったものだけでなく、略奪者たちが簒奪してきたものも一つ残らず、賠償する義務を負っているからである。それは、国王陛下がペルーへ悪辣な役人を派遣したからであり、彼ら役人たちはインディオに正義を行ったためしがなく、したがって陛下は、彼らがもたらした害を償う義務を負う。同じく、司教も、自分に仕える役人や代理者がインディオに加えた害を賠償する義務を負う。ましてや、国王陛下がその賠償義務を負うのは言を俟たない。なぜなら、国王陛下は自らに仕える役人を処罰し、かつ弊害を防ぐのに、この上ない権力を掌握しているからである。

それは『列王記上』第二〇章にある「主はこう言われる。〈わたしが滅ぼし去るように定めた人物をあなたは手もとから逃がしたのだから、あなたの命が彼の命に代わり、あなたの民が彼の民に代わる〉」〔第四二節〕、という聖書の言葉で立証される。また、エリ〔旧約聖書の『サムエル記上』に登場するユダヤの指導者、祭司〕は聖物売買に関して、「君主もしくは高位聖職者は、正されなかった罪が有害であればあるほど、素早く臣下の欠点を正す手を打たなければならない」と、論じている。また、『ポリクラテュス』*Policratus*〔正しくは〈ポリクラティクス *Policraticus*〉。イギリスのスコラ哲学者ソールズベリーのジョンが著した政体論〕の第七巻最終章で、「君主はすべての人びとやあらゆる事柄に関わる存在である。

なぜなら、君主はすべてのことを正すことが出来るので、正そうとしなかったり、あるいは、正すのを躊躇したりすれば、まさしくその当事者になる」と、記されている。また、聖トマスも、その見解を確認している。すなわち、聖トマスによれば、「君主は地上における正義を見守る責任を負っている。したがって、自らの瑕疵で盗人たちが栄えた場合、君主はその賠償を義務づけられる」（『神学大全』第二論集第二部第六問題第七項）のである。それゆえ、一般的に言って、主人《あるじ》の家族が罪を犯した場合、もしくは、主人が上司をつとめる職務で、主人に仕える役人が罪を犯した場合、主人がその責任を負う。したがって、主人は誠実な家族や部下を選ばないと、その責任を負うことになる。同じく、『知恵の書』第六章に「あなたたちは国に仕える身でいながら／正しい裁きをせず」（第四節）とあるように、君主は正義の守り手である。以上のことは、ヨハン・アンドレアス〔中世の教会法学者。詳細不詳〕やホスティエンシスらの碩学も記している。ホスティエンシスによれば、「主人は、自分の部下が犯した暴力の責任を負い、また、悪人の行為を利用しているといって、部下の罪を背負わされる」のである（『悪事に関して』*Ex maleficio* の「行動と義務に関して」）。と言うのも、その意図は、罪を犯すような悪人を〔部下に〕選んだ人の責任に帰すためである。

先に、私は、さしあたり現時点では、十分の一税《ディエズモ》を徴収したり要求したりしてはならないと記したが、それはまず、すでに改宗したインディオたちがスペイン人の悪行を知って、いまだ確固たる信仰心をもてず、宣教師に欺かれたと思うからである。一方、未改宗のインディオたちは、国王やスペイン人に過重な税を支払っているうえに、さらに別の税、つまり、神に対する十分の一税《ディエズモ》を負担させられると考え、改宗などしないだろう。と言うのも、彼らは、神も人間と同じように暴虐を働くとか、われわれが福音を売っているとか、彼らを服従させ、金や財産を奪うために、福音をペルーの地へ伝えたなどと考えるからである。さらに留意しなければならないのは、初期のキリスト教会においては、つまり、使徒たちが天国に召されて以降三〇〇年間は、十分の一税《ディエズモ》が問題になることがなかったし、それほど、高位聖職者は人びとの魂をキリストへ導き、獲得するのに心を配っていた。それは銘記すべき事柄であり、また、ニケーアの公会議〔小アジアのニコメディア南部の町ニケーアで三二五年五月二〇日から六月一九日まで開催されたキリスト教世界最初の全教会規模の会議〕には、三一八名の司教と、それを上回る数の修道院長、司祭や助祭が従者とともに参加したが、彼らに公会議へ向かう手立てがなかったとき、民衆が全員に馬や必要な物資を提供したことや、会議開催中、皇帝コンスタンティヌス〔一世、在位三一〇〜三三七年。キリスト教世界における最も偉大なローマ皇帝〕が参加者に食事をふるまったことが知られている。この件については、ニケフォロス〔七五八？〜八二九年。コンスタンティノープル総司教〕の『スコラ神学史』*Historia escolástica* 第八巻第一四章にも記されている。

《疑問七に対する結論》

〔その一〕

ペルーのインディオの子孫が所有する副葬品の財宝もしくは高価な物品を故意に奪ったり、強奪するよう命じたりするスペイン人は例外なく、窃盗を犯しており、奪ったものを一つ残らず、インディオに賠償する義務を負う。

この結論はまず、それらの財宝には、その生死に関係なく、所有者が存在し、財宝が決して遺棄されたものでないことで立証される。つまり、他人の財産を、その所有者の意思に反して、奪うのは大罪であり、他人の所有物を奪う者は賠償義務を負う。したがって、ペルーの財宝を強奪したり、掠奪したりするよう命じる人は大罪を犯しており、手に入れたものを賠償する義務を負うことになる。この小前提の論証はじつに明々白々である。問題は大前提、つまり、ペルーの財宝には、所有者が存在するかどうかということである。それは次のように論証される。すなわち、ペルーの王国にある数多の墳墓には相続者、つまり、故人の子息や継承者あるいは孫や相続者が存在するので、墳墓に所有者が存在するのは疑問の余地がなく、インディオはスペイン人に略奪されないことを願って、墳墓のことが彼らに知られないよう、懸命にさまざまな手段を講じている。墳墓に埋葬された財宝の所有者が周知されているか、あるいは、財宝を埋葬した人物に関する記憶が残っている場合、それらの財宝に所有者が存在することは、以下のとおり、論証される。つまり、財宝を副葬するよう命じた人たちの意図は現世における最大の世俗的な善、すなわち、名誉や名声や栄光といった善を手に入れることと、いつまでも人びとの記憶の中に生きつづけることである。彼らは、自らが自分の墓に供えるか、あるいは、〔相続者に〕供えるよう命じた財宝を介して、名誉、名声や栄光を獲得したのであり、手に入れたのである。そして、アリストテレス〔『弁論術』*Rethoricum* 第一巻〕によれば、そのような名声は、人が本能的に手に入れたいと願う幸福である。また、故人の墓に供えられた財宝を奪い、略奪する人は、故人が得た名声、名誉や栄光ばかりか、故人が人びとの記憶の中に生きつづけることをも奪うことになる。したがって、故人からそれらの名誉を奪う人は賠償義務を負う。つまり、墳墓に埋葬されている財宝は、遺棄されたものではなく、れっきとした所有者が存在するのである。すなわち、財宝の所有者は故人もしくは現存するその縁者や子孫である。

　次に、以上のことは生者の側からも論証される。なぜなら、死者の名誉や名声は故人の血を引く生者、つまり、故人の子息や縁者の名誉、名声でもあるからであり、同じように、死者に加えられた恥辱、不名誉や恥辱は故人の血を引く人たち、すなわち、その子息や縁者たちにも不名誉や恥辱となるからである。したがって、死者からその墓に副葬された財宝を略奪する人は、死者から名声と名誉を奪うだけでなく、生者からもその名誉や名声を奪うことになり、生者に甚大な侮辱を加えることになる。換言すれば、墳墓に供えられたそのような財産や財宝は遺棄されたものではなく、れっきとした所有者が存在するのである。故人が自分と同じ血を引く生者に、それらの財宝を供えるよう命じたのであり、生者はその財宝をもとに、人びとから名誉を受けるのを願って、墳墓に財宝を供える。このことは、神の御子が『イザヤ書』第一一章で「そのとどまるところは栄光に輝く」〔第一〇節〕と述べているように、墳墓の栄誉を蔑ろにしなかったことで確認される。

　三番目に、この結論は墳墓の状況から立証される。発見されるものがじつに高価で貴重なものばかりであり、しかも、その所有者が不明な場合、発見場所を問わず、財宝を供えた人たちやその相続人の意図に従えば、それは、所有者がそれらの財宝を遺棄しようとして放置したのではないことを示している。したがって、それらの財宝を発見しても、所有者は存在しないなどと、考えてはならない。なぜなら、墳墓に供えられているのはじつに高価なものばかり、つまり、金、銀、宝石、宝飾品などであり、相続人はそれらの貴重品に大きな関心を抱いているからである。すなわち、それらの貴重品は遺棄されたものではなく、れっきとした所有者が存在するのである。

四番目に、それらの財宝が、じつに堅く閉じられて厳重に守られた墳墓、しかも、盗人が奪ったり掠奪したりするのを防止するため、強固な土塀で補強された墳墓に、安置されているからである。預言者バルク〔『エレミヤの手紙』を『バルク書』第六章とする。バルクは預言者エレミヤの友人、秘書〕は第六章で、異教徒も神を知っていた信者たちも、かつては同じようにしていたと語っている。すなわち、「死者のために築かれた墳墓に対するのと同じように、獣や盗人が神殿に侵入するのを防ぐため、祭司たちが厳重に入り口を見張っている。その神殿には遺体が数かずの財宝と一緒に隠されているからである」と。また、『グロサ』にも「大昔、権力者の墓には貴重な品が数かず副葬され、盗人がその貴重品を盗み出すのを防ぐため、厳重に封印されていた」と記されている。つまり、それは、墳墓に副葬された財宝が、遺棄されたものとみなされるのを意図して、放置されたわけではないことを示唆している。

五番目に、この結論は、以下のとおり立証される。海辺で絢爛豪華な衣装や金や銀がぎっしり詰まった箱を見つけた場合、発見者はその箱を廃棄物として放置されたものと推測してはならず、むしろ、重量を軽くするために、船から投げ捨てられたと考えなければならない。したがって、箱を発見した人は、もし所有者が現れれば、箱をその所有者に返却しなければならず、決して私物化してはならない。

以上のことはいずれも、キリスト教徒の間で起きている事柄で証明される。すなわち、すべてとまでは言わないが、教会の中には、例えば金製や銀製の甲冑、盾、旗や武器などの高価な品が数多く保管され、絹製の刺しゅう入りの布で覆われた棺が置かれた礼拝堂をそなえたものもいくつかあり、それらの礼拝堂を所有する騎士や大公、つまり、それらの貴重品を墓に供えるよう命じた故人、および、故人の血をひく子孫や相続人など、存命中の人たちがそれらの品を廃棄物とみなしているとは、とうてい思えないからである。墳墓からそれらの品を窃盗したり、むりやり奪ったりした人は故人のみならず、故人の血を引く存命中の人、つまり、故人の相続人や縁者にも害を加えることになる。明らかに、その行為は死者のみならず、死者の血を引く存命中の一族郎党にも甚大な害を及ぼすことになる。と言うのも、それらの貴重品は、本来の意味で、宝物と呼ばれるようなものではないからであり、本来、宝物とは、遺棄された財であり、それは発見者の所有するところとなる。宝物と呼ばれるものの定義はこう記されている。「宝物とは、悠久の古い昔に、正体不明の所有者が隠匿した貴重な財であり、その処遇については、記憶に残されていない」(〔『勅法彙纂』の〕第一〇巻「財宝論」注釈)と、また、神事に関わる定め〔『法学提要』第二巻「物の分類」の章の「宝物」の項〕によれば、「宝物とは、正体不明の所有者のもの」と記されている。すなわち、宝物とは、一部の人が隠匿した財であり、一度も発見されたことがなく、じつに長期間にわたり、同じ場所に留まっていたものである。したがって、ヨハネス・デ・プラテア〔一三八〇?～一四二七年?イタリアの法律学者〕によれば、「宝物とは、すでに忘れ去られていて、人びとが所有し、支配するに至らなかったもの」〔『勅法彙纂』第一〇巻第一五章〕である。

最後に、先記の主張が立証され、確認されるのは、上記の財宝をその所有者や相続人の意思に背いて手に入れるのが自然の法や神の法のみならず、人定の法にも反しているからである。つまり、人定の法によれば、そのような行為は禁止されており、他人の墓を暴く連中に対しては、重罰が科され、「冒瀆された墳墓」〔出典不明〕の第二問題では、ハドリアヌス帝〔プブリウス・アエリウス。七六〜一三八年。ローマ皇帝〕の時代、他人の墓を暴いた連中は死刑に処されたと記されているし、同じ個所で、「引きつづき、無謀な行為が行われた」とも書かれている。また、カスティーリャの法律でも、同様の犯罪は禁止されており、違反すれば、死刑(『フエロ・レアル』*Fuero Real*〔カスティーリャ王国の賢王アルフォンソ一〇世(一二二一〜八四年)が現行法を統一した法典〕第四書第一八章第二節)に処された。また、『フエロ・フズゴ』*Fuero Juzgo*〔一二四一年に成立した、ローマ法とビシゴード法をまとめた西ゴート統一法典〕にも、「死者の墓を破壊し、墓からなにがしかの物品を奪うものは、死に値する。何も盗まない場合でも、国王に五〇スエルド、同じく死者の縁者に五〇スエルド、すなわち、合計一〇〇スエルドを支払うこと」と、記されている。尚、『フエロ・フズゴ』〔第二書第五章第一節〕によれば、一スエルドの金は一〇三ドゥカドに相当する。

〔その二〕

ペルーの王国において所有者や相続人がいない墳墓から財宝や高価な品を奪ったスペイン人はその略奪品を一つ残らず、一マラベディにいたるまで、賠償しなければならない。

この結論の立証は以下のとおり。すなわち、まず、《**第一原則**》ならびに《**第二原則**》で論証したとおり、ペルーの王国はインディオのものであり、**《第七原則》**で論証したように、スペイン人はその王国へ赴いたからと言って、王国に対する権利をすべて手に入れたわけではない。インディオがペルーの王国の本来の主人《あるじ》であり、所有者であるから、自然の法および人定の法によれば、ペルーの王国にある財宝や富はことごとく、インディオのものであって、世界中の他のいかなる人びとの所有するところではない。したがって、インディオの意思および自由な同意がなければ、スペイン人はおろか、世界のいかなる民族も、ペルーの王国にある富や宝を探索し、我がものにすることはできない。

以上のことは火を見るより明らかである。その帰結は次のとおり、論証される。すなわち、他人の物をその所有者の意思に反して手に入れるのは盗み、もしくは、強奪であり、それは神の戒めによって禁止されており、そのような行為は神の掟『出エジプト記』第二〇章や『申命記』によっても、禁じられている。偉大なる修道士ドミンゴ・デ・ソト神父は『正義と法について』の第五巻第三問でそう、主張している。すなわち、ソト神父によれば、「いまここで、われわれの中でいったい誰が黄金に心を動かされて西方の大陸へ赴くことができるのか、いやむしろ、ある特定の国の人びとだけが、黄金を求めて旅するのが正当なのかどうか、疑ってみる余地がある。一見すれば、それはどの国民にも許されているように見える。と言うのも、人定の法に従えば、それらの土地がどの国民にも分与されていないからである。しかしながら、人定の法だけに限っても、黄金を求める旅が許されるのは、黄金が埋蔵されている土地に暮らし、その旅に同意する住民自身か、もしくは、それらの放棄された財宝を所有する人たちだけである。つまり、〔世界の〕あらゆる地方が分割される、その基礎となる人定の法によって、黄金を埋蔵する土地に居住する人びとがそれらの財宝を共有するのは正当である。しかし、渡来したばかりの人びとは、その土地に暮らしているの住民の意思に反して、彼らからそれらの財宝を奪うことはできない。それと同じ理由で、フランス人はわれわれの土地へ侵入することができないし、われわれもフランス人の意思に反して、彼らの土地へ侵入できないのである」。

われわれスペイン人が前記の墳墓に供えられた財宝をペルーのインガ王や君主をはじめその他、個々の支配者から手に入れる許可を得ていなかったのは、最初のいくつかの疑問が示しているように、スペイン人がペルーに足を踏み入れた時にとった行動の様子や、スペイン人がたえずインディオをじつに過酷な隷属状態に置いて絶え間なく加えている仕打ちによって、立証される。したがって、スペイン人は墳墓から奪った物を一つ残らず、インディオに賠償する義務を負う。

それ以外にも、スペイン人が決して財宝を手に入れる許可を得ていなかったことを立証するうえで、説得力のある理由はある。例えば、スペイン人がペルーの地へ渡ったあとに土着の支配者やその臣下に対して示した態度である。と言うのも、スペイン人は彼らから地位、支配権や管轄権、威厳、財産などを取り上げ、簒奪し、さらに悪いことに、自由をも奪い去ったからである。すなわち、どこから見ても、スペイン人がインディオの許可を得てインディアスに身を置いているとは考えられないし、同じくスペイン人がインディオの許しを得て、ペルーの土地に密かに隠されていたインディオの財宝を探し出しているとも考えられない。とどのつまり、この結論や先記の結論が正しいのは、スペイン人が、あらゆる理性と法に反して、ペルーの王国を奪い、我がものとしたからであり、彼らは、どこから見ても、専制者であり、正真正銘の僭主なのである。したがって、インディアスにおいて、スペイン人が〔合法的に〕所有するインディオのものは何ひとつない。

《疑問八に対する結論》

〔その一〕

ペルーの言語〔ケチュア語〕で、神殿や祠はグァカと呼ばれるが、もしそのグァカに金、銀、その他高価な品物を供えた人びと、もしくは、その子孫が生存する場合、かつてペルー王国で暮らした経験のあるスペイン人、あるいは、いま現在住んでいるスペイン人は彼らに対して、グァカから奪った財宝を一つ残らず、賠償する義務を負う。

この結論が立証されるのは、スペイン人がグァカに捧げられたインディオの財宝を無理やり奪い去ったからである。したがって、スペイン人は、彼らにそれらの財宝を賠償する義務を負う。財宝がインディオのものであるのは、彼らが献納したものであり、その所有権や支配権を喪失していないからである。と言うのも、もしインディオが偶像に財宝を供えたとすれば、それは偶像が真の神であるとの暗黙の条件に基づいていたからである。つまり、たとえ漠然とにせよ、未信者にも、自然な悟性や知識が具わっており、彼らはそれに基づいて、真の神を探し求めるからである。もし偶像が真の神でなかったら、彼らはそれらの供物を捧げなかっただろう。そして、今や、彼らは〔キリスト教〕信仰を通じて、自分たちが騙され、誤って供物を悪魔に献納してきたことを理解しているので、彼らの献じた供物に対する支配権や所有権が彼らに帰属するのは明白である。なぜなら、もしインディオに、「これらの偶像が神でないとすれば、偶像に捧げた貴重品を放棄しようと思いますか」と尋ねれば、彼らは「いいえ、手放したくはありません」と答えるだろう。なぜなら、私有物、とりわけ莫大な価値を有する財宝を無駄に手放す人がいるなど、とうてい考えられないからである（〔『学説彙纂』の〕「解放奴隷の仕事に関して」の章の第四七節と、「承認済の事柄」の章の〈不適切な事柄〉の節）。したがって、インディオは供物に対する支配権を喪失しないので、彼らから供物を簒奪する人は賠償義務を負う。

ついで、この結論は、例えば人が〔誤って〕誰か第三者に借り物があると思い込み、また、それを返せる機会は今しかないと考え、第三者にそれを差し出した場合、その人は手渡した物に対する支配権を喪失しない、ということで立証される。なぜなら、誤解はつねに反復を誘うからであり、そのように、無差別に生じるからである。したがって、その人の行為は総じて誤りだと理解される。このことは〔『学説彙纂』第五〇巻の〕「法規定」や〔『勅法彙纂』の〕「不当な条件」および同じく〔『勅法彙纂』の〕「法と捏造された無知」の各章で論じられている。つまり、われわれが神に捧げるものは真の神に起因するが、インディオは偶像を真の神だと信じていたので、それらの財宝に対する支配権を喪失しない。なぜなら、彼らは、自らが行っていた贖いにおいて過ちを犯していたからである。したがって、墳墓に財宝を供えた人びとやその相続人たちは、捧げられた財宝の所有者である。

中には、偶像に捧げられた財宝は教会に与えられる、と主張する人たちがいる。その理由は、かつてインディオは、彼らが真の神と見なした偶像にそれらの財宝の支配権を委ねたが、今や、その支配権が真の神に譲渡されているからである。つまり、財宝を真の神に捧げるのが彼らの意図だったからである。この意見に対して、次のように答えよう。インディオは、真の神がそれらの供物に憤りを感じておられたのを理解しておらず、むしろ、神は供物をご嘉納されたと考えていた。彼らは、もし逆のことを理解していたら、決して供物を奉納しなかっただろうし、条件付きで、すなわち、もし供物が神を喜ばせるものであったなら、供物の所有権を放棄していただろう。ところが、今やインディオは、それらの供物が偶像に捧げられ、供えられたため、神の怒りを買ったのを理解しているので、もし彼らが予めそのことを知っていたら、決して奉納しなかったと考えられる。したがって、彼らは、供物に対する支配権を喪失しない。

〔その二〕

所有者や相続人がいない財宝およびそれ以外の宝石、衣服、宝飾品などの貴重品はインディオに返還されなければならず、スペイン人はそれらの財宝を私物化できない。

この結論は**《疑問六に対する結論》〔その一〕**、**〔その二〕**および**〔その三〕**で立証される。また、**《疑問七に対する結論》〔その二〕**に記された理由によっても、証明されるし、先記の結論、すなわち、スペイン人がペルーの王国を奪い、暴政を敷き、武力にものを言わせて支配したこと、換言すれば、インディオが不正な形で王国を奪われてしまったことでも証明される。ペルーの王国は、自然の法および人定の法に従えば、インディオに帰属するからである。したがって、現在スペイン人がペルーに所有しているものは一つ残らず、インディオのものだから、スペイン人はそれらをインディオに返還する義務を負う。

グァカに捧げられた財宝や墳墓に供えられた相続人不在の財宝の賠償は、そのグァカもしくは墳墓が位置する場所や地方に暮らしているインディオに資する形で実行されなければならない。賠償は共同体において、その共同体に利するように行われ、その際、共通善のために実行されようと、インディオの教会のために行われようと、いずれでも構わない。要するに、賠償は、インディオがより多くの利益を享受できるような形で実行されなければならない。

それと同じことは、所有者もしくは相続人が現存しないインディオのあらゆる財にも当てはまるので、それらの財は共同体に有益な形で、略奪を受けた村落や地方に住むインディオに資する形で、賠償されなければならない。なぜなら、そのような確実な方法が採られれば、他の地方で賠償されればあり得ないことだが、本来の所有者がそれらの財を享受する蓋然性が高まるからである。したがって、それらの財が、略奪された土地以外に住む人びとに賠償されることは絶対、ありえない。聖トマスは『命題集註解』第四書第一五区分問題一および問題三第五項で、そのように主張している。すなわち、聖トマスによれば、「町が破壊されたり、あるいは、誰かに略奪されたりした時、財産は残ったが、害を蒙った人たちがいて、彼らの生死が不明な場合、それらの財産は町に住む貧しい人びとのためか、あるいは、町の管理に当たる人たちの判断に従って、共同体に資するような形で、使用されなければならない」。〔この点に関して、〕教会法学者たちは「高利貸し」の章で意見の一致をみている。とくに、ホスティエンシスは次のように記している。「とある町が不正にも破壊され、甚大な害を蒙り、生き残った被害者が不明な場合、賠償は、害が加えられた場所に住む貧しい人びとか、賠償しなければならない相手の住民に対して、実行されなければならない〈前掲書。第二書巻末の「隷従」の章および〈属州民の願い〉の節〉。と言うのも、見知らぬ他人より、被害を受けた土地の住民が利益を享受する方が得策だからである。被災地の住民の中には、被害者もしくはその子孫が存在する蓋然性が高いからである」と。

《疑問九に対する結論》

〔その一〕

スペイン人はインディオから奪った土地を一つ残らず、彼らに返還しなければならず、もしその義務を蔑ろにし、土地を返還しなければ、救霊を得られないだろう。

この結論は、《**疑問六**》、《**疑問七**》および《**疑問八**》に記したことで立証される。すなわち、ペルーはインディオの土地であり、スペイン人がむりやり彼らから奪ったからである。したがって、スペイン人は、インディオにペルーを返還しない限り、救霊を得られない。この大前提は《第一原則》および《第二原則》によって立証されているし、小前提〔スペイン人によるインディオの土地の収奪〕は事実に依拠している。その小前提が真実であるとすれば、結論は信仰に関わる。なぜなら、所有者の意思に反して、その人のものを手にする人は、返還できるのに返還しない場合、救霊に与ることができないからである。

これら農地《チャカラ》の返還は、以下のように、実行されなければならない。個々のインガ王の私有地はそれぞれの王の後継者に返還しなければならず、町や村の土地は自治体や村落共同体に、そして、インディオ個人の土地はそのインディオもしくは彼の相続人に返還されなければならない。以上は、火を見るより明らかである。

〔その二〕

スペイン人によれば、グァイナカパック〔原文のまま。グァイナカパ、ワイナ・カパックのこと〕は暴君であり、力にものを言わせて、ペルー王国の数多くの地方を簒奪したが、だからと言って、スペイン人は農地《チャカラ》の返還を免れず、むしろ、彼らの言い分は暴君ならではの口実にすぎない。

この結論はまず、もしグァイナカパックが、力にものを言わせて、数かずの地方を支配した、異教を奉じる暴君だとすれば、われわれはインディアス全域を独り占めにしたのだから、グァイナカパックよりはるかに卑劣な専制者であるということで立証される。また、インディオの話によれば、われわれスペイン人はグァイナカパック以上にインディオを苦しめている。これは明白な事実である。なぜなら、かつてスペイン人がペルーに足を踏み入れた時、ペルーの王国には、現在の二倍ないし三倍もの数のインディオが暮らしていたが、われわれスペイン人が過重な労働を強制して、彼らを減少させてしまったからである。(19) そして、神がその状態を改めないかぎり、数年も経過しないうちに、われわれは彼らを死滅させてしまうことになるだろう。したがって、われわれはグァイナカパックを裁きながら、実は、われわれ自身を咎めているのである。「あなたは、他人を裁きながら、実は自分自身を罪に定めている」と、聖パウロは語っている(『ローマの信徒への手紙』第二章第一節)。スペイン人の言い分によれば、泥棒から物を盗み、それを私物と見なすのは正しいことになる。つまり、スペイン人には、グァイナカパックが王国を専横的に支配していたと主張する以外に、自分たちの犯した罪を弁解する道はないのである。

次に、なぜスペイン人は、グァイナカパックが王国を専制支配したのを知っているのだろうか。もしや有能な裁判官の前にグァイナカパックを引き立て、王の口からペルーの王国を手に入れた時の様子を聞いたのだろうか。そして、証拠が不十分な場合、反対尋問の際に、グァイナカパックを暴君と宣告し、有罪にしようとしたのだろうか。

三番目に、仮にグァイナカパックが暴君だとしても、〔インディオたちの中に〕そのことに不満を抱くような集団もなければ、なんらかの地位に就くことを求めるような閥も存在しなかった。むしろ、インディオたちは、グァイナカパックが全土にわたって繰りひろげた善政（確かに、われわれの行っている統治とは正反対である）に思いを馳せて、涙ぐんでいるのである。そして、今日現在、われわれの所為で未だキリスト教に改宗していない人びとは、まるで神に対するかのように、グァイナカパックに供犠を捧げている。

四番目に、仮にグァイナカパックが暴君だとしても、スペイン人やこの世の国王が実行できたのは、グァイナカパックに賠償を実行させることと、不正に圧制を加えられている人びとをグァイナカパックの手から解放し、グァイナカパックに不平を抱いている王国や地方ともども、彼らを自由にすること以外に何もなかった。それは、『集会の書』第四章に「不当に扱われている者を／加害者の手から救い出せ」〔第九節〕とか、『イザヤ書』第一章に「搾取する者を懲らし、……」〔第一七節〕と記されているとおりである。また、ヒエロニュムスも〔『ウルガータ訳聖書序文』の〕第二一章「圧迫者の手から虚言者を解放すること」および第二二章で、同じ趣旨のことを主張している。しかしながら、グァイナカパックは自分より上位に位置する人物の存在を認めない国王なので、この世に君臨するいかなる国王も管轄権をもたないため、グァイナカパックを処罰することはできない。結局のところ、スペイン人は例外なく、他の一切の行為に訴える以前に、まずグァイナカパックもしくは現存するその相続人の答弁に耳を傾けなければならない。つまり、人は誰も、自己弁護する機会を奪われてはならないし、また、『使徒言行録』第二五章には、「被告が告発されたことについて、原告の面前で弁明する機会も与えられず、引き渡されるのはローマ人の慣習ではない」〔第二六節〕と記されている。

五番目に、共通の法〔慣習法〕によれば、所有者、とくに古くから王国や都市、共同体において支配権を掌握している人物は例外なく、その地位を平和に維持する人物だと推定される。そして、〔時を経て〕その横暴ぶりが認知されるまでは、その人物が所有するものを奪うことはできない。グァイナカパックがペルーの王国を立派に治めていたと考えられれば考えられるほど、グァイナカパックは善政を敷いていたと推測され、その善政ぶりは、われわれが行ってきた統治とは比較できないくらい優れていた。どれほどグァイナカパックの圧制を論じても、われわれの非道な振舞いは弁解の余地がなく、この点に関して、おそらくわれわれは虚偽の証言を捏造している。[20]

《疑問一〇に対する結論》

クスコの占領と略奪をはじめ住居や建物、土地や畑などの分配に関与したスペイン人は大罪を犯しているので、インガ王とその後継者に対して、さらには住居や農園《チャカラ》の所有者であった個々のインディオに対しても、賠償義務を負う。たとえ略奪の分け前に与っていなくとも、スペイン人は各自、連帯してその義務を負う。同じく、クスコの町に屋敷を構えたスペイン人もその賠償義務を負う。

この結論は全体として、**《疑問一に対する結論》〔その一〕**が論証されたのと同じ理由で、立証されるし、また、同結論の〔**その二**〕と〔**その五**〕で述べたことによっても、立証される。さらには、**《疑問二に対する結論》〔その五〕**で論証したことでも証明される。この結論をそれ以上に有効に立証するのは、以下の理由である。すなわち、スペイン人はクスコを占拠したとき、〔抵抗する〕インディオと干戈を交えたが、その戦いはスペイン人から見れば、不正かつ忌まわしいものだが、インディオからすれば、極めて正当なものだったからである。したがって、スペイン人は大罪を犯しており、インディオから奪ったものを一つ残らず、賠償する義務を負う。

以上のことは、数多くの理由で証明される。まず、その戦いで、インディオが望んでいたのは、自らや妻子の生命と祖国の自由を守ることだけだったからである。一方、スペイン人の望みはクスコを支配し、暮らしていたインディオを一人残らず、服従させることだった。しかし、インディオには、そのような仕打ちを受ける原因など、なにひとつなかった。と言うのも、インディオは、キリスト教徒にいっさい害を加えなかったからである。したがって、自然の法に従えば、祖国を守るのは、インディオ一人ひとりにとり、正当な行為であり、義務づけられていることでもあるので、われわれの導いた結論に誤りはない。

次いで、以下に掲げる三つの方法により、スペイン人の行った戦争が不正だったことが証明される。まず、スペイン人側には、支配したいという欲望以外、正当な原因がなにひとつなかったからである。つまり、インディオ側から不正が行われたことはなかったのである。聖アウグスティヌスが『八三問題集』83 *Questionum* に記しているところによれば、予め不当な行為がなければ、戦争はことごとく、不正なものとなる。

二番目に、戦争を遂行する際に必要とされる正しい意図が、欠けていたからである。すなわち、インディオとの戦いには、害を受けたことに対して正義を実行し、奪われたものを取り戻すという意図がなかった。

三番目に、インディオとの戦争には、君主の権威が不在だったからである。つまり、自分たちの土地で平和で穏やかな生活を送り、スペイン人にいっさい害を加えなかったインディオを相手に、戦争を仕掛ける権力を、スペイン国王がスペイン人に与えたことなど、一度もなかった。このことは、すでに記述したように、今は亡き皇帝陛下〔カルロス一世〕から下された数かずの勅令で明らかである。したがって、スペイン人は略奪した物を賠償する義務を負う。

この結論は、以下のとおり立証される。他人の財産をその所有者の面前で、しかも、その人の意思に反して、無理やり奪うのは、略奪だからである。したがって、略奪者は奪った財産を賠償する義務を負い、もし違反すれば、救霊を得ることができないので、この結論は間違っていない。また、この結論は、先に述べたすべての事柄や、余りにも明白なので述べるのを控えた事柄でも、立証される。

《疑問一一に対する結論》

〔その一〕

令名高くかつキリスト教精神にあふれたカスティーリャ・レオン王国の君主が救霊を得るためには、現在自らの軍隊を率いてアンデスと呼ばれる密林地帯に身を潜めているペルーの王、すなわち、グァイナカパック王の孫にあたる後継者〔ティトゥ・クシ・ユパンキ〕を可能な限りあらゆる方法や手段を尽くして、連れ戻し、王とその部下をキリスト教に改宗させなければならない。

この結論は、《**第四原則**》と《**第五原則**》で立証される。すなわち、それらの原則によれば、ローマ教皇庁がカスティーリャ・レオン王国の歴代国王にインディアスの完全な管轄権を委ねた、その目的因はインディアスに住む人びとに信仰を説き、彼らを改宗させることにあったからである。歴代国王は〔ローマ教皇との〕その一方的な約束《ポリシタシオン》にもとづき、布教と改宗化を義務づけられている。さらにその約束以外に、《**第五原則**》で触れたように、ローマ教皇は歴代国王にその約束を履行するよう、正式な掟を発令された。そして、**《疑問六に対する結論》〔その五〕**でも論証したとおり、ローマ教皇は歴代国王に対し、その掟に違反すれば、大罰を命じられたのである。

〔その二〕

カスティーリャ王国を治める我らが主君、カトリック教精神に溢れる国王は、自らの救霊を得るためには、ペルーの数かずの王国をグァイナカパックの孫にあたるインガ王、すなわち、先記の数多くの王国を受け継いでいる人物〔ティトゥ・クシ・ユパンキ〕に返還しなければならない。また、我らが主君は、インガ王以外の支配者たちに対しても、領地を与えなければならない。

　この結論は以下のとおり論証される。つまり、スペイン人は、かつてグァイナカパックの祖父〔パチャクティ〕が支配していたペルーの王国を、その正当な継承者が存在するにもかかわらず、圧制的に支配しているからである。すなわち、グァイナカパックには、ティト〔ティトゥ〕および三人か四人の孫がいて、インディオたちはそのうちの一人、ティトを王と仰ぎ、アンデス山中に立て籠っている。また、この疑問が記しているように、アンデス以外の土地でスペイン人と暮らしているインディオたちも、ティトを恭しく王と仰いでいる。

（すでに**《第七原則》**や**《疑問三に対する結論》〔その二〕**で論証したとおり）現にペルーの王国は暴力的に支配され、このティト王、つまり支配者とその他の諸侯たちは、正義に反して王国を奪われている。その一方、例のスペイン人たちは国王陛下に仕える臣下でありながら、陛下の意思に反して、国王の権威、あるいは、国王の名のもとに、ペルーの王国を奪い、わが物とし、そうして、計り知れない暴力や不正、殺戮を働いている。したがって、我らが国王は、自らの救霊を得るためには、ペルーの王国を本来の支配者に、その他の諸公には、館や農地を返還する義務を負っている。この帰結は**《疑問六に対する結論》〔その二〕**で、余すところなく、論証されている。

つぎに、この結論は以下のように立証される。すなわち、いと敬虔なるスペイン国王は、配下の臣下の所為で過去同様現在も、取り返しのつかないほど甚大な害を蒙っている人びとに対し、正義を実践しなければならないからである。正義の実践は教会の掟に記されており、正義の不履行は大罪を犯すに等しい。したがって、国王はインディオたちに対して、彼らの王国で賠償を実行し、彼らが蒙っている苦しみを取りのぞかなければならない。

三番目に、国王陛下は、もしインディオに彼らの王国を返却しないか、あるいは、返却したふりをしつづければ、例のスペイン人たちが犯している罪や行っている略奪の共犯者となり、それらの不法行為を容認するのと変わらない。なぜなら、「彼らは、このようなことを行う者が死に値するという神の定めを知っていながら、自分でそれを行うだけではなく、他人の同じ行為をも是認している」(『ローマの信徒への手紙』第一章〔第三二節〕)からである。また、教令集には、数多くの法規で、不法行為を実行する人だけでなく、それに同意する人も、当事者とみなされる、と記されている。苦しみに喘ぐ人たちからその苦しみを取り除くのは善であるが、悪人に反対するのを怠るのは悪人を支援するのに等しい。すなわち、殺人あるいは略奪が行われるのを黙認するのは、実際にそれを実行しているのと同じくらい、責任が重いのである(〔『教会法典』第八六章〕「罪を犯す」、「過ち」と「同意」の章、〔『グラティアヌス教令集』〕事例一一問題三「同意する」および事例二三問題三「証明する」、事例二四問題三「他の目的に」の章と〔『グレゴリウス九世教皇令集』第五巻第一二章の〕「殺人」の章)。

四番目に、もし我らがカスティーリャの歴代国王がペルーの王や支配者に本来の地位を返還しなければ、とりわけ例の暴君たちが、まるで我らが歴代国王からわざわざ実行を命じられたかのように、歴代国王の名のもとに振舞っているので、歴代国王がその甚だしい罪を容認し、承諾したかのようにみなされるからである。そのうえ、暴君たちは自分たちの振る舞いを自画自賛している。殺人や略奪を黙認するのはその実行を命じたのと同様、責任を伴う〔バルトロメオとバルドゥスの〔『勅法彙纂』の〕最終巻「マケドニアの人びとへ」〕、パウロ・ディ・カストロの『忠告』第一六三番を参照〕。〔『学説彙纂』第二九巻の〕「取得あるいは放棄される遺産」の章の第二五節第四項によれば、〔ある人物の行為を〕認めるのは命じることに等しい。

五番目に、それは、もっぱら国王がインディアスにいるスペイン人の後ろ盾になっていることと、スペイン人にとり、自己防衛をする際、国王が難攻不落の城や要塞のような存在であることに起因する。彼らは国王に一文も払わずに、安心して圧制を行っているのである。つまり、彼らは各自、所有するレパルティミエントから毎年、一五〇万〔ペソ〕かそれに近い収入を得ているが、国王はびた一文も手に入れていない。この件に関しては、当該問題を統轄する人たちが、たとえ神に対し微塵も畏怖の念を抱いていなくとも、〔せめて国王の名誉を守るためだけにでも〕この状況に対処し、改善すべきであろう。国王が現に蒙っている欺瞞的行為は甚だしい。我らが陛下も同様であるが、国王たる者は、スペイン人が日毎、犯している圧制の罪を神に報告するとともに、彼らが略奪したものを賠償しなければならず、略奪品から一ペソ分たりとも、持ち去ってはならない。

〔その三〕

もしスペイン国王がペルーの支配者に王国を返還した場合、エンコメンデロが自ら所有するレパルティミエントを失うのを快く思わず、国王に反旗を翻すかもしれない。その時は、スペイン国王は彼らに苦しめられている無辜の人びと〔インディオ〕を解放するため、エンコメンデロに戦いを挑み、必要なら、自らの生命を犠牲にしなければならない。

この結論は以下のように立証される。インディアスに暮らしている人びと、つまりインディオはカスティーリャ・レオン王国の歴代国王に委ねられており、すでに**《第三原則》**、**《第四原則》**、**《第五原則》**ならびに**《第六原則》**で述べたように、カトリック両王自身、彼らに対する責任を引き受けられた。インディオはいっさい罪を犯してもいないのに、スペイン人は彼らを破滅へ追いやったのだから、国王はその無辜の人びとをスペイン人の圧制から解放し、スペイン人に罰を下さなければならない。すなわち、われわれ

〔宣教師〕はこれまで、インディオが抑圧されるのを一度たりとも許したことがなかったし、もしとくになんらかの必要が生じた場合には、抑圧に抗議してきた。あなた方はそのことを知る必要がある。と言うのも、われわれは、わが羊の群れの仇を討つ復讐者、主として、その協力者にならなければならないからである。われわれはローマ教会およびその臣下が蒙る害を看過することができない。われわれは逆境を知ると、その都度、適切な処置を講じるように対処してきた。このことは〔『グラティアヌス教令集』第二部〕事例二三〔問題二〕の「我らが主」の章、「常識」の第二章ならびに「略奪者の賠償」の第一章に明記されており、ホスティエンシスも次のように記している。「私たちはローマ教会とその臣下たちが蒙る損害を見過ごすことはできない。つまり、不都合な事実を知ったのち、私たちは時宜に適った対策を分担することを思いついた」と。したがって、(神の法と自然の法、それに、聖なる教会法や法令によれば、)たとえスペイン人が全員、死に絶えることになっても、厳格な対応とこの上なく厳しい罰は履行されなければならない。なぜなら、神や人類を傷つける僅かばかりのスペイン人の幸福よりも、あの無数の人びとの幸福と生命、救霊と信仰の恵みが優先されなければならないからである。スペイン人は信仰の恵みを妨げるどころか、インディアスという世界を隅から隅まで汚辱してしまっている。容赦するという行為は、罪を犯した人に対して厳格な態度を採らなかったり、あるいは、慈悲を垂れたりすることではない。手に負えない罪人の頑迷な心は留まるところを知らないからである。聖トマスは次のように記している。「大勢の人びとが仕える君主の犯す罪は、処罰されても、その結果、大勢の人の身に、精神的にせよ、一時的にせよ、醜聞を凌ぐ弊害が降りかからないかぎり、容赦されなければならない」(『神学大全』第二論集第二部第一〇九〔正しくは第一一〇〕問題第一項)。

つまり、例のスペイン人たちが犯した罪は、世俗的な面でも霊的な面でも、インディアスに暮らしている数限りない無数の人びとにとり、あまりにも重大かつ有害なので、大勢の人びとの救霊と保護を実現するうえで、スペイン人の身に降りかかる躓きは数えきれないほど夥しい。すでに引用した作品以外にも、同じ趣旨のことが記されている註解書は数多ある。例えば、〔『グラティアヌス教令集』第一部〕第四五区分の「それゆえ」の章が挙げられる。また、前掲書第五〇区分の「任用に備えて」の章や第四四区分の「宴」の章および〔『グレゴリウス九世教皇令集』第一巻第三六章の〕「取引の見込みから」に挙げられている註解書および学識者もその例に当たる。

同じく、この三番目の結論は以下に掲げる聖書の言葉によっても論証される。まず、

『出エジプト記』第二二章にある「すべて獣と寝る者は必ず死刑に処せられる」〔第一八節〕という文や、『申命記』第一九章にある「あなたは憐れみをかけてはならない。命には命、目には目、歯には歯、手には手、足には足を報いなければならない」〔第二一節〕という文、それに、『列王記上』第二〇章では、王アハブについて、「わたしが滅ぼし去るように定めた人物をあなたは手もとから逃がしたのだから、あなたの命が彼の命に代わり、あなたの民が彼の民に代わる」〔第四二節〕と記され、さらに『列王記上』〔『サムエル記上』のこと〕第一五章には、サウルは〔アマレクの〕王アガグを許し、神の命令に背いてアマレク人に報復を行わなかったので、王国から追われ、子孫は全く途絶えてしまった、と記されている。

祭司のエリは実の息子たちを厳しく処罰せず、優しく窘めただけだった。つまり、エリの息子たちは人びとに害を加え、神に対しては不遜な態度をとり、好き勝手に略奪を働き、人びとが神に供物を捧げたり、信仰心を示したりするのを妨げていた。エリは息子たちのそのような振る舞いを聞き知って、彼らに向かってこう語った。「なぜそのようなことをするのだ。わたしはこの民のすべての者から、お前たちについて悪いうわさを聞かされている。息子らよ、それはいけない。主の民が触れ回り、わたしの耳にも入ったうわさはよくない。人が人に罪を犯しても、神が間に立ってくださる。だが、人が主に罪を犯したら、誰が執り成してくれよう」〔『サムエル記上』第二章第二三〜二五節〕。しかし、エリは息子たちにそれ相応の死を与えなかったので、神の声に耳を傾けなければならなかった。神は預言者を通じてエリにこう告げられた。「息子たちが神を汚す行為をしていると知っていながら、とがめなかった罪のために、エリの家をとこしえに裁く、と」〔『サムエル記上』第三章第一三節〕。したがって、(『列王記一』〔『サムエル記上』〕の第二章と第四章によれば)神は、ペリシテ人が大軍を率いてやってきて、三万人ものイスラエルの人びとやエリの息子たちを殺害し、さらに神の箱を奪い、冒瀆するのを許された。エリはその報に接するや、苦悩のあまり、座していた席から崩れ落ち、命を失った。グラティアヌス〔?〜一一六〇年? イタリアの教会法学者で矛盾する教会法令の調和を図ったことで有名〕によれば、息子が裁判官を殴打して残酷な害を加えたとき、エリは偽りの慈悲心に負けて、罪を犯した息子たちを傷つけまいとした。それゆえ、エリの耳元に、汝は私よりも息子たちを称えた、という神の声が届いたのである。

　さて、現在、神に対する聖なる信仰と犠牲を通じてあの無数の人びとを信仰の光で照らすのを妨げ、神に対しこの上ない不敬を働いているのはいったい何者だろうか。インディアスにいるスペイン人以上に、破滅的で有害な人びとはいるだろうか。したがって、この件について、スペイン人の圧制からインディオを解き放つよう報告するのは、その結果、たとえ陛下ご自身の御身に大いなる危険が及ぼうとも、我らが君主である国王陛下に大いに仕えることになり、陛下の霊魂が永遠に至福を得るのを慮ることにもなる。それゆえ、われわれの下した結論は間違っていない。

《警告》

現在アンデス山中に身を潜めているペルーのインガ王〔ティトゥ・クシ・ユパンキ〕を誘い出すために実行しなければならない命令[21]。

まず、すでにその支配者〔インカ王〕と面識のある清廉潔白な聖職者であるクスコの司教総代理〔クリストバル・ヒメネス〕、ならびに、この上なく分別を弁えた立派な聖職者で、しかも、その土地の言葉〔ケチュア語〕に精通した人物を数名、選んで派遣する。その際、聖職者一行は国王陛下の署名入りの書簡ならびに国王からの贈り物を、いくばくか携行し、国王の名代として、当の支配者に対し口上を述べる。その時、一行は、国王陛下がスペイン人によって当の支配者および前任者などに加えられてきた数かずの不正や害に通暁し、事態を誠に遺憾に思われている旨を伝える。さらに、一行は、以下に見るように、国王陛下にあっては、救済できることは可能な限り、一つ残らず実行に移す決意を固められた旨を伝達する。また、一行は国王陛下になり代わって、同支配者に対し、本人は言うまでもなく、親類縁者や部下、その他の人びとに対しても、まごうことなき身の安全と自由を保障し、支配者本人に対しては、安住の地、支配者に従うインディオのためには、快適な生活が送れる村々、加えて、支配者と行動を共にしている領主たちにも、その地位に応じて、快適な生活を送れる土地を割り当てることを告知する。その際、一行は、国王陛下が支配者に対して、それらの村が永遠に支配者に帰属する旨を約束していることに加えて、陛下にあっては、同支配者にそれ以上のものを贈与する意思があることも伝達する。

その結果、彼らがキリスト教徒の住む土地へ導かれたならば、イエス・キリストがわれわれに示された方法や手順に従って、彼らに我らが聖なるカトリックの信仰について、十分に時間をかけて、正確に教え込むこと。そして、もし彼らが自発的にカトリックの信仰を受け入れれば、われわれが信じなければならないことだが、彼らは、我らが主キリストがその代理人、つまりローマ教皇に、至高の卓越さと神聖な権力を伝授されたことを容易に納得することだろう。したがって、聖職者たちは、すでに《第七原則》の最後の理由などの箇所で述べた手続きを実行に移す必要がある。すなわち、聖職者たちは彼らを説得し、ローマ教皇がカスティーリャ・レオン王国の国王をインディアスという広大な世界の支配者たる地位へ昇格させ、任命したという事実を承諾し、納得するよう、努めなければならない。ただし、そのためには、その事実の認否が彼らに委ねられていることを伝える必要があり、その認否には、一抹の恐怖心や猜疑心も介在してはならない。と言うのも、いかに些細であれ、恐怖心や猜疑心が介在すれば、われわれの行為はことごとく、無に帰すからである。つまり、すべてが無効になるのである。換言すれば、われわれは常々、我らが主君、カスティーリャ王国の歴代国王の良心の確保に努めており、スペイン全体が過去に陥った過ちを脱し、正当に獲得したものをインディアスから初めて受納するには、万事がこの上なく厳格に実行されるよう、大いなる配慮が払われなければならない。

ローマ教皇によるカスティーリャの国王の昇格〔インディアスの支配者として君臨すること〕がいったん承諾されれば、次に、**《第七原則》**で指摘したように、両者の間で、諸々の条件や契約の交渉が行われなければならない。つまり、我らが君主、カスティーリャの国王はインディオに対し、良き統治を保証し、キリスト教の信仰と教えに抵触しないかぎり、彼らの伝統的な掟、法律や習慣を遵守する旨を約束しなければならない。また、現在、国王陛下が直轄したり、エンコメンデロが所有したりしている村落は一つ残らず、彼らに与え、返却される。ただし、現にエンコメンデロが所有する村落に関しては、その有資格者がいなくなった場合に限る。

同じく、スペイン人が居住する町および村落や、彼らの所有する共有地《エヒード》の区域は、可能な限り制限され、縮小され、必要以上に拡張されてはならない。同じことは教会、修道院や慈善施設の場所にも、適用される。それ以外の土地は例外なく、もしその土地のインディオが生存していれば、彼らに返還し、委ねる。それら教会関係の施設が建てられた土地や農地《チャカラ》は彼らのものだからである。しかし、もしその土地のインディオが亡くなって現存しない場合、土地は彼らの後継者に返還し、委ねる。もしその後継者も不在の場合は、土地は王のティト〔ティトゥ〕・インガに委ねられる。それは、ティト王が適当と判断するインディオたちに分与するためである。そして、その土地で、インディオたちは日々の暮らしを送り、田畑を耕し、家畜を飼育することになる。

同じく、インディオが汗水を流して働き、命を懸けて耕した土地や、彼らが築いた建物の代価を例外なく、賠償する。また、スペイン人は黒人、あるいは、インディオ以外の人を働かせて築いた建物の代価も支払わなければならない。そのような建物も一つくらいはあるだろう。それらの建築物もスペイン人のものではなく、インディオのものである。スペイン人が他人の土地に建設したからであり、したがって、すでに**《疑問二に対する結論》〔その五〕**や**《疑問五に対する結論》〔その一〇〕**で述べたように、スペイン人はそれらの建物も失う。

一方、インガ王ならびに王に従う人びとの側からは、カスティーリャ・レオン王国の国王に対する敬意と服従、それに永遠なる忠誠と忠義が約束されなければならない。また、インガ王とその後継者はカスティーリャ・レオン国王の普遍的な支配権を承認し、それに従う証《あかし》として、毎年、国王に対し、自然の法に従って妥当な量の金や銀を差し出さなければならない。以上の条件や取り決めの最後に、両者の間で、この上ない真摯な態度とキリスト教の精神に基づいて、それらの諸条件を遵守する旨が宣誓されなければならない。インガ王ならびにその後継者は、いくつかの法的行為を通じて、国王陛下ならびにカスティーリャ・レオン王国の王位継承者を上位の君主もしくは保護者として受諾する旨を明らかにし、それ以外では、まったく自由に臣下を治めることになり、その結果、インガ王はペルーの王国を平和に治める権利を与えられ、以後、上位者と認められる。

過去にインディアスからカスティーリャの歴代国王のもとへ運搬されたり、歴代国王が手に入れたりした財産に関しては、聖職者一行はインディオたちを説得して、彼らから自由意思に基づく黙許を得ることができる。と言うのも、かつて数多の船舶に積載されてスペインへ輸送された金や銀を、以前と同様に、数多くの船に乗せて返還し、賠償するのは至難の業だからである。また、一行はインディオたちに、今後、スペインの国王が僅か一握りの金や銀しか運び出さないのはいわば賠償の一環であることを理解させる。とは言え、持ち出される金や銀の量に関しては、インディオたちに明示され、彼らの合意を取り付けなければならない。

同じく、聖職者一行はインディオたちを説得して、スペイン人から受けた害、辱め、殺戮、虐待、破壊や荒廃を宥恕してもらえるよう、努めなければならない。なぜなら、それらの害は、どれほど財貨を積んでも、賠償することが不可能だからである。そうすれば、スペイン人はペルーで平穏な生活を送るようになり、現在ペルーの王国を覆っているような大きな不安や混乱状態は収まりはじめるだろう。

以上が、カスティーリャ・レオン王国の国王が、自然の法と神の法にもとづいて、インディアスという帝国、すなわち、比類なき世界に足を踏み入れ、法律上、正当な所有権を確保し、インディアスにおいて、また、インディアスに対して、実際に管轄権を行使するためには、是非とも実行しなければならない命令であり、通過しなければならない扉である。今後、過去に行われたことが繰り返されたり、ここに記した事柄とはまったく無関係なことが実行されたりすれば、いずれも、なんら価値がなく、したがって、インディアスに対する国王の管轄権は法律上の要件を満たさない権利に過ぎなくなる。つまり、今日に至るまで、我らが国王陛下はある事柄〔インディアスの支配者より上位に君臨すること〕を可能にする権利を有したが、それを現実のものとする権限を与えられたわけではない。すなわち、それはあくまでインディアスの王国よりも上位に立てるという権利にすぎなかった。換言すれば、国王陛下にとり、上位に君臨する権利は現実のものにはならなかったのである。と言うのも、**《第六原則》**で立証したとおり、インディアスの支配者や人びとから同意を得られなかったからである。そのうえ、**《第七原則》**および**《疑問六に対する結論》**〔**その二**〕で触れたように、スペイン人が専横的に足を踏み入れ、暴君のごとく振舞いつづけたことが、その妨げとなった。また、これまでにインディアスの世界で達成された軍事的勝利は暴君の手で行われたので、法律上、無効に等しいからでもある。したがって、万事がその名高き地位にふさわしくなるよう、改めてその基礎を建てなおす必要がある。

さて、インガ王がペルーの王国を取り戻すのをよしとしない人びとに関して言えば、その疑問の根底には、二つの主張があるので、それに答えなければならない。一つは、ティト・インガが復位すれば、〔スペイン支配を打倒すべく〕インディオがいっせいに蜂起するだろうという主張である。この主張に対して、私はこう答える。まず、彼らがそう主張するのは、スペイン人が暴政を敷いているからであり、不正に入手したものを手放したくないからである。二番目に、噂によれば、四万人以上の部下を従えたアタバリバを捕らえるのに、およそ一七〇人でこと足りたとすれば、また、その後ペルーの王国に暮らしていた無数の人びとを服従させるのに、その人数で十分だったとすれば、現在、王国にはおよそ六〇〇〇人か七〇〇〇人にものぼるスペイン人が暮らし、無数の馬や火縄銃など、ありとあらゆる武器が揃っているのに、どうしてかつての人口の半分にも満たないインディオが決起するなどと考えるのだろうか。

二番目の主張、すなわち、例のティト王は〔復位すれば〕、部下のインディオがキリスト教に関する事柄を知るのを妨げ、混乱させるだろうという主張があるが、私の考えるところ、ティト王は部下のキリスト教への改宗を妨害するどころか、逆に改宗を支援するだろう。たとえインディオにとり、霊的な面での幸せ以外に理由がなくとも、それだけで、ティトが復位するのは十分であろう。と言うのも、ティトは部下のインディオにキリスト教へ改宗するよう、説得すると考えられるからである。ティトが現在身を置いている場所〔ビルカバンバ〕を離れず、キリスト教徒になった場合、おそらくペルーのインディオは本当の意味で、キリスト教徒にはならないだろう。なぜならインディオはティトを愛し、敬い、従っており、その状況は、現在ティトが身を潜めている場所だけに限らず、その範囲をはるかに越えているからである。つまるところ、ティトがキリスト教徒でないから、ティトに従う人びとも、キリスト教徒ではないのである。

次に言っておくが、部下であるインディオは、自分たちの王がキリスト教を信じ、その地位と威厳を失っていないのを知れば、これまでに蒙った迫害に終止符が打たれたと判断し、我らがキリスト教信仰に親近感を抱き、我らがキリスト教に関わる事柄に愛情を抱きはじめることだろう。

しかし、思うに、ペルーの状況が依然として現状のまま変わらなければ、インディオが改宗するなど、神の偉大なる奇跡と言わざるをえない。なぜなら、インディオはわれわれのことを、われわれの説いていることや我らが信仰の教えることとは正反対の存在と見なしているからである。つまり、インディオは、われわれが彼らの財産、地位や領土、さらには人格まで支配している、と考えているし、それこそが、われわれがペルー王国で手に入れたいと望んでいることだ、と判断しているのである。

《疑問一二に対する結論》

《疑問一二》で取り上げられているスペイン人は例外なく、立派な信仰心の持ち主ではなく、彼らの信仰心たるや、かつて殉教者の生命を奪い、切り刻んだ異教徒が抱いていた信仰心や、今日、トルコ人がキリスト教を信じる人びとを迫害する際に抱く信仰心と変わりない。まして、それは克服しがたい不知〔止むをえない不知〕どころではない。

この結論は**《第八原則》**で十分に立証される。その立証を否定したり、あるいは、不満に思ったりする人は、むしろ、この論争から排除されてしかるべきである。

それが衣服であろうと貨幣であろうと、あるいは、金もしくは銀であろうと、羊であろうと、所有者不在の財の賠償を実行する方法は**《疑問八に対する結論》〔その二〕**に記されているとおりである。

補注

(1) 一四九三年五月四日付で発布されたローマ教皇アレクサンデル六世の大教書で、「贈与大教書」(Bula de Donación)と呼ばれる。一四九二年一〇月一二日、スペイン王室の支援の下に西方航海に乗り出したコロン(ブス)が新しい世界(インディアス、具体的にはカリブ海に浮かぶアンティール諸島)に到達したため、スペインとポルトガルの間で、海外の管轄領域をめぐって紛争が発生した。紛争の調停に入ったローマ教皇はアフリカ大陸の西方に広がる大西洋上に観念上の子午線(分界線《リネア・デ・デマルカシオン》と呼ばれる)を引き、その西側をスペイン(カスティーリャ・レオン王国)領、東側をポルトガル領と定めた(史上初の世界二分割統治)。その後、イベリア両国の間で分界線の位置をめぐって協議が行われ、子午線をさらに西方へ移動するトルデシーリャス条約が締結された(一四九四年六月)。その結果、南アメリカの一部(現在のブラジル)がポルトガルに属することになった(参照　合田昌史『マゼラン――世界分割(デマルカシオン)を体現した航海者』京都大学学術出版会、二〇〇六年)。

(2) エンコミエンダ encomienda (レパルティミエント repartimiento)と呼ばれる制度。正式にはエスパニョーラ島(現在ハイチとドミニカ共和国に二分)の初代総督ニコラス・デ・オバンドが導入した制度(一五〇三年一二月)。エンコミエンダ(委託)の目的は征服者《コンキスタドール》や植民者にインディオのキリスト教化を委託する見返りに、エンコメンデロ(エンコミエンダを割り当てられた征服者《コンキスタドール》や植民者)には、委託された村落に住むインディオの労働力を利用して生活の保障を得ることが認められた。しかし、エンコミエンダはすべての征服者《コンキスタドール》や植民者に割り当てられたわけではなかったので、エンコミエンダの分配に与れず、しかも、異なる気候風土や食物や、時に先住民インディオの敵対的な態度により、渡航前に抱いていた蓄財が見果てぬ夢におわる状況へ追い詰められたスペイン人にとり、帰国するか、新天地に留まって裕福なエンコメンデロに寄生するか、新しい征服遠征に参加するか、それとも、放浪者となって不安定な生活を送るかのいずれかの道しか残されていなかった。一方、エンコミエンダは導入後間もなく、割り当てられたインディオにキリスト教教育を施し、彼らの改宗化を図るという義務は座視され、もっぱら権利のみが主張され、奴隷制と変わらなくなった。その要因としては、エンコミエンダを受領した征服者《コンキスタドール》の中に、インディオにキリスト教教育を授けるような篤信的な人物が少なかったことが挙げられるが、それ以外に、「インディアス事業」と呼ばれた西方航路による新しい世界の征服・植民事業が王室直轄の形をとりながら、実質的には個人(遠征を企てる司令官《カピタン》=征服者《コンキスタドール》)の主導権に依存していたことがある。「国土再征服運動《レコンキスタ》」を完成したばかりのキリスト教国家スペインの王室には、投機的性格の強い海外発展事業(「インディアス事業」)に投資するだけの財政的な余裕などなかったからである。したがって「インディアス事業」は個人が主導する私企業的性格を帯びていたため、インディアスの実態(征服戦争の残虐性、インディオの大量死やキリスト教化の遅延、数多くの豊かな貴金属鉱山の存在など)が明らかになり、その経済的重要性が判明するにつれ、王室は可能な限り個人(エンコメンデロ)の特権を制限する方向へ政策を転換していった。一方、事業主体である征服者《コンキスタドール》・植民者はエンコミエンダの受領を、時には敵対的な環境の下で征服・植民事業に従事するいわば自己犠牲に対する当然の代償とみなした。その結果、主に一六世紀前半から後半にかけて、とくにエルナン(エルナンド)・コルテスによるメシーカ(アステカ)王国の征服以後、エンコミエンダ制はその受領資格や期間並びに制度自体の存廃をめぐって、スペインおよびインディアスで激しい議論が戦わされた。とくに征服後に建設されたリマ市(一五三五年一月)を首都とするペルー副王領では、メシコ・テノチティトラン(メキシコ市)を中心とするヌエバ・エスパーニャ副王領と異なり、王室のエンコミエンダ政策はスペイン人社会に大きな不安を惹起し、スペイン人同士の内戦状態を招いた(ピサロ派とアルマグロ派の対立、ゴンサロ・ピサロの反乱、フランシスコ・エルナンデス・ヒローンの反乱など)。なお、「レパルティミエント」という用語は植民地時代前半、征服者《コンキスタドール》に対して一定領域内に住むインディオを割り当てることを指し、「エンコミエンダ」とは、その割り当てを国王から委託された世襲的権利とするものだが、ラス・カサスは「レパルティミエント」と「エンコミエンダ」をほぼ同義語として用いている。また、植民地時代、「レパルティミエント」という用語が「強制的な物資配給制」とか「有償の労働力徴発制」という意味で使われることもある(参照 チャールズ・ギブソン『イスパノアメリカ——植民地時代』染田秀藤訳、平凡社、一九八一年)。

(3) 一六世紀も半ばを過ぎると、ペルーのスペイン社会は征服者《コンキスタドール》の時代から植民者の時代へと世代交代期を迎え、武力(征服)を介して手に入れたエンコミエンダをもとに蓄財に励んだスペイン人たちにとり、キリスト教徒としての人生の最期の迎え方が大きな関心事になった。すなわち、彼らにとり、「終油の秘蹟」を授かることが重要性を帯びてきたのである。と言うのも、ちょうどその頃、ラス・カサスが著した『聴罪規範』*Confesionario*(一五五二年九月、セビーリャで印刷刊行)がペルーのドミニコ会士の手にわたり、彼らが説教や講話の際にラス・カサスの主張を繰り返し訴えていたからである。『聴罪規範』は、ラス・カサスがチアパ司教(現在のメキシコ南部)としてヌエバ・エスパーニャ副王領に滞在中(一五四六年半ば)に執筆した作品で、聴罪司祭が告解の秘蹟授与の際に遵守しなければならない一二項目の規則を記した実践上の手引書である。それら一二の規則は、告白者が征服者《コンキスタドール》(第一~第六規則)、エンコメンデロ(第七~第八規則)、インディオ奴隷を所有する植民者(第九~第一〇規則)、征服者《コンキスタドール》やエンコメンデロなどに武器や物資を売却する商人(第一一規則)ごとに定められている。例えば、第七規則によれば、告白者がエンコメンデロで、しかも、臨終の床にある場合、聴罪司祭は終油の秘蹟を授ける前に、告白者に対し、彼が過去に手に入れた財産をことごとく、インディオかその子孫、あるいは、インディオの出身村落に賠償する旨を約束させなければならなかった。このように「告白」を社会正義の実現（インディオに対するスペイン人の賠償義務の履行）の手段とみなした『聴罪規範』は征服者《コンキスタドール》や植民者のみならず、植民地当局ならびに王室や教会関係者からも激しい批判を浴び、一五四八年一一月、勅令により回収が命じられた。しかし、『聴罪規範』は一五五二年にセビーリャで『インディアスの破壊についての簡潔な報告』など、ラス・カサスの他の論策（七篇）と共に印刷され、インディアスにも送られた。その結果、ラス・カサスの賠償義務論は、とくにエンコミエンダをめぐり不穏な状況に置かれたペルー副王領で伝道活動に従事していたドミニコ会士たち（とりわけその中心人物は本文でも引用されるドミンゴ・デ・サント・トマス神父）に大きな影響を及ぼし、スペイン人社会を不安に陥れた（参照　染田秀藤『ラス・カサス伝――新世界征服の審問者』岩波書店、一九九〇年／Lohmann Villena, Guillermo, "La restitución por conquistadores y encomenderos: un aspecto de la incidencia lascasiana en el Perú", *Anuario de Estudios Americanos*, XXIII, Sevilla, 1966, pp. 21-89）。

（4）インカ支配期、アンデスのインディオに義務づけられたのは、インカ王に対する一定量の生産物の供出ではなく、主として「労働力」の提供であったため、貨幣経済が未発達だったアンデス社会では「労働」がいわば「税」の役割を果たしていた。したがって、スペイン支配下、貨幣経済が導入され、貢租額(税としての生産物の数量化)が規定されると、社会構造が大きく変化せざるを得なくなり、「垂直統御《ヴァーティカル・コントロール》」と呼ばれる伝統的な社会・経済構造は崩れていった(参照　ナタン・ワシュテル『敗者の想像力――インディオのみた新世界征服』小池佑二訳、岩波書店、一九八四年)。

(5) スペイン人の侵略に直面して、インカ王族内部に亀裂が生じ、一五三六年五月、抗戦派を率いたマンコ・インカ(第一一代インカ王ワイナ・カパックの子。スペイン人のクスコ侵略後、いわば傀儡のインカ王として即位)がクスコを包囲し、いわゆるペルーの「国土再征服運動《レコンキスタ》」を開始した。一時期、スペイン人の間で激しい対立(ピサロ派とアルマグロ派)が生じたことで、マンコ軍の形勢が有利に展開したこともあったが、結局、一五四四年中葉、アンデス山中のビルカバンバに陣を構えたマンコはスペイン人に暗殺された。マンコ亡きあとインカ王位を継いだサイリ・トゥパクは植民地当局との和平交渉に応じ、アンデスを離れてリマ市へ赴いたが、一五六〇年に死亡。一方、マンコ・インカのいま一人の息子で、スペイン人に不信感を抱いてビルカバンバに残留したティト(ティトゥ)・クシ・ユパンキは、サイリ亡きあと、インカ王に即位し、徹底抗戦をつづけた(参照　エドムンド・ギエン『インカ最後の都　ビルカバンバ』寺田和夫監訳、時事通信社、一九七七年/染田秀藤『大航海時代における異文化理解と他者認識――スペイン語文書を読む』溪水社、一九九五年、第三部「インディオの証言」)。

(6) ティト(ティトゥ)・クシは一五三〇～三二年頃にマンコ・インカ(一五三六年五月にクスコを脱出して武装蜂起し、ビルカバンバ地方のビトコスに反スペイン運動の拠点を移した)の子として生まれ、父に同行してビトコスへ移った。しかし、一五三七年、ビトコスがスペイン人の攻撃を受けた時、母親のカタリナ・タイピスケとともに捕らえられてクスコへ連れ戻され、スペイン人に身柄を預けられた。その後、一五四一年、父マンコが派遣した使者の手引きで、首尾よくクスコを脱出し、ビトコスで父マンコとの再会を果たし、以後変わることなく父と行動を共にした。このように、ティト・クシは幼少のころ、一時期をクスコでスペイン人と過ごした結果、カスティーリャ語(現在のスペイン語)を習得する機会に恵まれた。因みに、ティト・クシはその後(一五七〇年初頭)混血の秘書の手を借りて、父マンコが武装蜂起するに至った理由など、いわゆるペルーの「国土再征服運動《レコンキスタ》」にまつわる詳細かつ貴重な情報をスペイン語で口述筆記させた(参照　ティトゥ・クシ・ユパンギ述『インカの反乱――被征服者の声』染田秀藤訳、岩波文庫、一九八七年)。

(7) ラス・カサスは大著『インディアス史』*Historia de las Indias* の第三巻第四章でモンテシーノスの説教を取り上げ、こう記している。「…(フライ・アントーン・モンテシーノ神父は)このエスパニョーラ島のエスパーニャ人たちの良心が、いかに不毛の荒野となっているか、また、彼らがいかに盲目の状態に陥っているかを、激しい口調で説きはじめた。…神父はこう言った――「私がいまこの壇上へ上がったのは、こうした危険(大罪を犯したまま死んでゆくこと」について、あなた方に自覚をうながすためです。この島の荒野におけるキリストの声、私がその声なのです。…その声は、あなた方がこれまでに聞いた最も耳新しいものでありましょう。…この声こそは、インディアスの無辜の民に対して残虐をおこない、暴虐をくわえることによって、あなた方のすべてがいま大罪を犯しつづけており、その大罪に陥ったままで生き、かつ死んでゆくことを告げ知らせる声なのです。…一体、これらのひとびとは人間ではないというのか。彼らの霊魂には、理性がそなわっていないというのか。あなた方はおのれを愛するごとく、彼らを愛すべきではないのか。…さあ、悟りなさい、そのような状態のままでは、イエズス・キリストの信仰をもたず、もつことを望まぬモーロ人やトルコ人と比べても、彼ら以上にあなた方がみずからの霊魂を救うことは絶対に不可能なのだと」…」(『インディアス史(五)』長南実訳、石原保徳編、岩波文庫、二〇〇九年、三〇〜三二頁)。

(8) 中でも有名なのは、インディアス関係の最初の植民法典となる『ブルゴス法』Leyes de Burgos(一五一二〜一三年、全文三五条)と法学者フワン・ロペス・デ・パラシオス・ルビオスがフェルナンド王の要請を受けて作成した《降伏勧告状《レケリミエント》》Requerimiento と呼ばれる文書(一五一三年)である。スペイン人は新しい土地に上陸してインディオと初めて遭遇した際、直ちに武力を行使するのは違法行為とみなされ、まずインディオに、渡来の目的(キリスト教の布教とインディオの改宗)を記したその《降伏勧告状《レケリミエント》》を読み聞かせ、その後に彼らに帰順を求めることになった。しかし、同文書はカスティーリャ語で作成されていたことからも容易に推測できるように、スペイン人の自己満足にすぎず、実効性はなかった（参照　ルイス・ハンケ『スペインの新大陸征服』染田秀藤訳、平凡社、一九七九年）。なお、《降伏勧告状》《レケリミエント》はペルー征服の際も実施され、カハマルカでインカ王アタワルパと征服者《コンキスタドール》ピサロが遭遇した際、ラディーノ（スペイン語の解るインディオ）のフェリピーリョが通弁として立ち会ったが、彼が同文書の内容を正確にケチュア語に翻訳してアタワルパに伝えたかどうかは定かではない（線画1参照。右端で手を上げているのがフェリピーリョ）。

（9）スペイン人による征服・植民活動がカリブ海域から大陸《ティエラ・フィルメ》へと拡大するにつれて、エンコミエンダ制をめぐる王室と征服者《コンキスタドール》の対立は先鋭化していった。エンコミエンダ制をめぐる王室と征服者《コンキスタドール》の軋轢はエルナン・コルテスによるメシーカ（アステカ）王国の征服（一五二一年）を契機に激しさを増し、インディアスに王権の確立をめざす国王の意図（一五二九年、エンコミエンダ廃止令）は無視され、以後、エンコミエンダの二世代所有令（一五三六年）など、エンコメンデロに対して妥協的な政策が採用された。王室のそのような日和見的なエンコミエンダ政策に大きな変化がみられたのがエンコミエンダの段階的廃止を規定した「新法」の制定・公布である（参照　ルイス・ハンケ『スペインの新大陸征服』前掲書、第二部・第三部）。「新法」（一五四二〜四三年）は正式には「インディアスの統治およびインディオに対する正当な扱いとその保護を目的として、国王陛下が新しく制定された法令ならびに命令」Leyes y ordenanzas nuevamente hechas por su Majestad para la gobernación de las Indias y buen tratamiento y conservación de los indios(全四〇条)といい、インディアスにおける王権の確立とインディオの保護を主眼とした植民法。とりわけ、インディオの保護およびキリスト教化とエンコミエンダ制が両立しないことを前提に、新しいエンコミエンダの下賜を禁止し、現存するエンコミエンダはその所有者が亡くなり次第、廃止し、インディオたちを王室直轄下に編入すると規定した第三〇条は、画期的な条項であった。以下に掲げるのは、「新法」の中で、とくにエンコミエンダと直接関連する重要な条項である。

(第二六条)副王、総督をはじめ、王室官吏や聖職者、修道院や病院などが所有するエンコミエンダを廃止。

(第二七条)正当な権利なくエンコミエンダを所有するものはそのエンコミエンダを喪失し、インディオは王室の直轄下に編入される。

(第二九条)エンコメンデロがインディオに対して苛斂誅求をはたらいた場合、インディオは解放され、王室の直轄下に入る。

(第三〇条)今後、新しいエンコミエンダの下賜は行われず、現存するエンコミエンダも、その所有者が死亡した場合、廃止され、インディオはすべて、王室直轄下に編入される。その際、残された妻子には、アウディエンシアが適当と判断する給付金が、インディオの支払う租税の中から支給される。

(第三三条)エンコミエンダに関する訴訟は、国王が直接管轄する。

このように、王室はラス・カサスらの先住民擁護運動(「一六世紀インディヘニスモ」)を利用して、征服が産み出した、軍事活動に由来する植民地貴族層(エンコメンデロ)の特権を削減・廃止する立場から、反エンコミエンダの方針を固め、大西洋世界における覇権確立へ一歩踏み出した。しかし、その方針転換は、「新法はスペインの誇りであると同時に屈辱」と評されるように、公布後わずか二年余りのち、一五四五年一〇月にカルロス一世により撤回された。ペルーにおけるゴンサロ・ピサロの反乱(本文一二四頁)やインディアス各地で頻発した「新法」反対運動がその大きな要因だが、同時に、ハプスブルク王朝の盟主(神聖ローマ皇帝カール五世として)でもあるスペイン国王カルロス一世がヨーロッパにおける異教徒オスマン帝国の勢力拡大やキリスト教世界分裂の危機(カトリック対プロテスタント)など、未曽有の内憂外患に直面し、カトリック世界の護持と財政危機の克服を実現するためにはインディアスの経済的価値を無視することができず、結局、エンコメンデロとの妥協を余儀なくされ、エンコミエンダ廃止条項などを廃案にするに至った。それを機に、ラス・カサスら、ドミニコ会士を中心に、それまで以上に激しい反征服・反エンコミエンダ運動が続き、「インディアス論争」は熾烈を極めた(参照　染田秀藤『ラス・カサス伝——新世界征服の審問者』前掲書)。それは単なる政治闘争にとどまらず、大勢の知識人を巻き込んだ学術論争の性格を帯び、のちに「サラマンカ学派」と呼ばれる神学者・法学者たち(フランシスコ・

デ・ビトリア、ドミンゴ・デ・ソトら)によってキリスト教的「国際法」が構築される重要な契機となった(参照　松森奈津子『野蛮から秩序へ――インディアス問題とサラマンカ学派』名古屋大学出版会、二〇〇九年)。

(10) 一五五一年にバリャドリードで開催された審議会では、エンコミエンダ制の是非をめぐって神学者や法学者などが熾烈な論戦を繰り広げたが、同じ頃、ラス・カサスは、インディオを獣同然の存在と見なし、征服戦争を是とするアリストテレス学者フワン・ヒネース・デ・セプールベダと有名な論争(「バリャドリード論戦」)を繰り広げた(参照　ルイス・ハンケ『スペインの新大陸征服』前掲書/セプールベダ『第二のデモクラテス――戦争の正当原因についての対話』染田秀藤訳、岩波文庫、二〇一五年)。

(11) メシコ・テノチティトランを首都とするヌエバ・エスパーニャ副王領と異なり、ペルーでは、インカ帝国の旧都クスコがアンデス山中の高地に位置していたため、征服者《コンキスタドール》フランシスコ・ピサロは、当時の南アメリカへの遠征基地パナマとの連絡路を確保する必要から、太平洋岸に新しく町を建設し、諸王の都《シウダー・デ・ロス・レイエス》(現在のリマ市)と名付け、植民地経営の中心とした(一五三五年一月)。しかし、クスコ制圧後間もなく、先発隊としてクスコへ入城したピサロ派と後発隊として征服に加わったディエゴ・デ・アルマグロ派の間で、管轄地域や戦利品の分配などをめぐって対立が生じ、ペルーは征服者《コンキスタドール》同士の内戦状態へ突入した(一五三七年四月)。旧都クスコを占拠したアルマグロはF・ピサロの弟エルナンドに敗れて処刑されたが(一五三八年七月)、一五四一年六月には、F・ピサロがリマ市でアルマグロ派に暗殺されるに及び、スペイン人同士の対立が泥沼化し、ペルーでは、安定した植民地経営からほど遠い状況が続いた。その一方で、旧都クスコでは、傀儡のインカ王マンコがクスコを脱出してアンデス山中のビルカバンバを拠点に反スペイン運動、いわゆるペルーの「国土再征服運動《レコンキスタ》」を開始したため(一五三六年五月)、ペルーでは、旧都クスコの征服後も混乱状態が続いた。そのため、王室は安定した植民地運営を目指してリマ市を首都とする副王領(ヌエバ・カスティーリャ)を新設し、その初代副王にブラスコ・ヌニェス・ベラを任命した。一五四四年五月にリマに着任したベラは「新法」の実施に積極的な姿勢を示したため、F・ピサロの弟ゴンサロがエンコミエンダ制の廃止に反対する征服者《コンキスタドール》などを率いて決起し、一五四六年一月にアニャキトの戦いで副王軍を破り、ベラを処刑するに及んだ。ペルーのスペイン人社会が内戦状態を脱しはじめるのはのちに「ペルーの平定者」と呼ばれるペドロ・デ・ラ・ガスカが赴任してからのことである(一五四八年)。

(12)一五六一年の巡察《ビシタ》記録によれば、当時のペルー副王領全体には、四二七名のエンコメンデロが居住する一七の都市があり(因みにエンコミエンダを所有しないスペイン人だけが居住する都市が六つあった)、四七七のエンコミエンダが存在した(差し引き五〇のエンコミエンダは王室直轄領もしくは未分配)。その中で、ゴメス・アリアス・ダビラがグァヌコ(ワヌコ)地方(ペルーの中央部)に所有したエンコミエンダは三〇カ村から成り、同地方に存在した二八のエンコミエンダの中でも規模が大きく、納税義務を負ったインディオ(原則は一八〜五〇歳の男性)の数は五〇〇人弱(総人口は約二〇〇〇人)であった(インカ時代の労働者数はおよそ四〇〇〇人と推定されている)。インカ時代とエンコミエンダ制下の租税の違いに関して、クリストバル・シュルカ・コンドルという名のクラーカ(首長)は以下のように答えている。「現在、エンコメンデロに税を納めているが、その方法は、かつてインガ(インカ王)に納めていた時とは異なっている。今は、木綿の衣服を織り、それを納めているが、原料の木綿は自分たちのチャカラで栽培している。また、かつてトウモロコシを栽培し、その収穫を差し出していた土地で、今は小麦を栽培し、それを納めている。…もはや太陽のために女性を、また、戦いのために兵士を、さらには石工、羽毛、アヒー(唐辛子)、マテ茶を差し出すことはなくなったが、その代わりに、大量のインゲンマメや鶏を納めている。同じように、現在は銅の採掘のために抗夫を差し出していないが、インガには納めたことがない蠟や蜂蜜を納めている。また、オホタ(草履)や綱の代わりに、端綱や面繋《おもがい》をこしらえて差し出している。…現在、インディオたちは租税を差し出すのに、インガ時代には感じたこともなかった苦しみを味わっている。なぜなら、インガ時代、インディオはもっと大勢いたが、いまではその数もかなり減少し、しかも、衣服の納税が四カ月ごとに求められているからで、そのために男も女も糸を紡ぎ、機を織るのに忙しく、田畑の手入れをする余裕すらないありさまである」(参照 *Visita de la Provincia de León de Huánuco en 1562. Íñigo Ortiz de*

Zúñiga, visitador. Versión paleográfica de Domingo Angulo, Marie Helmer y Felipe Márquez Abanto, 2 tomos, Huánuco, Universiad Nacional Hermilio Valdizán, Facultad de Letras y Educación, 1972)。

(13) 一五五三年一一月、王室の政策に基づいてエンコミエンダの再査定とエンコメンデロに対するインディオの個人奉仕の禁止を命じたリマのアウディエンシアの決定に対して、フランシスコ・エルナンデス・ヒローンはエンコミエンダ下賜の対象から除外されて貧困状態に喘いでいた征服者《コンキスタドール》たちを糾合して反旗を翻し、クスコ市で挙兵。翌五四年一月初旬、反乱軍を率いてクスコを出発、リマ方面へ向かったが、同年一〇月初旬、王党軍との戦いで苦境に立たされ、結局、同年一二月初旬、捕虜となってリマに連行され、反逆罪で斬首刑に処された。

(14)『八番目の改善策』*Octavo Remedio*（*Entre los Remedios* とも）。これは二〇の理由を挙げてエンコミエンダの撤廃を訴えた文書で、一五五二年にセビーリャで印刷刊行された。ラス・カサスは約四〇年間にエンコミエンダのために一二〇〇万人のインディオが信仰の光に照らされることなく亡くなったと主張し、(一)信仰と正しい統治はエンコミエンダとは両立しない、(二)エンコミエンダはインディオにとり有害な制度である、(三)インディオは自由な人間として統治されるにふさわしく、保護など必要ではない、(四)邪悪な人びとにインディオの統治を任せるべきではない、(五)臣下は大勢の主人に仕えるべきではない、(六)領主的管理より国王による管理の方が望ましい、(七)エンコミエンダが存続すれば、神と王室、さらにはスペイン人さえも甚大な害を受ける、といった理由から、エンコミエンダの即時廃止を強く訴えた。ラス・カサスは論策の序文にこう記している。「陛下にとって最も重要なことは、厳粛なる議会において、威厳をもって厳かに、詔勅、勅令として、すでに服従したインディオも、将来服従するであろうインディオも、つまり、現在インディアスにいるインディオを全員、自由な臣下として、陛下を頭とするカスティーリャ＝レオンの王室のもとに配置し、集合させ、編入することと、インディオを誰一人、キリスト教徒スペイン人に委託しないことを命じ、定めることであります。また今後永久に、インディオが王室から離されたり、譲渡されたり、臣下として誰かに与えられたり、委託されたりすることはありえないということを、国王による不可侵の定め、決定事項、法令とすることであります」(参照 染田秀藤『ラス・カサス伝――新世界征服の審問者』岩波書店、一九九〇年、第八章一七三～二〇五頁)。

(15) この時期、スペイン人の活動範囲はまだカリブ海に浮かぶアンティール諸島に限定され(北米大陸への本格的な進出はエルナン・コルテス、南米大陸への遠征はフランシスコ・ピサロの登場まで待たなければならなかった)、植民活動の拠点はエスパニョーラ島のサント・ドミンゴに置かれていた。一五一六年、ラス・カサスは法学者パラシオス・ルビオスの協力を得て、エンコミエンダ制の廃止とインディオの完全な自由と生命の保障および植民活動における聖職者の役割の重要性を訴える文書、『一四の改善策』*14 Remedios*（別名『インディアスの状況を改善するための覚書』*Memorial de Remedios para las Indias*）を書き上げ、当時、フェルナンド王の崩御後、インディアス関係業務を統轄していた枢機卿ヒメネス・デ・シスネロスに提出した。それは、ラス・カサスがインディオの悲惨極まりない状況を改めるために作成した最初の文書であり、ラス・カサスの初期の思想を知るうえで重要な史料である。同文書の提出を受けて、シスネロスはヒエロニムス会士あてに勅令を発布し、主にエスパニョーラ島の実情調査とラス・カサスの植民計画（エンコミエンダを廃止し、スペイン人植民者＝農民とインディオから成る地域共同社会の建設など）の実現可能性の調査を命じた（参照　染田秀藤『ラス・カサス伝――新世界征服の審問者』前掲書、第三章）。ラス・カサスは、シスネロスがアドリアーノと連名で発布したこの勅令をエンコミエンダ禁止令とみなしている。なお、同文書で、ラス・カサスは、生存中のみならず死後も四〇〇年以上にわたり、厳しく批判されることになる植民化案を提示した。インディオに代わる労働力としての黒人奴隷の導入案である。それは、アフリカにおけるポルトガル人による黒人の奴隷化を正当と見なした結果であり、ラス・カサスは一五五〇年代にその違法性に気づき、自著『インディアス史』で厳しく自己批判を行うことになる。換言すれば、ラス・カサスは黒人の奴隷化に異議を唱えた、世界で最初の人物でもある（参照　Pérez Fernández, Isacio, *Brevísima Relación de la Destrucción de África, preludio de la destrucción de Indias.*

Salamanca. Ed. San Esteban, 1989)。

(16) 一五二〇年五月二〇日付でラ・コルーニャにおいて発布された勅令。国王カルロス一世は、ラス・カサスから現状報告を受けた最年長の国王付き説教師ミゲル・デ・サラマンカが提出した覚書——エンコミエンダを厳しく批判——を受けて、インディオは自由であり、自由な人間として扱われるべきであると布告した。なお、サラマンカの覚書はラス・カサスの大著『インディアス史』に収録されている(『インディアス史(七)』長南実訳、石原保徳編、岩波文庫、二〇〇九年、第一三五〜一三六章、一一八〜一五〇頁)。

(17) ラス・カサスはインディアスの実情報告者として出席。そのときの報告書が、その後加筆されて一五五二年にセビーリャで印刷刊行される『インディアスの破壊についての簡潔な報告』の母体となる。

(18) インディオ保護を命じる勅令などに対してインディアス在住のスペイン人が示した態度は当時人口に膾炙した「敬すれど、守らず Se acata, pero no se cumple.」という表現に凝縮されている。

(19) 先スペイン期のペルーのみならず、インディアス全体のインディオ人口に関しては、未だ確たる定説がないので、スペイン支配期の人口減少について正確な数量的評価を下すのは不可能だが、カリフォルニア大学バークレイ校のクックら、歴史人口学派の研究によれば、ペルーのインディオ人口は一五二〇年ごろ、およそ八八六万人で、それが植民地政府による実態調査(行政上の必要などから実施された総巡察《ビシタ・ヘネラル》と、主として改宗状況の把握を目的とした教会巡察《ビシタ・エクレシアスティカ》など)が行われた一五七〇年ごろには一二九万人まで減少した。実に人口減少率は約八五%に及ぶ。その減少率には地域差があり、スペイン人植民者が海岸地方に集中的に居住していたため、山岳地方より海岸地方の方が人口減少率は高かった。人口減少の最大の原因はインディオに免疫がなかったヨーロッパ起源の疫病(天然痘、麻疹、チフス、インフルエンザなど)の流行であるが、それ以外に、征服戦争、エンコミエンダ制のもとでのスペイン人による労働力の大量消費、飢餓、「生きる意欲の欠如」(集団自殺)などが考えられる(参照　Cook, Noble David, *Demographic Collapse, Indian Peru. 1520–1620.* Cambridge, Cambridge University Press, 1981)。

(20) グァイナカパックを暴君と見做してスペイン人によるインカ帝国の征服を正当化する動きは、一五三九年にサラマンカ大学の神学教授フランシスコ・デ・ビトリアが二回にわたる特別講義(「インディオについて」および「戦争の法について」)において公然とフランシスコ・ピサロによるインカ帝国征服の正当性に疑義を唱えて以来、激しさを増すが、一方、それは、ラス・カサスらを中心とする先住民擁護運動が大きなうねりとなってスペインのみならず、インディアスにも多大な影響を及ぼしていたことを示唆している(参照　ビトリア『人類共通の法を求めて』佐々木孝訳、「アンソロジー《新世界の挑戦》」六、岩波書店、一九九三年/松森奈津子『野蛮から秩序へ――インディアス問題とサラマンカ学派』前掲書)。

例えば、ペルー副王領では、一五四二年に総督バカ・デ・カストロの要請のもとに、ラディーノと呼ばれる、スペイン語を話せるインディオとケチュア語が解るスペイン人の立会いの下、征服戦争を生き延びたインカ時代のキープカマヨク(無文字社会であったアンデス世界には、意思伝達手段として紐の結び目を利用した結縄文字キープがあり、それを操る専門の高級官吏のこと)四名からスペイン人到来以前のアンデスの歴史やインカ帝国時代の政治、社会、宗教や習慣などに関する情報を聴取し、それをスペイン語に翻訳して編纂した二部構成の文書がある。『歴代インカ王の系譜、その統治および征服に関する報告書』*Relación de la descendencia, gobierno y conquista de los Incas* (Lima, Ediciones de la Biblioteca Universitaria, 1974)と題されるその文書には、随所にヨーロッパ的視点からの介入が認められるため、歴史家の間で評価は大きく異なるが、スペイン人による征服やマンコ・インカの反乱などの記述には、アンデス的視点を読み取ることが可能である(参照　染田秀藤『大航海時代における異文化理解と他者認識――スペイン語文書を読む』前掲書)。同文書の中で、グァイナカパックに関する記述は以下のとおり。「グァイナ・カパク・インガは死ぬまで変わることなく、全土の平定と平和の実現にかなり苦労した。グァイナ・カパク・インガは自ら、チリからキトに至る平野部や山岳部を通って巡歴し、訪れなかった場所がないほど、全国津々浦々まで足を運んだ。グァイナ・カパク・インガは領土の巡察を終えると、キトへ向かう命令を下し、戦いに備えて大勢のインディオ、すなわち立派な武具に身を包み、矢を射ることに秀でたモホ人、チチャ人やチュイエ人を連行した。…一行はグァヤキル、プナ島およびその周辺の土地を襲撃、征服し、平定した。グァイナ・カパク・インガはそこに守備隊を残留させ、自らはキトへ向かった。グァイナ・カパク・インガはキトで情け容赦のない戦いを繰り広げ、勝利を収め、征服した。キトは、歴代インガの誰もが征服できなかった所だった。そして、グァイナ・カパク・インガはキト地方の統治に携わり、そこから全土に配置した大勢の司政官を通じて、チリに至るこの王国を治めるのに必要な事柄を、山岳部ならびに平野部や海岸部に伝達した。…インガが統治するようになってから、以前より偶像崇拝者の数が増えた。と言うのも、インガは彼らに太陽と月を崇めるよう強要し、数限りない儀式や祭式を執り行わせ、子供や処女の生贄、その他、無数の事柄を強制したからである。それを、我らが主である神が慈悲深くも聖なる福音によって改められたのである。それは真に讃えるべきことである。」(傍点は訳者による)

ヌエバ・エスパーニャと異なり、征服後も内戦状態(スペイン人同士の争い)やインディオの反スペイン運動(マンコ・インカの反乱)に揺れ動くペルーでは、グァイナカパックを暴君と見なしてインカ支配の正当性を否定し、スペインによる征服を正当化する動きはますます勢いを増し、ついにはグァイナカパックのみならず、歴代インカ王の統治を全否定する「インカ専制君主(暴君)論」で頂点に達した。その運動を積極的に推進したのはラス・カサスの思想を危険視し、一五七〇年にラス・カサスの作品の回収を命じた第五代副王フランシスコ・デ・トレド(在位一五六九〜八一年)であり、「インカ専制君主論」の代表的な作品は副王トレドの命令を受けてペドロ・サルミエント・デ・ガンボア(一五三二〜九二年)が著した『インカ史』*Historia Indica*(一五七二年)である。しかし、ラス・カサスの作品の回収もガンボアの『インカ史』の完成もラス・カサスが帰天した(一五六六年七月)あとの出来事であるのを考慮すれば、いずれの出来事もアンデス世界におけるラス・カサスの思想の広がりを少なからず示唆している。

(21) ラス・カサスは《第一回の回心》(一五一四年)以降、数多くのインディオの武装蜂起に遭遇し、一貫してその正当性を主張しつづけた。中には、この《警告》のように、ラス・カサス自身が武装蜂起の意味やその指導者に対する処遇について積極的に発言した例も少なくない。その代表的な例として、一五一九年、エスパニョーラ島で、妻がエンコメンデロに辱めを受けたのを契機に、武装蜂起したカシーケのエンリキーリョを領袖とする反スペイン運動(一般に「エンリキーリョの反乱」と言われる。一五一九〜三三年)の経緯とその正当性を訴えたこと(参照　ラス・カサス『インディアス史(七)』前掲書)や、メキシコ北部で、スペイン人の苛斂誅求に苦しめられたサカテカスの先住民チチメカ人が武装蜂起した、いわゆる「ミシュトン戦争」(一五四一〜四二年)を指導し、当局に捕らえられてスペインに身柄を送られたハリスコ地方のカシーケ、フランシスコ・テナマストレの要請を受けて、テナマストレの地位の保全などを求める文書を作成したことが挙げられる(参照　León-Portilla, Miguel,

Francisco Tenamaztle. Primer Guerrillero de América, Defensor de los Derechos Humanos, México, Editorial Diana, 2005)。

解　説

ラス・カサスは、ここに訳出した *Tratado de las Doce Dudas*（以下、『疑問』と略記）と題された論策を書き上げる二年ほど前に、ラテン語で *De Thesauris in Peru*『ペルーの財宝論』（以下、『財宝論』と略記）と題する作品を執筆した（一五六二年）。両作品は、ラス・カサス自身が『財宝論』を「遺言書」testamento、『疑問』を「遺言補足書」codicilo と名付けるほど、内容的に密接に関連している。すなわち、両作品ともに、キリスト教徒であるスペイン国王はもとより、ペルーに身を置く王室官吏、征服者《コンキスタドール》、植民者など、スペイン人の救霊と、先住民インディオに対する彼らの「賠償義務」の履行を関連づけて説き明かした文書である。具体的に言えば、『財宝論』は、聖書は言うに及ばず、アリストテレス、キケロ、聖アウグスティヌス、トマス・アクィナス、カエタヌスやドミンゴ・デ・ソトなど、古代からルネサンス期に至る、代表的な哲学者、神学者や法学者の理論とローマ法や教会法など、さまざまな法典を博引旁証しながら、スペイン国王がペルーのみならず、インディアス全体に対して有する管轄権の性格やスペイン国王およびインディアス在住の王室官吏、征服者《コンキスタドール》や植民者たちがインディオに対して果たすべき賠償義務を説き明かした理論書である。一方、『疑問』は、聴罪司祭が秘蹟の授与に際して、告白者に賠償義務の履行を求めなければならない理由や賠償方法を具体的に記した実用書的性格の強い作品である。『財宝論』に関しては、別の機会に詳細に論じたので(巻末の参考文献参照)、概略を述べるに止め、ここでは主に、ラス・カサスの最後の論策である『疑問』にみる賠償義務論の内容と特徴を検討したい。と言うのも、『財宝論』は手稿のまま二〇世紀半ばまで日の目を見なかったが、『疑問』は、写本がペルーへ渡り、司牧活動に従事した聖職者(とくにドミニコ会士)のみならず、植民地社会に対しても大きな影響を及ぼしたからである。つまり、ラス・カサスが『疑問』で開陳した賠償義務論はペルーのスペイン人社会を震撼させ、激しい反ラス・カサス運動を誘発しただけでなく、思いも寄らない結果をもたらすことにもなったのである。

一　歴史的背景

一五一八年以降、ラス・カサスは数々の文書で、インディオに対するスペイン人の賠償義務を論じたが、エンコミエンダの段階的廃止を規定した「新法」が撤回され（一五四五年一〇月）、王室の植民政策に転機が訪れた一五四六年半ば、チアパ司教としてメキシコ滞在中に、賠償義務論の集大成とも言うべき論策『聴罪規範』*Aquí se contienen unos avisos y reglas para los confesores*（略して*Confesionario*とも）を書き上げた（補注（3）参照）。同書で、ラス・カサスは、エンコメンデロ、インディオ奴隷の所有者をはじめ、さまざまな植民者や商人など、インディオに対して賠償義務を負ったスペイン人の告白を受け付けないこと、すなわち、「聴罪拒否」を武器に、社会正義の実現を目指し、そのために聴罪司祭が遵守しなければならない規則を一二項目にまとめた。ラス・カサスは、「告白の目的は、告白者が罪を免れ、被害者（インディオ）に対して正義が行われることにある。その目的が成就するには、聴罪司祭は告解の秘蹟授与を拒否してでも、告白者に賠償義務の履行を保証させなければならない」と記し、賠償義務の履行に果たす聴罪司祭の役割（ラス・カサスによれば、被害者であるインディオに対して正義を司る判事）の重要性を訴えた。換言すれば、インディアスに社会正義が確立することを願って、ラス・カサスは、告白者がキリスト教徒として救霊という霊的な目的を達成するためには、聴罪司祭が告白者にインディオに対する賠償義務の完全な履行を誓約させることを必須条件にしたのである。このように、ラス・カサスは霊的権力を利用して植民地社会の改革を目指したが、インディオの計り知れない犠牲の上に成立した植民地社会においては、作品はインディアスに対するスペイン国王の支配権を否定する危険かつ有害な文書と受けとめられ、一五四八年一一月、インディアス枢機会議より回収が命じられた。その告発に対して、ラス・カサスは『三〇の法的命題集』*Treinta proposiciones muy jurídicas* と『カスティーリャ・レオン国王のインディアス支配権論』*Tratado comprobatorio del imperio soberano y principado universal que los reyes de Castilla y León tienen sobre las Indias* と題する二篇の論策を通じて反論し、さらに一五五二年から五三年にかけて、『聴罪規範』を上記二篇の論策や『インディアスの破壊についての簡潔な報告』*Brevísima relación de la destrucción de las Indias* などと共に、セビーリャで印刷刊行した。その結果、『聴罪規範』は宣教師の手を通じてインディアスに流布し、大きな反響を呼ぶことになった。

同じ頃、ラス・カサスは皇太子フェリペの私教師（歴史・地理）として宮廷に伺候した当代随一のアリストテレス学者フワン・ヒネース・デ・セプールベダ（一四九〇～一五七三年）を相手に激しい論争を繰り広げた。セプールベダによれば、インディオは生まれながらにして理性を欠く獣と変わらない存在（「自然奴隷」）であり、したがって、彼らが理性に優る人びと（スペイン人）に従属するのは自然なことであった。セプールベダはスペイン人の征服戦争やインディアス支配を正当極まりないと主張する一方、ラス・カサスの『聴罪規範』を「悪魔の書」と激しく非難し、ラス・カサスの主張を「無分別で、躓きを与える異端的なもの」temerarias, escandalosas y heréticas と断じた。ラス・カサスは、セプールベダが自身の『第二のデモクラテス』*Democrates secundus*（邦訳、染田秀藤訳、岩波文庫、二〇一五年）の出版を意図していることを知り、出版阻止に向けて力を注ぎ、両者の間で激越な論戦が繰り広げられた。両者は相見えることはなかったが、一五五〇年から翌年にかけて二度にわたり、バリャドリードにおいて、公開の場で白熱した論争を繰り広げた（「バリャドリード論戦」）。論戦は最終的な決着をみなかったものの、セプールベダの作品は、その内容が必ずしも安全とは断言できないとの理由で、出版許可を得られなかった。

時機を同じくして、同じバリャドリードの町で、エンコミエンダ制をめぐる重要な会議が開催された。エンコミエンダ制に関しては、王室はその段階的廃止を謳った「新法」の第三〇条など、数か条を一五四五年一〇月に撤回して以来、エンコメンデロの義務やエンコミエンダの受領資格を細かく規定して、エンコミエンダに対する国家の直接管理体制の強化を図った。王室は、アンデス山中のビルカバンバに拠点を置くインカ皇族による反スペイン闘争や王室のエンコミエンダ政策に異を唱えて蜂起したゴンサロ・ピサロの反乱（一五四四〜四八年）によってますます混迷を深めたスペイン人社会の安定と王権の確立を目指して、ペドロ・デ・ラ・ガスカをペルーへ派遣した。ラ・ガスカはスペイン人植民者の間に、エンコミエンダの分配や貢租の再査定に対して不満が充満しているのを察知し、租税の一部としてのインディオ労働力の徴発を禁止した勅令（一五四九年二月発布）の実施を見送らざるをえなかった。反乱制圧後、ラ・ガスカは一五五〇年一月、リマを離れて帰国の途に就いたが、そのとき、植民者の利益代表者の一行がエンコミエンダの永代所有化 perpetuidad（エンコミエンダを植民者に売却し、その私有財産化を認めること）を求めて、国王への献金を携え、ラ・ガスカに同行した。彼らのいわゆる「ロビー活動」は効を奏し、同年一一月中旬、バリャドリードでエンコミエンダの永代所有化をめぐって審議会が開催されることになった。ラス・カサスは同審議会に参加し、エンコミエンダの永代所有化どころか、以前同様、制度自体の即時撤廃を訴えつづけた。同会議には、トマス・モアの『ユートピア』に着想を得て、ヌエバ・エスパーニャ副王領のミチョアカン地方で、インディオと聖職者から構成される理想的な共同社会（プエブロ・オスピタル・デ・サンタ・フェ）の建設を試みたバスコ・デ・キローガ（一四七〇?～一五六五年）も出席し、インディオをエンコメンデロの苛斂誅求から守るには、永代所有化が望ましいとの立場を示した。しかし、エンコミエンダの永代所有化をめぐって開催されたバリャドリードの特別審議会では、議論が百出し、結論は出なかった。

その後、ラス・カサスはインディアスへ渡るドミニコ会宣教師の派遣業務に従事するため、セビーリャのサン・パブロ修道院に居を移し（一五五二年一月）、同年八月から翌年一月にかけて、八篇の論策を印刷刊行した。印刷された八篇の論策のうち、「旧世界」と「新世界」インディアスで大きな反響を呼ぶことになったのが『インディアスの破壊についての簡潔な報告』と『聴罪規範』である。前者はのちにスペインの「黒い伝説《レイエンダ・ネグラ》」と名付けられる、ヨーロッパ・キリスト教世界における反スペイン・キャンペーンに利用されるが、その件に関しては、別の機会に詳細に論じたので（巻末の参考文献参照）、ここでは、インディアスにおける『聴罪規範』の影響に関して触れておきたい。『聴罪規範』は、ヌエバ・エスパーニャで宣教活動に従事していたフランシスコ会士トリビオ・デ・モトリニーアの激越なラス・カサス批判が示すように、印刷される以前から聖職者（宣教師）の間でも論争の的になっていたため、印刷されて広く流布すれば、聖職者（聴罪司祭）間のみならず、聖職者と植民者（信者）の間にも緊張関係を齎すのは当然予想された。

言うまでもなく、聴罪拒否という強硬手段に対して、インディアス各地で活動する宣教師たちが示した反応は一様ではなく、例えば、ヌエバ・グラナダ（現在のコロンビア）では、司祭の一部が賠償義務を履行しない植民者の告白を受け付けたし、かつてラス・カサスが司教を務めたチアパでも、ドミニコ会参事会が、エンコミエンダの受領それ自体は罪ではないと判断し、エンコメンデロの告白を聴いた。ペルー副王領における賠償義務の詳細な履行状況を明らかにしたローマン・ビリェナによれば（補注（3）参照）、同副王領でスペイン人がインディオに対する賠償義務を履行した例は少なくない。

例えば、一五五六年五月、ペルー征服史上有名な「ガリョ島の一三名」Trece de la Fama（一五二六～二七年の第二次遠征のおり、現エクアドル沿岸のガリョ島でインディオの襲撃などを受けて餓死寸前に追い込まれた一六〇名余りのスペイン人のうち、ピサロと共に遠征の続行を望んだのは僅か一三名で、残りの者はパナマへ帰還した）の一人で、カハマルカで、アタワルパが差し出した大量の金銀財宝の分配に与ったニコラス・デ・リベラ・エル・ビエホ（イカにエンコミエンダを所有）は財宝の分配に与ったことに良心の呵責を感じ、イカにインディオ専用の施療院を建設するための資金の提供を申し出た。また、一五六一年六月、ペルー北部に位置するピウラのカハスにエンコミエンダを拝領していたアルバロ・デル・カスティーリョ・テミーニョというスペイン人は「私は一定期間、カハスのレパルティミエント（インディオの村落）をエンコミエンダとして所有した。そして、今現在、私は良心を和らげたく思い、また、良心を償うのに必要だと知り、…以下のように決意した次第である」と記し、カハスのインディオたちが租税の支払いやその他、臨時の出費を賄えるようにと、一〇〇頭の牛を彼らに譲渡した。同じく、同年八月、ブルゴス出身のフワン・カステリャーノスはポトシーの銀鉱山で大勢のインディオを使役したことを認め、「私は良心の呵責を免れるために、ポトシーにあるインディオ専用の施療院に、私がそれらのインディオたちに負っているかもしれない額、すなわち、銀貨で一〇〇ペソを寄付することにする」と、遺言書に記した。

このように、『聴罪規範』がペルー副王領で大きな影響を及ぼすことになったその背景には、ラス・カサスの所属するドミニコ会がペルー副王領における宣教活動を積極的に担った修道会であったこと(フランシスコ・ピサロによるインカ帝国征服遠征に同行したのもドミニコ会士のビセンテ・バルベルデであった)と、同修道会にラス・カサスの主張に賛同する学識豊かな修道士が少なからずいたことが挙げられる。中でも、ラス・カサスが『疑問』で言及するリマの大司教へロニモ・デ・ロアイサと「ラス・カサスの高弟」ともいわれるチャルカス(ラ・プラタ)の司教ドミンゴ・デ・サント・トマスの存在は大きかった(本文一八〇頁)。

へロニモ・デ・ロアイサは一五二九年にサンタ・マルタ(現コロンビア北部、カリブ海に面する都市)で伝道活動に従事したのち、一時帰国し(一五三六年)、翌年、新設のカルタヘナ司教区(現コロンビア北部、カリブ海に面する港湾都市)の司教として赴任、その後、一五四一年三月にリマ司教区の創設に伴い、リマ市へ移り、一五四三年七月にリマ司教に叙品された。一五四六年二月、ロアイサはリマ大司教になり、伝道活動を進めるうえで、宣教師が先住民語を習得するのは不可欠であるとの立場から、高等教育機関を創設し(アメリカ大陸最古の大学サン・マルコス大学の母体となる)、先住民語による公教要理《カテケシス》の編纂などに努め、一五五一年、リマで第一回公会議を主宰し、先住民の改宗化と偶像崇拝の撤廃を目指して、各修道会に共通する伝道活動の基準を作成した。さらに、一五六〇年三月、ロアイサの指導下、ペルーのカトリック教会は、ラス・カサスの『聴罪規範』に基づいて聴罪司祭向けに手引書を編纂した。その手引書は二六項目の規定からなり、ペルーに滞在するすべての聴罪司祭に宛てて送られた。手引書はラス・カサスの『聴罪規範』と比較すれば、穏やかな内容になっているが(征服戦争の正当性に関する記述などが省略されている)、征服がインディオに与えた物質的な損害やスペイン人によるインディオ支配の実態(インディオ人口の激減や改宗化の遅延)に対しては、ラス・カサスの『聴罪規範』に優るとも劣らない厳しい批判が浴びせられている。

一方、ドミンゴ・デ・サント・トマスは四〇歳のころに(一五四〇年)ペルーへ赴任し、宣教活動に献身的に従事するかたわら、ロアイサ同様、先住民の改宗化を進めるためには、インディオの言語であるケチュア語の習得や先住民文化の理解が不可欠であると考え、その努力を惜しまなかった(その成果が一五六〇年にバリャドリードで印刷刊行された『ペルー王国のインディオの共通語に関する文法』*Grammatica o Arte de la lengua general de los Indios de los Reynos del Perú* と『ペルーの共通語のレキシコン、すなわち語彙集』*Lexicon o Vo-*

cabulario de la lengua general del Perú である）。エンコミエンダの段階的廃止を決めた「インディアス新法」の公布に異議を唱えたゴンサロ・ピサロの反乱に際し、ドミンゴ・デ・サント・トマスは、王室が反乱鎮圧のために派遣したペドロ・デ・ラ・ガスカに協力して、反乱制圧に貢献し、その後、インディオの貢租査定に従事したり、大司教ヘロニモ・デ・ロアイサが召集した第一回リマ公会議に出席したりして、インディオの待遇改善や平和的なキリスト教化のために尽力した。征服直後のアンデス世界を跋渉して貴重な記録を残し、「記録者の王者《プリンシペ・デ・ロス・クロニスタス》」として高く評価されるシエサ・デ・レオン（一五二一？～五四年）もその著書『ペルー誌一』*Crónica del Perú I* の中で、くりかえしドミンゴ・デ・サント・トマスの伝道活動を称えている（参照　シエサ・デ・レオン『激動期アンデスを旅して』染田秀藤訳、「アンソロジー《新世界の挑戦》」五、岩波書店、一九九三年）。一五五五年、ドミンゴ・デ・サント・トマスはイタリアで開催予定のドミニコ会の総会に出席するため、スペインへ一時帰国し、その時以来、ラス・カサスの重要な協力者として、また、貴重な情報提供者として、ペルーのエンコミエンダの永代所有化に反対する論陣を張った（一五六二年にリマへ戻り、その後チャルカス司教になる）。

ラス・カサスは生涯、ペルーの土を踏むことはなかったが（一五三五年、パナマからペルーへの渡航を試みたが、潮流に遮られ、ニカラグア方面へ漂着）、「新法」公布に異を唱えて決起したゴンサロ・ピサロの反乱やエンコミエンダの永代所有化問題を契機に、ペルーに大きな関心を抱くようになり、その情報源として重要な役割を果たしたのが先記の二名のドミニコ会士である。しかし、いま一人、忘れてはならないドミニコ会士がいる。それは、ドミンゴ・デ・サント・トマスとともに、サン・マルコス大学の創設に尽力し、のちに初代チャルカス司教を務めたトマス・デ・サン・マルティン（一四八一～一五五五年）である。と言うのも、ラス・カサスが初めてペルーのインディオに対するエンコメンデロの賠償義務問題と具体的に関わったのは、トマス・デ・サン・マルティンから意見を求められた時のことだからである。つまり、一五五三年七月中旬、ラス・カサスはトマス・デ・サン・マルティンから、かつてカランガス（現ボリビアのオルーロ近郊）にエンコミエンダを拝領したロペ・デ・メンディエタがスペイン帰国後に認《したた》めた遺言書をめぐり、遺言執行人から提示された疑問に対して下した自分の判断について、意見を求められたのである。メンディエタは以下のように遺言を認めていた。

「私は、インディアスでこれまでレパルティミエントから利益や収益を得たことが正しかったのかどうかに関する問題について、神学者の方々の判断に従うことを誓います。

…それが私の本心でもあります。もし神学者の方々が、たとえ国王陛下がフランシスコ・ピサロ侯爵殿にかの地を征服し、分配する勅令と権力を与えられたにせよ、その件について、いくばくかの躓きがあったと決定されれば…、私は遺言執行人に対し、私の財産から適当と判断される金額を私が所有していたレパルティミエントに賠償する権限を与えます。そうすれば、私の良心も苛まれずに済むでしょう。」

これに対して、トマス・デ・サン・マルティンは、征服者《コンキスタドール》とエンコメンデロを区別し、(メンディエタのように)査定どおりの租税を受領し、インディオを正しく扱い、彼らのキリスト教化に努めたエンコメンデロには、賠償義務は生じないと考え、その旨をラス・カサスに伝えた。その主張に対して、ラス・カサスは次のように答えた。

「貴殿はかつて征服に参加した経験のある人たちではなくて、これまでも、また、現在も、ただインディオをエンコミエンダで所有している人たちについて仰っているようですが、騙されてはなりません。彼らもインディオを苦しめている同じ貉の圧制者であるのは、火を見るより明らかだと考えてください。なぜなら、彼らは、暴君の如き征服者《コンキスタドール》の後を継いで、インディオたちを苦しめているからです。つまり、インディオは自然の法に照らせば、自由な人たちであり、スペイン人はおろか、世界のどの国の人びとにもいっさい義務を負っていませんし、過去もそうだったのです。それなのに、彼らは戦いを仕掛けられ、残忍かつ暴虐的な形で征服されました。そこには、正義のひとかけらもありません。しかも、そうして征服され、虐げられた挙句、インディオたちは、地獄の悪魔でさえ考えつかないと思われるようなレパルティミエントとかエンコミエンダという、想像を絶する隷属状態に置かれたのです。それは、自然の法や神の法に定められた正義に反する行為です。」

そして、ラス・カサスは、メンディエタの件に関して、「彼(メンディエタ)に財産を奪われたインディオたちが全員、もしくは、大半が生き残っている場合、賠償は直接彼らに、ペルーにおいて行われるべきであり、もし彼らが死んでしまっている場合は、その子孫や彼らの住んでいた村もしくはその近郊の村に対してなされるべきです。もし子孫も途絶え、村もなくなっていれば、ペルーの地で、そこに暮らしているインディオたちが大勢利用できるような公共事業に充てられるべきです」と説いた。このように、ラス・カサスはかつて自らが著した『聴罪規範』の七番目の原則——告白者が征服者《コンキスタドール》ではなく、植民者であって、インディオの分配を受けていて、しかも、臨終の床にある場合、聴罪司祭は、告白者がそれまでに入手した財貨をそのインディオたち、あるいは、その子孫もしくは共同体へ賠償しないかぎり、告白を受け付けてはならない——を適用してメンディエタの賠償義務を論じた。

先に見たニコラス・デ・リベラ・エル・ビエホらの例でも明らかなように、ペルーでは、征服後三〇年ほど経過した一五六〇年代に近づくと、スペイン人の世代交代が進み、征服者《コンキスタドール》の時代が終焉を迎え、スペイン人社会では、終油の秘蹟と関連して、賠償義務履行の問題が重大な関心事になっていた。

一方、そのように、インディアスが「発見・征服時代」から「植民化の時代」へと移行する頃、ハプスブルク朝スペインを取り巻く国際情勢は風雲急を告げはじめた。つまり、一五五〇年代以降、ハプスブルク朝スペインはローマ・キリスト教世界の分裂(カトリックとプロテスタント)、オスマン帝国の勢力拡大、イギリスやフランスの「新世界」進出や複雑な国内事情(アラゴン王国の分裂・赤字財政)など、内憂外患に直面した結果、インディアス問題よりもヨーロッパ問題や国内問題の解決に注力せざるを得ない状況へ追い込まれていた。しかも、一五五六年一月には、国王カルロス一世が退位し、かわって皇太子がフェリペ二世としてカトリックの牙城スペインを統治することになり、対ヨーロッパ政策がそれまで以上に重要性を帯びることになった。新国王フェリペ二世は神聖ローマ帝国の皇帝位を継承しなかったため、ドイツ問題に深く関わる必要はなくなったものの、ハプスブルク朝スペインと激しく対立する隣国ヴァロア朝フランスとの戦いや、カトリックに対峙するスペイン領ネーデルラントの反スペイン運動、スペイン支配からの離脱を目論むイタリアの領邦や教皇庁の不穏な動き、それに、地中海における異教徒ベルベル人やトルコ人の軍事的拡大など、次々と複雑かつ困難な事態に直面し、その解決に苦慮しなければならなかった。そのうえ、スペインの国家財政は極めて逼迫していたため、フェリペ二世にとり、インディアスは「海の彼方に位置するもう一つの王国」Otro Reino del Ultramar から、ヨーロッパ・キリスト教世界における覇権を維持し、対外政策を遂行する上で、経済的に重要な位置を占める存在(植民地)に変化していった。そのことを如実に示すのがフェリペ二世の下したペルーのエンコミエンダの永代所有化(売却)決定である(一五五六年九月)。フェリペ二世は滞在先のガンからインディアス枢機会議に宛てて書簡を送り、その理由を次のように説明した。

「今やペルーは平定され、時機が到来したと考えられるので、この度、余はレパルティミエント(エンコミエンダ)の永代所有化を承認し、遅滞なくその実行を命じる決意を固めた。また、国の財政状態がかなり深刻かつ逼迫し、国は貧窮し、疲弊しきっているし、余には、国を支え、守る義務があり、また、国が敵の襲撃を受け、塗炭の苦しみを味わうような事態に至らないようにする大きな責任があるので、この決定を下すことにした。」

さらに、フェリペ二世は、スペインにおいてエンコミエンダ永代所有化反対運動が激化するのを予測し、書簡を結ぶにあたり、今回の決定は最終的なものであり、撤回不能であることを強調した。ラス・カサスによれば、フェリペ二世が下したその決定は、国王自らが臣下であるインディオを売却するのに等しい行為であり、けっして容認できなかった。ラス・カサスは、フェリペ二世がインディアス枢機会議に世襲化実施に向けた実情調査団の設置と調査団のペルーへの派遣を命じたことを知り、当時、ペルーから帰国していたドミンゴ・デ・サント・トマスと対抗策を練り、インディアス枢機会議において、フェリペ二世の決定に異議を唱えるとともに、その撤回を強く求めた。一方、インディアス枢機会議がペルーにおけるエンコミエンダの実態調査を担当する委員の人選に手間取ったため、その間、ラス・カサスはドミンゴ・デ・サント・トマスらの協力を得て、積極的に世襲化反対運動を展開し、一五五九年七月には、ペルーのインディオから全権委任を取り付けることに成功し、宮廷において、彼らの利益代表者として、永代所有化反対の論陣を張った。こうして、ラス・カサスは晩年になってエンコミエンダの永代所有化問題に関わっていく中で、ペルーのインディオとの間に緊密な関係を築き、それはラス・カサスの没後、思いも寄らない結果をもたらすことになった。その件については、後述することにして、つぎに永代所有化問題をめぐる爾後の動きを簡単に見てみよう。

一五五八年一一月、ようやく永代所有化実施のために設置された実情調査団の人選が終わり、一五六〇年七月、新しくペルー副王に任命されたニエバ伯ディエゴ・ロペス・スニガ・イ・ベラスコを代表とする調査団の一行がリマに到着し、永代所有化の実施に必要な情報の収集を開始し、報告書を作成するため、実態調査に着手した。しかし、永代所有化後、つまり、エンコミエンダの売却後に、そこで暮らすインディオに対する民事および刑事裁判権の管轄をめぐって、調査団とエンコメンデロの間で意見が鋭く対立し、調査は難航した。その間、ラス・カサスはドミンゴ・デ・サント・トマスと協力しながら、永代所有化は臣下（インディオ）を売却するに等しい行為であるとくりかえし主張し、国王に永代所有化決定の撤回を求める一方、予期しなかった国王の対エンコミエンダ政策の変更の決定を契機に、ラス・カサスの厳しい批判は賠償義務を負った植民者あるいは王室官吏から転じて、もっぱら国王に向けられていった。それは、ラス・カサスをはじめ、インディオ擁護派の意見を積極的に取り込みながら、対インディアス政策を進めてきた亡き父王カルロス一世(一五五八年歿)と異なり、フェリペ二世がインディアスを犠牲にしてでも、ヨーロッパにおける覇権維持を重視する方向へ政策転換したことへの抗議でもあった。なお、ペルーのエンコミエンダの永代所有化に関しては、インディアス枢機会議が実情調査団から、エンコメンデロがインディオに対する裁判権の付与に固執しているとの報告を受けて、エンコメンデロとの交渉の打ち切りを決定し(一五六二年)、世襲化はひとまず見送られることになった。

二 『財宝論』と『疑問』にみる「賠償義務論」

ラス・カサスはフェリペ二世の対インディアス政策の転換を機に、一五六二年、ラテン語で『財宝論』を執筆した。作品執筆の動機のひとつに、ラス・カサスがペルーのインディオからの全権委任状を携えて帰国していたドミンゴ・デ・サント・トマスから、インディアス問題の風化がスペインの宮廷のみならず、インディアスに身を置き、インディオの改宗化という神意の実現に努めるべき宣教師の間にも広がっている状況を知らされ、インディアス問題の重要性を訴える必要を痛感したことが挙げられる。したがって、『財宝論』は単にペルーのワカや墳墓に副葬されている財宝類の所有権の所在を論じた作品ではなく、インディアス問題全般に関わるラス・カサスの晩年の考えを集大成した作品であり、その論調は論争的で、個人攻撃、とくに面識のあったアステカ王国の征服者《コンキスタドール》エルナン・コルテスに対する批判は熾烈を極めている。なお、『財宝論』（現存する写本は四部）は二〇世紀半ばまで日の目を見ず、一九五八年にようやくスペインの歴史家アンヘル・ロサダによって公刊された。その五八年版は現在サラマンカ大学の図書館に所蔵されている写本をもとに出版され（マドリード）、それにはスペイン語訳が添えられている（*Los Tesoros del Perú*, Madrid, Consejo Superior de Investigaciones Científicas, Institutos «Gonzalo F. de Oviedo» y «Francisco de Vitoria»）。この五八年版は一九九二年にラス・カサス全集の一巻として再版された（Fray Bartolomé de Las Casas, Obras Completas 11.1, *De Thesauris*, Madrid, Alianza Editorial）。

『財宝論』において、ラス・カサスは、スペイン国王が正当にインディアスで世俗的支配権を行使するためには、以下に掲げる一二項目の条件が満たされなければならないと主張する。

(一) スペイン人の最初の進出は平和的でなければならず、必ず宣教師を同行しなければならない。

(二) スペイン人はインディオに不平不満を抱かせるような行動をとってはならない。

(三) スペイン人は時間をかけてゆっくりと進入し、決してインディオに疑念を抱かせてはならない。

(四) スペイン人は、インディオにまったく害を与えることなく、秩序正しく上陸し、進入しなければならず、しかも、それはインディオの許可を得て行われなければならない。

(五) スペイン人はインディオに対して礼儀を弁え、彼らの支配者には相応の敬意と畏怖の念をもって接しなければならない。

(六) スペイン人はインディオを丁重に扱い、自らキリスト教徒として模範を垂れなければならない。

(七) スペイン人は時間をかけてゆっくりと、忍耐強く、しかも、平和裡に、到来の目的などをインディオに伝えなければならない。

（八）　スペイン人は宣教師や使者の生命を守るため、塔もしくは館を建設しなければならない。

（九）　スペイン人はインディオに、優しい言葉で、福音に耳を傾けるよう、勧告しなければならない。

（一〇）　宣教師は、スペイン国王がインディアスに対して有する権原をインディオに告知しなければならない。

（一一）　宣教師はその権原を通告したのち、インディオに対して柔和な言葉で、自発的にスペイン国王を至高の君主として認めるよう、説得しなければならない。

（一二）　インディオの自発的な同意が得られれば、スペイン国王とインディオとの間で、政治協約が締結されなければならない。

以上の一二項目に及ぶ条件と歴史的事実としてのスペイン人によるインカ帝国征服の実態を照合すれば、『財宝論』がラス・カサスの従来の考え、すなわち、ローマ教皇アレクサンデル六世の「贈与大教書」（一四九三年五月四日付）をスペイン国王のインディアス支配を正当化する唯一の権原とみなした主張を根底から覆した論策であることが分かる。つまり、ラス・カサスはかつてセビーリャで印刷出版した論策『カスティーリャ・

レオン国王のインディアス支配権論』(一五五三年一月)の中で、ローマ教皇アレクサンデル六世の「贈与大教書」に触れて、インディオがキリスト教に改宗すれば、スペイン国王はその教皇文書に基づいて、インディアスに対する支配権を正当に行使できると主張していた。換言すれば、ラス・カサスは長らく、「贈与大教書」をスペイン国王のインディアス支配を正当化する唯一の権原として重視していたが、『財宝論』では、その主張を覆し、次のように記した。「私はかつて拙著『インディアス支配権論』に、インディオが聖なる洗礼の秘蹟を授かった場合、すなわち彼らが自発的に改宗した場合、我らがスペイン国王は時を移さず、インディオに対して事実上、完全な支配権を有し、強制的な管轄権を行使できる、と記したが、それを訂正したい。つまり、その文章に以下のような文言を補足しなければならない。〈スペイン国王がインディオに対して完全な支配権と強制的な管轄権を行使するのは、インディオが自発的にそのことに同意を与えたあとである〉と。」

さらに、ラス・カサスは、改宗したインディオがスペイン国王を至高の支配者として認めるのを拒否しても、誰ひとり、それを理由に、インディオを処罰することは出来ない、とつづけた。つまり、ラス・カサスによれば、「贈与大教書」はスペイン国王にインディアスの至高の支配者になる可能性を認めたに過ぎず、その可能性が現実化するためには、まず、インディオが自発的に改宗すること、次いで、インディオから、スペイン国王が正当な支配者として君臨することに関して自発的な同意を得ること、そして最後に、スペイン国王とインディオの支配者との間に政治協約が締結されること、以上三つの条件が満たされなければならなかった。したがって、ラス・カサスは、改宗したインディオがスペイン国王を至上の支配者と認めるのを拒絶しても、誰ひとり、それを理由にインディオを処罰することは出来ないと論じ、インディアス支配の正当な権原はローマ教皇の大教書ではなく、インディオの自発的同意に基づくと、断言したのである。

また、ラス・カサスは、「贈与大教書」が発布されて以来、スペイン国王がインディオの自発的同意を得てインディアス政策を立案・実施したことが一度もなかったのを理由に、「大教書」は失効したままであると述べ、以下のように断じた。「スペイン国王がローマ教皇の大教書によって獲得したインディアスに対する可能態としての管轄権は永久に現実態としての管轄権に変わることはないだろう。それは過去同様現在も、圧制が行われ、これからも変わることなく続くことや、インディオへの賠償や贖罪が実施される見込みのないことからも、自明である。したがって、《大教書》は宙ぶらりんの状態、つまり、効力を発揮する以前の状態のままでいつづけるだろう。言い換えれば、スペイン国王はインディアス世界に対して管轄権、すなわち、国王権力を行使したり、領有権あるいは支配権を獲得したり…処分したりする権力をいっさい手にしていないのである。」すなわち、ラス・カサスは、スペイン国王によるインディアス支配はあらゆる法に照らして永遠に正当化されないと結論づけ、以下に掲げる五項目の帰結を導いた。

(一) スペイン国王をはじめ、世界のいかなる君主も、インカ王もしくはその後継者の許可を得ずに、ペルーにある財宝を探索することは出来ない。

(二) 発見以来この方、スペイン人が手に入れた金銀財宝は不正にインディオから略奪したものだから、彼らに返還されなければならない。

(三) スペイン人が現に所有する土地は不正に取得されたものだから、インディオに返還しなければ、スペイン人は救霊を得ることが出来ない。

(四) スペイン国王は、インディオおよび彼らが居住する町や地方をスペイン人に与える権限をもたない。

(五) スペイン国王は、たとえ正義を司る目的にせよ、副王やアウディエンシア、その他、司法関係の役人をインディアスへ派遣する権限をもたない。

ラス・カサスによれば、インディオは、たとえ自発的に改宗しても、スペイン国王を至上の君主として受け入れる義務がなく、したがって、ローマ教皇がインディアスの支配権をスペイン国王に委ねたと考えるのは誤りであり、「贈与大教書」は(ヨーロッパの)他のキリスト教君主ではなく、スペイン国王のみがインディアスの支配者になる可能性を認めたものにすぎなかった。ラス・カサスにとり、何より重要なのはインディオの自由意思であり、したがって、スペイン国王がインディアスの正当な支配者として君臨するためには、インディオから自発的な同意を取りつけ、さらにそのあと、スペイン国王とインディアス本来の支配者(例えばインカ王)およびその臣下との間で、政治協約が締結されなければならなかった。

このように、ラス・カサスは『財宝論』では、フェリペ二世が下したペルーのエンコミエンダ永代所有化決定を契機に、「贈与大教書」に関する従来の解釈を大きく変更することになった。そして、最後にラス・カサスは、「神の怒りがスペインに降りかからないこと」を願って、過去同様現在もインディオに不正を働きつづけている征服者《コンキスタドール》やエンコメンデロなど、ペルー在住のスペイン人は、自らの救霊を得るためには、インディオに対する賠償義務を実行するだけでなく、ペルー、とりわけ自らが不正を犯した場所(土地)に留まって、修道士を助け、教会の維持もしくは建設に従事するなど、自らの額に汗して生涯を送る義務を履行しなければならない、と結論づけた。換言すれば、ラス・カサスは『財宝論』において、ペルーのインディオの墳墓やワカに副葬されている財宝の所有権の所在をモチーフに、インディアスに対するスペイン国王の権力の性格を論じ、最終的には、スペイン国王の賠償義務とペルー在住のスペイン人の賠償義務と残留義務を説いた。しかし、ラス・カサスは、それらの義務が遂行される可能性は無きに等しいと認識していたので、『財宝論』を「遺言書」と名付け、後世の心ある人びとに一縷の望みを託した。

こうして、ラス・カサスはマドリードで『財宝論』を書き上げたのち、同書を国王フェリペに献呈する機会をうかがった。丁度その頃、かつてバリャドリードにあるドミニコ会の神学校聖グレゴリウス学院でラス・カサスの謦咳に接した経験のあるドミニコ会士バルトロメー・デ・ベガが赴任地であるペルーから、当時インディオのカシーケたちと連動してエンコミエンダ永代所有化に反対する運動を指導していたチャルカスの司教ドミンゴ・デ・サント・トマスの指示を受け、実情報告のため、スペインへ帰国した。ラス・カサスはそのバルトロメー・デ・ベガの要請を受けて、ここに訳出した『疑問』

を書き上げ、『財宝論』とともに、フェリペ二世に献上しようと考えた。そして、一五六五年、『疑問』の手稿はサラマンカ大学とアルカラー大学(現在のマドリード・コンプルテンセ大学)の神学者たちの承認を得て国王に手渡され、一方、写本(現存するのは八部)は、一部がチャルカスの司教ドミンゴ・デ・サント・トマスのもとへ送られた。

『疑問』は、ペルーで告解聴聞に携っている修道司祭たち(主としてドミニコ会士)が抱いた一二項目にわたる具体的な疑問に、ラス・カサスが『財宝論』で展開した主張に基づいて答えるという形式で書かれている。したがって、『疑問』は『財宝論』と異なり、インディアスで宣教活動や司牧活動に従事する修道司祭、とりわけ聴罪司祭に向けて書かれた具体的な「告解聴聞の手引き」であり、いわば実用書である。

ペルーのドミニコ会士が抱いた一二の疑問は、内容から判断すれば、以下の七項目に要約される。

(一)　カハマルカおよびクスコで、略奪行為を働いたスペイン人(征服者《コンキスタドール》)たちの賠償義務について《疑問一》および《疑問一〇》

(二)　貢租査定の以前以後を問わず、改宗化を口実に、ひたすらインディオを虐待・酷使して蓄財に耽り、インディオの改宗化を顧みず、時には未改宗のインディオた

ちからも過重な租税を過去に、また、現在も、取り立てているエンコメンデロの賠償義務について(《疑問二》～《疑問四》)

(三) エンコメンデロと関わりのあるスペイン人たちの賠償義務について(《疑問五》)

(四) 金鉱山や銀鉱山、および、墳墓やワカなどに供えられた財宝の所有権の所在について(《疑問六》～《疑問八》)

(五) インカ王の土地チャカラの所有権の所在について(《疑問九》)

(六) インカ帝国の真の支配者について(《疑問一一》)

(七) 正しい信仰心をもちながら、不知ゆえにインディオに虐待を働いたスペイン人たちの賠償義務について(《疑問一二》)

まず、ラス・カサスは以上の疑問に答えるうえで前提となる原則を以下の八項目にわたって説くが、それら八原則は、ラス・カサスが長年にわたり数多の著作や覚書などに認めてきた、さまざまな主張を集大成したものである。

(第一原則)宗教や犯した罪を問わず、異教徒は例外なく、正当に財産や土地を所有する(異教徒の正当な所有権について)。

(第二原則)いかなる国王も皇帝も、また教会も、インディオに対して正当戦争を行うことは出来ない（異教徒に対する正当戦争の条件について）。

（第三原則）ローマ教皇がスペイン国王に「贈与大教書」を出した唯一の目的は、福音の伝道、キリスト教の弘布とインディオの改宗化の実現にある（スペイン国王によるインディアス支配を正当化する要件について）。

（第四原則）ローマ教皇はインディアスの土着の国王や支配者からいかなる権利も剝奪しようとはしなかった（ローマ教皇の世俗的支配権について）。

（第五原則）スペイン国王は、インディオの改宗化に必要な経費を、自ら負担しなければならず、たとえインディオが改宗しても、その費用を彼らに強制的に負担させてはならない（スペイン国王が負担しなければならない宣教活動の経費について）。

（第六原則）スペイン国王がインディアスで正当な権力を行使するためには、ローマ教皇の「贈与大教書」の内容がインディアスの支配者と人びとから自発的に承認されなければならない（インディアス支配を正当化するには、スペイン国王は被征服者たちから支配に対する同意を取得する義務があることについて）。

（第七原則）一四九二年の「発見」以来今日に至るまでスペイン人が行った進出《エントラダ》と支配はことごとく不正で暴虐的である（スペイン人による征服・支配の実態について）。

（第八原則）一五一〇年から六四年に至るまで、インディアスには正しい信仰心をもったスペイン人は皆無だったし、現在も状況に変わりはない（「克服しがたい不知」について）。

以上の原則は、そのほとんどが『財宝論』の中で、詳細かつ頻繁に引用された神学理論や法学理論およびローマ法や教会法などの法典を典拠としているため、『疑問』では、主に聖書からの引用および代表的な学説（とりわけアリストテレス、聖アウグスティヌス、トマス・アクィナスやホスティエンシスの説）を除いて、典拠となる法律、文献や学説に関する詳細な紹介・解説は省略されている。そのため、邦訳では、『財宝論』と照合して、可能なかぎり、出典となる文献などを訳者注として本文に挿入した。また、『財宝論』と異なり、『疑問』では、アメリカの歴史家ルイス・ハンケが「アメリカ征服における正義を求めるスペインの闘い」The Spanish Struggle for Justice in the Conquest of America（『スペインの新大陸征服』染田秀藤訳、平凡社、一九七九年）と名付けた運動の最初の狼煙として知られるドミニコ会士アントニオ・デ・モンテシーノスの有名な説教（一五一一年一二月にエスパニョーラ島サント・ドミンゴで新約聖書『マタイによる福音書』第三章にある「荒れ野で叫ぶ者の声」ではじまる、スペイン人植民者を弾劾する説教）を嚆矢とする所謂

「インディアス論争」の経緯をはじめ、インカ王アタワルパの処刑、インカ王ワイナ・カパックの事績、貢租査定の実例（アレキパ市）、ペルー内戦（ゴンサロ・ピサロの反乱やエルナンデス・ヒローンの反乱）や「ペルーの国土再征服《レコンキスタ》運動」とも言われる、ビルカバンバに拠点を置くインカ皇族の反スペイン運動など、アンデスを舞台にした、さまざまな歴史的な出来事が数多く、取り上げられている。それらの記述は、現在の征服史研究のレベルからしても、ラス・カサスのもとには、正確なペルー情報が届いていたことを証明し、作品全体に信憑性と説得力を与えている。

八項目の原則の中で、とりわけ注目すべきは、ラス・カサスがローマ教皇アレクサンデル六世の「贈与大教書」に関する従来の解釈を改め、正当にインディアスを支配するためには、スペイン国王は、土着の支配者およびその臣民から、自発的な同意を得なければならないとした《第六原則》である。と言うのも、『疑問』では、ラス・カサスがラテン語で自説を展開している箇所が少なくないが、中でも、この《第六原則》のみ、全文がラテン語で表記されているからである。それはラス・カサス自身、「贈与大教書」に下した新しい解釈が伝統的かつ相対主義的な解釈（ヨーロッパ中心主義）に拘泥する、同時代の学者や権力者たちに対する挑戦であることを、明確に認識していたと同時に、もはやインディオを救う道はないと悟っていたことを示唆しているといっても過言ではないだろう。事実、《疑問一一に対する結論》〔その三〕のあとにつづく《警告》はビルカバンバに立て籠もるインカ王ティトゥ・クシに対して、ラス・カサスが《第六原則》に基づいて、スペイン国王およびスペイン人の取るべき態度を具体的に記したものだが、その《警告》はやがて植民地政府に無視されてしまうのである。すなわち、ラス・カサスの死後、ペルー副王領で大々的に反ラス・カサス運動を展開した第五代副王フランシスコ・デ・トレド(在位一五六九〜八一年)はビルカバンバに籠城して反スペイン運動を続けるインカ王トゥパク・アマル(一五七一年に病死したティトゥ・クシ・ユパンキの後を継いで反スペイン闘争を継続)のもとへ軍隊を派遣し、武力鎮圧に乗り出した。そして、一五七二年、トゥパク・アマルは捕らえられて処刑され、インカ帝国は名実ともに滅亡した。

次に、ラス・カサスが以上の八項目の原則に基づいて答えた一二の疑問のうち、最も詳細な結論が記された疑問について簡単に触れてみたい。それは《疑問五》に対する回答であり、その結論は一一項目に及んでいる。《疑問五》では、エンコメンデロとなんらかの関係をもつ人びとも例外なく、エンコメンデロから受け取った財貨に対して賠償義務を負うと主張し、具体的に彼らの職業や身分を列挙した。すなわち、エンコメンデロから金を借りた人、エンコメンデロの子供の家庭教師、エンコメンデロが建てた礼拝堂で働く司祭およびミサの代価や布施を受け取った司祭、エンコメンデロの掛かりつけの医師、弁護士、公証人、大工、仕立屋、靴職人、屠殺業者や商人などである。ここで注目しなければならないのは賠償義務を負う人びとの中に聖職者が含まれていることである。ラス・カサスは言う。「聖職者や宣教師は、もし説教の場で、あるいは、告解聴聞の場や日常の談話の中で、他人の物を所有する連中（エンコメンデロ）を諌め、彼らに償いと苦行を実践するよう、勧説するなら、生活に必要不可欠なものを口にし、所有することができる」と。しかし、ラス・カサスはさらに語を続けて、それは、「略奪品や高利貸しで不正に得た物を元手に蓄財した人たち（エンコメンデロ）が賠償を実行することに確実な期待がもてる場合に限られ、もしその期待がもてない場合、宣教師は賠償義務を免れない」と、条件を付加する。すなわち、ラス・カサスによれば、エンコメンデロによる賠償義務の履行に確実な期待がもてる場合にのみ、聖職者はそのエンコメンデロから生活に最低必要なものを得ることが許されるのである。このように、ラス・カサスはエンコメンデロの賠償義務履行の意思を重視したが、その意思の有無や堅固さに関する判断はきわめて難しく、聴罪司祭にとり、決して容易なことではなかった。換言すれば、先に引用したロペ・デ・メンディエタの遺言書に関するドミニコ会士トマス・デ・サン・マルティンの解釈が示すように、その判断は聴罪司祭の歴史観や他者認識に大きく左右される微妙な作業であり、大部分の聴罪司祭にとり、かなり困難を伴うものであった。したがって、《疑問五》に対する結論が、植民者からは言うまでもなく、聴罪司祭からも、問題視されたのは想像に難くない。

賠償義務をめぐるエンコメンデロと聖職者の関係に関連して、興味深い主張が《疑問三に対する結論》〔その四〕に記されている。ラス・カサス曰く、「レパルティミエント内にキリスト教の教えを説く聖職者や修道士の教化集落《ドクトリナ》を設けているエンコメンデロは、その集落に身を置く聖職者や修道士に支払った俸給、あるいは、彼らのために負担した諸費用に関しては、賠償義務を負わない」と。つまり、インディオの改宗化に努めたエンコメンデロは、インディオに賠償すべき額から改宗化に費やした分(聖職者に支払った分)を差し引いても構わないと主張しているのである。その理由は、ラス・カサスによれば、聖職者に対するエンコメンデロの支出はインディオのため(改宗化)に行われるからであり、「さながらエンコメンデロがそれらの諸経費(宣教師に支払う俸給など)を通じてインディオに対する賠償義務を履行しているのに等しい」からである。換言すれば、エンコメンデロは間接的な形で、すでに賠償義務を履行しているというわけである。

しかし、この主張はラス・カサスの従前の考えと明らかに矛盾するし、事実、その矛盾を指摘する研究者もいる。なぜなら、ラス・カサスによれば、そもそもエンコミエンダ自体、不正かつ邪悪な制度なので、エンコメンデロが聖職者に支払う俸給などは、元を正せば、インディオたちから不正に手に入れたもの、つまり、インディオの血に塗れたものだからである。それにもかかわらず、ラス・カサスは《疑問四》に答えるときも、同じ主張を繰り返している。すなわち、ラス・カサスによれば、エンコメンデロは例外なく賠償義務を負っているが、もしエンコメンデロの中に、インディオのキリスト教化に携わる聖職者を受け入れ、彼らの必要経費を負担した者がいれば、そのエンコメンデロは負担しなければならない賠償額から、聖職者に支払った分を控除できることになる。しかし、エンコメンデロが聖職者に支払う分は、元を正せば、インディオの血と汗の結晶だから、その主張には、矛盾がある。ラス・カサスは、慈善行為（福音伝道、改宗化）は代償を求めないし、改宗したことでインディオに生じる義務は契約に基づくものではなく、報恩的なものだと論じている。したがって、改宗したインディオは聖職者に対していっさい義務を負わないが、実質的にはインディオが聖職者の生計を維持する義務を負っていることになる。エンコメンデロが聖職者に支払う代償は、元はと言えば、インディオが支払い義務を負わされた貢租の一部、すなわち、インディオの血に塗れたものだからである。ここで想起しなければならないのは、ラス・カサスが《疑問三に対する結論》〔その一〕で、アリストテレスを援用して、「悪を除外したり、あるいは、最小悪を実行したりするのは、善を実践するのと変わらない」と主張していることである。すなわち、ラス・カサスによれば、エンコメンデロがインディオの改宗化に努める宣教師に一定の俸給を支払うのは「悪」ではなく、「最小悪」であり、換言すれば、それは善の実践に等しいのである。

このように、ラス・カサスが『疑問』で開陳した賠償義務論は、虐げられし人びと(インディオ)が置かれている不正かつ悲惨な状況を改めるために創出された具体的かつ普遍的な理論であると同時に、キリスト教徒を名乗るスペイン国王をはじめ、スペイン人たちが救霊を得るためには必ず遵守しなければならないキリスト教徒としての行動指針でもあった。つまり、『疑問』は『財宝論』とともに、ラス・カサスがキリスト教を奉じるスペイン国王に対して、真のキリスト教徒としての義務の履行を訴えたまさに「遺言書」である。換言すれば、ラス・カサスの最後の論策『疑問』は神意を蔑ろにするスペイン国王に対して、キリスト教徒ラス・カサスが突きつけた正真正銘の最後通牒であった。

三　アンデスにこだまする叫び――《征服はなかった》の真意

先に、訳者は、ラス・カサスがペルーのエンコミエンダの永代所有化に反対する運動を展開する中で、インディオとの間に信頼関係を築き、それが、ラス・カサスの没後、「思いも寄らない結果」をもたらすことになったと記した。ラス・カサスは生前、宮廷でエンコミエンダ世襲化反対運動を進める過程で、一五五九年、同僚のドミンゴ・デ・サント・トマスとともに、ペルーのカシーケたちから全権を委任され、宮廷でペルーのインディオの代表として活動することになった。その結果、ラス・カサスらは、世襲化を求めるペルーのエンコメンデロの代表が提示した国王への献金額八〇〇万ペソを上回る額の献金を申し出た。このように、ラス・カサスの長年にわたるインディオ擁護運動(「一六世紀インディヘニズモ」)がインディオの間で認知・支持されたのはペルー副王領に限ったことではなく、一五五〇年代半ばには、ヌエバ・エスパーニャ副王領のインディオたちから、ラス・カサスを宮廷における彼らの代表として承認するよう、嘆願書が提出された。したがって、ラス・カサスの運動は決してインディオから孤立した活動ではなく、インディオの支持を獲得するのは予測されたこと、つまり「予想できる結果」であった。では、「思いも寄らない結果」とはいったい何を指すのだろうか。その疑問を解くには、本訳書に転載した二〇枚あまりの線画に言及しなければならない。

線画を描いたのは、ペルー副王領の中央アンデスに位置するワマンガ地方で生を受けたインディオのフェリペ・グァマン・ポマ・デ・アヤラ(以下、グァマン・ポマと略記。一五五〇?〜一六一五年)であり、線画が掲載されているのは、グァマン・ポマが独学で習得したカスティーリャ語(以下、スペイン語と記す)を駆使して著した浩瀚な『新しい記録と良き統治』*Nueva Corónica y Buen Gobierno*(以下、『記録と統治』と略記)と題される作品である。記録および意思伝達の手段としての文字が存在せず、キープという結縄文字(本文中の線画8で右側に描かれている紐状のもの)を利用した、いわゆる無文字社会のアンデスで生を受けたグァマン・ポマが独学で支配者の言語であるスペイン語を習得したばかりか、その文字を駆使して、およそ一二〇〇頁に及ぶ浩瀚な作品をものしたのは数多くのヨーロッパ型アンデス史(インカ史)を作り上げたスペイン人クロニスタ(新大陸関係の記録文書の作者）に対する先住民側からの異議申し立て（「文字の暴力」に対する抵抗）であった。そのうえ、作品全体の約三分の一を超える四五〇頁がグァマン・ポマ自身の描く線画で埋め尽くされ、しかも、線画の中に、ケチュア語で短い説明文がローマ字表記されていることや、線画のあとに、つまり頁を改めて、スペイン語の文章が配置されていることは、線画が本文を補足する単なる挿絵ではなく、意思伝達の重要な機能を果していることを示唆している。

作品は二部構成で、第一部では主に、紀元前からインカ支配期を経て一六世紀半ばのスペイン人の内乱にいたる長大なアンデスの歴史が扱われ、第二部では、スペインによる植民地支配の実態とその改善策、最後に、アンデスの地誌がヨーロッパのキリスト教的観念や記述様式に倣って書き綴られている。ここでは主に、第一部の末尾に掲載されている「征服」と題された章および第二部の「良き統治」を中心に論を進めたい。

『記録と統治』には、はるか昔、第二代インカ王シンチロカの時代に、聖バルトロメーがアンデスにキリスト教を伝えたとか、征服者《コンキスタドール》ピサロがペルー北部のトゥンベスに上陸したとき、インカ王の使者から手厚い歓迎を受けたといった、史実とは異なる情報が数多く認められる。そのため、作品は、手稿が一九〇八年にデンマーク、コペンハーゲンの王立図書館で発見され、三六年に復刻版がフランスで出版されて以来、研究者の間では、史料としての価値よりも、線画の方に大きな関心が寄せられた。その傾向に転機が訪れたのは、一九六〇年代にメキシコの歴史家ミゲル・レオン＝ポルティーヤが『敗者の視点』*Visión de los Vencidos*（山崎眞次訳『インディオの挽歌』成文堂、一九九四年）と『征服の裏側』*El Reverso de la Conquista* を発表し、実証的かつ客観的な征服史を描くには、被征服者側の記録の解明が重要かつ不可欠であると主張したときのことである。爾来、征服史研究は新たな段階に入り、グァマン・ポマおよびその作品に関する研究も歴史学のみならず、考古学、文化人類学、図像学、古文書学、言語学など幅広い学問分野にわたって行われるようになった。無文字社会のアンデスで地方の有力者（カシーケ）の子として生まれ、数奇な人生を送ったあと、晩年には身をやつして各地を遍歴したグァマン・ポマが独学で習得した文字（スペイン語）を駆使して浩瀚な文書を認めた、その歴史的背景や作品執筆の動機および目的の解明に光が当てられ、貴重な研究成果が次々と発表されるようになった。中でも、特筆に値するのはアメリカ、イェール大学のロレナ・アドルノとペルー・カトリック大学のフワン・オシオの研究である。

なお、作品の著者に関して、二〇世紀末に、イタリア人研究者（ボローニャ大学）を中心に異論(著者を混血のイエズス会士ブラス・バレーラと主張)が唱えられ、激しい論争が生起したが、二〇一〇年代半ばに、イタリア人研究者が論拠とした史料(「ミッチネリ文書」とか「ナポリ文書」と称される)が偽造文書と認定され、ようやく論争に決着がついた。

グァマン・ポマおよび『記録と統治』に関しては、これまでに幾度か拙論を明らかにする機会に恵まれたので(巻末の参考文献参照)、ここでは、焦点をラス・カサスとの関係に絞って簡単に触れてみたい。ここに転載したのは「征服はなかった」*No (h)ubo conquista.* という主張を具象化した線画である(線画 fol. 375［377］)。この線画には、グァマン・ポマの巧妙な画法が認められる。すなわち、線画では、スペイン人征服者が武具で身を固めた姿で描かれているのに対して、彼らを出迎えたインディオたちは非武装で(平和的な出会いを演出)、それぞれ異なる衣装を身にまとい(これはインカ帝国には多様な民族集団が存在したことを暗示)、しかも向かって左端には、アンデスの伝統的な互酬制度を象徴するジャガイモ入りの袋を担いでいるインディオが描かれている。この線画には、「征服　ワスカル・インガはカスティーリャの国王が派遣した使者と和平をむすぶためにトゥンベスの港へ使者を送った」というタイトルが付され、線画には、向かって左側に描かれた一群のインディオと右側のスペイン人征服者たちの上部にそれぞれ、「この

線画　「征服はなかった」(fol. 375［377］)

王国の君主であるインガ王(インカ王)に仕える副王、右腕ともいうべき、いと高き貴顕ドン・マルティン・グァマン・マルキ・デ・アヤラ」と「ドン・フランシスコ・ピサロとドン・ディエゴ・デ・アルマグロ」というスペイン語の表記がある。さらに線画の下には、「カスティーリャの国王・皇帝とこのピルー王国の領土を治める正当な国王ワスカル・インガが和を結んだ」と記されている。言うまでもなく、インカ王の使者とスペイン国王の使者がトゥンベスで抱擁しあっているこの線画は、アンデスの支配権がインカ王からスペイン国王に平和裡に移譲されたという主張、すなわち、アンデスは軍事的にスペイン人に征服されたのではない(「征服はなかった」)という主張を視覚化したものである。さらに、グァマン・ポマは線画を説明する本文で、具体的にこう記している。「スペイン人たち、つまり、ドン・フランシスコ・ピサロとドン・ディエゴ・デ・アルマグロならびにドン・マルティン・デ・アヤラはそれぞれ跪き、抱擁しあった。そうして、皇帝との間に平和と友好が築かれた。」すなわち、グァマン・ポマは支配権の自発的な移譲を主張することにより、スペイン国王がアンデスに君臨する正当性を認めているのである。

しかし、グァマン・ポマは実に巧妙に真意を吐露していく。グァマン・ポマは、第一部でアンデスのインディオがはるか昔からキリスト教を奉じていたと記し、この「征服」の章で、トゥンベスにおけるピサロと実父マルティン・デ・アヤラとの抱擁を通じて、「征服はなかった」と主張した。グァマン・ポマによれば、アンデスの民は一時期、つまり、インカ支配期に、強要されて余儀なく太陽を神と崇める偶像崇拝を受容したが、密かにキリスト教信仰を維持しつづけ、スペイン国王の代理としてピサロがペルーの北部海岸に到着したとき、父マルティン・デ・アヤラがインカ王の名代として、彼らを平和裡に出迎えるため、トゥンベスへ派遣され、そして、両者は抱擁しあった。言うまでもなく、いずれも歴史的事実を無視したフィクションであり、したがって、先に指摘したように、作品は出版されてしばらくは、アンデス史を解明する史料としての価値を否定されつづけ、線画の研究だけがいわば独り歩きした。しかし、「敗者の視点」からの研究が進むにつれて、グァマン・ポマの巧妙な戦略が次第に明らかになってきた。

ここで注目しなければならないのは、近年の研究により、グァマン・ポマがワマンガ地方で布教活動に従事するドミニコ会士を通じて、ラス・カサスの『疑問』を読む機会を得た事実が明らかにされたことである。その結果、グァマン・ポマはピサロと父マルティン・デ・アヤラの出会いと抱擁を事実化することで、ラス・カサスが同書で第六原則として提示した条件、つまり、スペイン国王によるアンデス支配を正当化する絶対的な条件(「贈与大教書」の実効性に関わる条件＝自発的同意)が満たされたこと、つまり、ピサロと父マルティンとの友好的な出会いによって、インカ王が自発的かつ平和裡にスペイン国王のアンデス支配を受け入れたことを示唆し、それを根拠に「征服はなかった」と主張した。その一方で、グァマン・ポマは、「世界はすべて神のもの。カスティーリャはスペイン人、インディアスはインディオ、ゲネア(ギネア)は黒人のものである。それぞれが、その土地の正当な所有者であり、それは法によって定められているのみならず、一〇年間そこに滞在したためにローマ人と呼ばれた聖パウロもそのように記しているからである」と主張した。明らかにその主張は、ラス・カサスが『疑問』の《第一原則》で、異教徒の正当な支配権を論証する際に聖アウグスティヌスに従って引用した聖パウロの言葉、つまり、「人は皆、上に立つ権威に従うべきです。神に由来しない権威はなく、今ある権威はすべて神によって立てられたものだからです」を敷衍したものである。

また、グァマン・ポマは、ラス・カサスがスペインで長期にわたりキリスト教徒の土地で彼らの間で暮らしている異教徒のユダヤ人やムーア人をキリスト教君主に仕える臣下とみなし、「彼らはキリスト教君主が定める正しい法律を遵守しなければならない」

（『疑問』の《第二原則》）と主張したのを受けて、ペルー在住のスペイン人はアンデスの支配者や法律に従わなければならないと記し、彼らをケチュア語で「移住者」を意味するミティマイス（ミティマエス）と名付け、アンデスではいっさい権利をもたない存在とみなした。ミティマイスとは、インカ時代に存在した特殊な社会集団で、インカ人との戦いに敗れ、出身の社会との絆を維持しながらも、インカ王の命じる生産活動に従事するため、所属する民族集団の拠点から遠く離れた土地へ送られた人びとのことで、グァマン・ポマはスペイン人をミティマイスと同定することによって、アンデスにおける彼らの権利を否定した。こうして、グァマン・ポマはスペイン人によるアンデス支配の正当性を否定し、「インディオはこの王国本来の所有者であり、スペイン人はカスティーリャの所有者である。この王国では、スペイン人は異邦人、ミティマイスである。それぞれが、その土地の所有者であり、正当かつ本来の所有者である。それは、国王の命令によるのではなく、神によって定められたことである。すなわち、神は世界を創造されたとき、それぞれの場所にその種を蒔かれた。カスティーリャにはスペイン人を、インディアスにはインディオを、そしてゲネア（ギネア）には黒人をそれぞれ配置されたのである」と、結論づけた。このように、グァマン・ポマはインディオの土地であるアンデスに暮らすスペイン人を移住者と規定し、作品を通して、彼らの傲慢さや極悪非道ぶりを厳しく告発した。

グァマン・ポマは、アンデス住民がもともとキリスト教を信じていたこと(聖バルトロメーによるアンデス布教)や自発的にスペイン国王に従ったこと(トゥンベスでの抱擁)を論拠に、エンコメンデロの存在理由を否定し、すべての世俗的支配権を返還するよう要求し、作品の第二部の「良き統治」では、およそ二〇頁を費やして、時のスペイン国王フェリペ三世との架空の対話を描いた。それは、フェリペ三世の質問に対してグァマン・ポマが答えるという対話形式で書き綴られている。以下に少し長くなるが、冒頭の「前書き」を紹介する。「いと聖なるカトリック王はペルー王国の実情を知るため、この作品の著者であるアヤラにさまざまな事柄について質問されるが、それは王国を正しく治め、正義を実行し、大勢の貧しいインディオを救済するためであります。著者である私は陛下のご質問に耳を傾け、スペイン人、コレヒドール(地方の下級官吏)、裁判官、教化集落の司祭、エンコメンデロ、有力なカシーケなどが行為を悔い改めることを願い、そして、陛下のいやます栄光のために、最善を尽くしてお答えする所存です。…私は家、家族や財産を捨てて、貧者として旅をつづけたこの三〇年間に見聞きした事柄をお伝えするつもりでおります…。」このように、グァマン・ポマはペルーに暮らしている司祭を含むスペイン人に「悔い改め」を求めたが、それは、ペルー在住のスペイン人をスペインに暮らすユダヤ人やムーア人と同一視する主張とともに、ラス・カサスの『疑問』から導いた当然の結論だった。

すなわち、ラス・カサスの『疑問』はアンデスの知識人ともいえる一人のインディオの心をゆさぶり、ラス・カサスの歿後ほぼ半世紀を経て、『新しい記録と良き統治』と題する貴重な作品(二〇〇七年、ユネスコの「世界の記憶遺産」に認定)が後世に残されることになった。まさしくそれは「思いも寄らない結果」と言えるのではないだろうか。なお、グァマン・ポマおよびその作品に関しては、今なお解明しなければならない謎が多く(例えば、スペインに届いたグァマン・ポマの手稿がおよそ三世紀間、闇に葬られ、二〇世紀初頭にプロテスタントの福音ルーテル派を国教とするデンマークの王立図書館で発見されるに至った歴史的経緯とその意味)、今後の研究が俟たれるが、最後に、いま一つ、触れておかなければならないことがある。

グァマン・ポマは作品を執筆するにあたり、スペイン人が書き綴った数多くのクロニカ(新大陸関係の記録文書)を参考にした。事実、グァマン・ポマは作品を閉じるにあたり、インディアスやアンデス関係の文書を著したスペイン人として、イエズス会士ホセ・デ・アコスタ（『新大陸自然文化史』や『インディオ救霊論』）、ゴンサロ・フェルナンデス・デ・オビエド（『インディアス博物誌ならびに征服史』）、アグスティン・デ・サラテ（『ペルー発見・征服史』）、ディエゴ・フェルナンデス（『ペルー史』）やメルセス会士マルティン・デ・ムルーア（『ペルーの歴代インカ王の起源と系譜に関する記録』）らの名前を挙げ（ただし、名前の表記には誤りが散見される）、それぞれの作品に、短い論評を添えている。また、グァマン・ポマはドミンゴ・デ・サント・トマスにも言及し、ケチュア語の語彙集の編纂者と記している。ところが、『記録と統治』には、ラス・カサスという名前はもとより、『疑問』と題される論策についても、いっさい言及がない。すなわち、グァマン・ポマはラス・カサスに関して、終始、沈黙を守り通しているのである。その理由の一つに考えられるのは、第五代ペルー副王フランシスコ・デ・トレドが着手した徹底的な反ラス・カサス運動の影響である。副王トレドは、ペルーにおけるラス・カサスの思想の社会的影響の大きさに植民地経営の危機を察知し、スペイン国王によるペルー支配を正当化し、植民地政策を円滑に進めるため、ラス・カサスの作品の回収を命じたことや（一五七〇年）、従兄弟に当たるドミニコ会士ガルシア・デ・トレドに、ラス・カサスを論駁する文書『ユカイの覚書』(一五七一年)の作成を要請したこと、それに、スペイン人によるインカ帝国征服を正当化する目的で「インカ暴君論」を喧伝するため、部下のサルミエント・デ・ガンボアに『インカ史』を執筆させたこと(一五七二年)などが挙げられる。すなわち、グァマン・ポマは、ペルーにおける反ラス・カサス運動の高まりと厳しい言論統制を経験して、意図的にラス・カサスの名前を伏せたと考えても大過はないだろう。グァマン・ポマは「スペイン人キリスト教徒の読者に」向けて、「あなた方は口を開けば、賠償しなければならないと言っているが、私の知るかぎり、生前死後を問わず、賠償したためしがない。したがって、キリスト教徒である私には、あなた方が一人残らず、地獄行きの罪を犯しているように思える」と訴えた。その訴えに、虐げられるインディオに鞭うたれるキリストを観たラス・カサスの主張に共鳴したアンデス先住民の悲痛な叫びを聞き取ることは出来ないだろうか。

＊

ラス・カサス晩年の論策 *Tratado de las Doce Dudas* の訳業に着手したのは、同じ著者の『インディアスの破壊についての簡潔な報告』(岩波文庫)の改訳版を上梓して間もない頃のことであり（二〇一三年夏）、したがって、本書の完成稿を仕上げるまで、実に一〇年以上の歳月が流れたことになる。言い訳がましいことはさておき、その間、完成原稿が仕上がるのを忍耐強く待って下さり、編集段階では、数々の有意義な助言を賜った岩波書店の入谷芳孝氏には、衷心よりお詫びと御礼を申し上げたい。

さて、原書が限定された人たち（聴罪司祭）を対象に認《したた》められた作品であることから、古代から近世にかけて、ヨーロッパ・キリスト教世界でその名を馳せた数多くの著名な哲学者、神学者や法学者の作品をはじめ、キリスト教や教会関係の法令集や文書などが、頻繁に典拠として引用されている。しかし、典拠となっている作品の大部分が略記されているため、原典に立ち戻って、正確に翻訳するのに（本文では〔　〕内に挿入）、思いの外、難渋を極めた。その際、訳者の非力さを補って下さったのが校正を担当された埜田祐子さんである。しかも、埜田祐子さんはそれだけにとどまらず、校正全般にわたり、驚くべき緻密さで、訳者の思いがけない誤りを数々、指摘してくださった。ここに、その名を記して謝意を表するしだいである。

次に、これは言い訳ではなく、今回の翻訳にかなりな時間を要した理由のひとつに、当該作品にラテン語の文章が頻出することが挙げられる。したがって、以下に掲げる、ラテン語を専門とする三名のペルー人研究者の協力なくしては、今回の翻訳は不可能に近かったといっても過言ではない。その三人とは、イエズス会士で歴史家のアルマンド・ニエト・ベレス神父 Rev. P. Armando Nieto Vélez, S.J.、ローマ教皇庁立ペルー・カトリック大学人文学部長スサナ・レイス教授 Dra. Susana Reisz と、同じくペルーのパシフィコ大学人文学部のエリオ・ベレス・マルキナ教授 Dr. Elio Vélez Marquina である。中でも、アルマンド・ニエト神父は訳者の要請を快諾し、スペイン語訳の原稿を手書きで四〇頁ほど作成してくださったばかりか、訳者の執拗な質問にも、懇切丁寧に応対してくださった。同神父は二〇一七年四月、訳者がリマ滞在中に、急逝されたため、完成した本書をお見せできないのが残念でならない。ご芳志に感謝し、ご冥福を祈るばかりである。

以上、三名のラテン語の専門家の協力を得られたのは、四〇年来の友人で、訳者の仕事の良き理解者でもあるペルー・カトリック大学名誉学長であり、現在、ペルー人権問題研究所の所長を務める畏友サロモン・レルネル・フェブレース氏 Dr. Salomón Lerner Febrés の尽力によるものであり、氏の変わらぬ友情と厚意には感謝の言葉も見つからない。

感謝と言えば、いまひとり、どうしても言及しなければならない研究者がおられる。訳者のかつての共同研究者であり友人でもある、イェール大学（アメリカ）のロレナ・アドルノ教授 Dra. Rolena Adorno である。同教授はデンマークの王立図書館（コペンハーゲン）に保管されているグァマン・ポマの『新しい記録と良き統治』の原本を現地調査する便宜を供与してくださったばかりか、今回の翻訳に当たり、ジョン・カーター・ブラウン図書館所蔵の『テルノ写本集』を参照する機会を提供してくださった。ここに、同教授の温かい協力と支援に対し、衷心より謝意を表する次第である。

訳業を終えた今、訳者は、一九八一年以来、計三年近く客員教授を勤めたペルー・カトリック大学人文学部歴史学科の同僚で、当時、世界のアンデス史研究者の間で、その該博な知識、鋭い史料批判と綿密な分析で注目されていたフランクリン・ピース教授 Dr. Franklin Pease G.Y.（一九三九～九九年。増田義郎氏との共著あり。巻末の参考文献参照）と交わした会話を思い出している。一九七三年、メキシコのコレヒオ・デ・メヒコの歴史学研究センターに留学し、エンコミエンダ研究の泰斗シルビオ・サバラ教授 Dr. Silvio Zavala（一九〇九～二〇一四年）に師事して本格的なラス・カサス研究の道を歩みはじめた訳者にとり、ラス・カサスの思想と行動を、主に一六世紀前半、すなわち、「大航海時代」初頭のメキシコという歴史的かつ地理的空間に位置づけ、その意味を解明するのは、ごく自然なことに思えた。しかし、ピース教授は一度ならず訳者に、「スペイン支配下のラテンアメリカで、ラス・カサスの思想と行動がどこよりも大きな反響を呼び、受容されたのはアンデス世界だと思う。この分野の研究は緒に就いたばかりだから、開拓してみてはどうか」と仰った。そして、その言葉は訳者を、主にスペイン人の記録文書《クロニカ》に基づいて描かれてきた伝統的なアンデス史、すなわち、ヨーロッパ型アンデス史を再検討し、土着史料(先住民による記録文書、教会や行政機関が実施した巡察《ビシタ》記録、先住民が関わった裁判や地方行政関係の公文書など)を援用しながら、ラス・カサスの思想がアンデス社会に受容される過程とその歴史的意味を解明する方向へと導く羅針盤となった。ピース教授はしばしば訳者を自宅へ招き、当時入手が困難だった貴重な文献や資料を数多く、貸与してくださった。また、先記のロレナ・アドルノ教授との出会いも、ピース教授がお膳立てをしてくださったものであり、その結果、グァマン・ポマという人物やその著作『新しい記録と良き統治』の重要性を深く考察することになった。したがって、今回の翻訳が亡きピース教授から頂いた学恩に対するささやかな「お返し」になれば、それに優る喜びはない。

最後に、いつものことながら、半世紀以上にもわたる訳者の我儘な研究活動を支えてくれた妻、惠美子に感謝の気持ちを伝えたい。

二〇二四年一月

平和な時代の到来を信じつつ

神戸市東灘区の寓居にて

染田秀藤

参考文献

（欧語文献）

* Adorno, Rolena. *Cronista y Príncipe. La obra de don Felipe Guamán Poma de Ayala*, Lima, Fondo Editorial de la Pontificia Universidad Católica del Perú, 1989.

* Adorno, Rolena. *Guaman Poma, Writing and Resistance in Colonial Peru*, Austin, University of Texas Press, Institute of Latin American Studies, 2000.

* Adorno, Rolena & Boserup, Ivan（eds.）. *Unlocking the Doors to the Worlds of Guaman Poma and His* Nueva corónica, Copenhagen, Museum Tusculanum Press, 2015.

* Armas Medina, Fernando de. *Cristianización del Perú*（*1532–1600*）, Sevilla, Escuela de Estudios Hispanoamericanos, 1953.

* Bataillon, Marcel. *Estudios sobre Bartolomé de Las Casas*, Barcelona, Ediciones Península, 1976.

* Cárdenas Bunsen, José Alejandro. *Escritura y Derecho Canónico en la obra de fray Bartolomé de las Casas*, Madrid, Frankfurt am Main, Iberoamericana Vervuert, 2011.

＊Carro, Venancio Diego. *La teología y los teólogos-juristas españoles ante la conquista de América,* 2 vols. Madrid, Consejo Superior de Investigaciones Científicas, 1944.

＊Chang-Rodríguez, Raquel. “Writing as Resistance: Peruvian History and the *Relación* of Titu Cusi Yupanqui”, *From Oral to Written Expression: Native Andean Chronicles of the Early Colonial Period*, edited by Rolena Adorno, New York, Maxwell School of Citizenship and Public Affairs, Syracuse University, 1982. pp. 41–64.

＊Cook, Noble David. *Demographic Collapse, Indian Peru, 1520–1620,* Cambridge, Cambridge University Press, 1981.

＊Duviols, Pierre. *La Destrucción De Las Religiones Andinas* (*durante la conquista y la colonia*), Traducción de Albor Maruenda, México, Universidad Nacional Autónoma de México, 1977.

＊Giménez Fernández, Manuel. “LAS CASAS Y EL PERÚ. Ensayo crítico acerca de las noticias y juicios que respecto al descubrimiento y conquista del Perú formula en sus escritos Fray Bartolomé de Las Casas”, *Documenta,* No. 2, Lima, 1948–1950. pp. 343–377.

＊Guaman Poma de Ayala, Felipe. *El Primer Nueva Corónica y Buen Gobierno,* Edición crítica de John Murra y Rolena Adorno, México, Siglo Veintiuno Editores, 1992.

＊Guaman Poma de Ayala, Felipe. *The First New Chronicle and Good Government. On the*

History of the World and the Incas up to 1615, Translated and edited by Roland Hamilton, Austin, University of Texas Press, 2009.

* Guaman Poma de Ayala, Felipe. *El Primer Nueva Corónica y Buen Gobierno*, https://poma.kb.dk/permalink/2006/poma/titlepage/es/text/

* Hidefuji, Someda. "Fray Bartolomé de Las Casas y el problema de la perpetuidad de la encomienda en el Perú", *Histórica*, Vol. V-2, Lima, Fondo Editorial de la Pontificia Universidad Católica del Perú, 1981, pp. 263-294.

* Hidefuji, Someda. "Testamento doctrinal de Bartolomé de Las Casas—Análisis sobre *De Thesauris*—", *Annals*, Tokio, JALAS（日本ラテンアメリカ学会誌）No. 4, 1984. pp. 90-118.

* Hidefuji, Someda. "Las Casas y Guaman Poma sobre el Imperio de los Incas", *Guaman Poma y Blas Valera. Tradición Andina e Historia Colonial,* a cura di Francesca Cantù, Roma, Antonio Pellicani Editore, 2001. pp. 329-341.

* Hidefuji, Someda. *Apología e Historia. Estudios sobre fray Bartolomé de las Casas*, Lima, Fondo Editorial de la Pontificia Universidad Católica del Perú, 2005.

* Hidefuji, Someda. "Las Casas y Guaman Poma ante la estrategia del Inca 'rebelde' Titu Cusi Yupanqui", *Nueva Corónica*, No. 1, Lima, Escuela de Historia, Universidad Nacional

Mayor de San Marcos, 2013. pp. 1–24.

* Hidefuji, Someda. "Las Casas en Guaman Poma—en torno a la interpretación sobre el alzamiento de los incas—", *Perspectivas Latinoamericanas*, Núm. 13, Nagoya, Centro de Estudios Latinoamericanos, Universidad Nanzan, 2016. pp. 18–40.

* Iglesias Ortega, Luis. *Bartolomé de Las Casas. Cuarenta y cuatro años infinitos*, Sevilla, Fundación José Manuel Lara, 2007.

* Las Casas, Bartolomé de. *Los Tesoros del Perú,* Traducción y anotación de Ángel Losada García, Madrid, Consejo Superior de Investigaciones Científicas, Institutos «Gonzalo F. de Oviedo» y «Francisco de Vitoria», 1958.

* Lavallé, Bernard. *Bartolomé de Las Casas, Entre la espada y la cruz*, Traducción de Marta Pino Moreno, Barcelona, Ed. Ariel, 2009.

* León-Portilla, Miguel. *Visión de los Vencidos. Relaciones indígenas de la Conquista*, Biblioteca del Estudiante Universitario, No. 81, México, Universidad Nacional Autónoma de México, 1959.

* León-Portilla, Miguel. *El Reverso de la Conquista. Relaciones aztecas, mayas e incas.* México, Ed. Joaquín Mortiz, 1964.

* León-Portilla, Miguel. *Francisco Tenamaztle. Primer Guerrillero de América, Defensor de*

los Derechos Humanos, México, Editorial Diana 2005.

＊Lohmann Villena, Guillermo. "La restitución por conquistadores y encomenderos: un aspecto de la incidencia lascasiana en el Perú", *Anuario de Estudios Americanos*, XXIII, Sevilla, Publicaciones de la Escuela de Estudios Hispano-Americanos No. 174, Sevilla, Consejo Superior de Investigaciones Científicas, Universidad de Sevilla, 1966. pp. 21–89.

＊María Vargas, José, *Fr. Domingo de Santo Tomás, defensor y apóstol de los indios del Perú. su vida y sus escritos*, Quito (Ecuador), Editorial Santo Domingo, 1937.

＊Ossio, Juan. *En busca del orden perdido. la idea de la historia en Felipe Guaman Poma de Ayala*, Lima, Fondo Editorial de la Pontificia Universidad Católica del Perú, 2008.

＊Osuna, Antonio. "El tratado de 'Las doce dudas' como testamento doctrinal de Bartolomé de Las Casas", *Ciencia Tomista*, Núms. 331–332, Salamanca, 1975, pp. 325–378.

＊Pérez Fernández, Isacio. *Inventario documentado de los escritos de fray Bartolomé de Las Casas*, Bayamón (Puerto Rico), Centro de Estudios de los Dominicos del Caribe, 1981.

＊Pérez Fernández, Isacio, *Cronología documentada de los viajes, estancias y actuaciones de Fray Bartolomé de Las Casas*, Bayamón (Puerto Rico), Centro de Estudios de los Dominicos del Caribe, 1984.

＊Pérez Fernández, Isacio. *Bartolomé de Las Casas en el Perú. El espíritu lascasiano en la primera evangelización del Imperio Incaico* (*1531-1573*), Cusco, Centro de Estudios Rurales Andinos "Bartolomé de Las Casas", 1988.

＊Shaaf Gandolfo, Adriana. *La tesis lascasiana de la restitución*, Memoria para optar el grado de Bachiller en Humanidades con mención en Historia. Lima, Pontificia Universidad Católica del Perú, 1989.

＊Vickery, Paul S. *Bartolomé de Las Casas. Great Prophet of the Americas,* New York, Paulist Press, 2006.

＊*Visita de la Provincia de León de Huánuco en 1562. Íñigo Ortiz de Zúñiga, visitador.* Versión paleográfica de Domingo Angulo, Marie Helmer y Felipe Márquez Abanto, 2 tomos, Huánuco, Universidad Nacional Hermilio Valdizán, Facultad de Letras y Educación, 1972.

＊Zavala, Silvio. *La Encomienda Indiana,* Edición revisada y aumentada, Biblioteca Porrúa No. 53, México, Librería Porrúa y Hnos., 1976.

（邦訳文献）

＊アンリ・ラペール『カール五世』染田秀藤訳、白水社、文庫クセジュ、一九七五年

＊エドムンド・ギエン『インカ最後の都　ビルカバンバ』寺田和夫監訳、時事通信社、一九

七七年
＊グスタボ・グティエレス『神か黄金か——甦るラス・カサス』染田秀藤訳、岩波書店、一九九一年
＊ジョゼフ・ペレス『ハプスブルク・スペイン　黒い伝説——帝国はなぜ憎まれるのか』小林一宏訳、筑摩書房、二〇一七年
＊ジョン・H・エリオット『旧世界と新世界　一四九二—一六五〇』越智武臣・川北稔訳、岩波書店、一九七五年
＊セプールベダ『第二のデモクラテス——戦争の正当原因についての対話』染田秀藤訳、岩波文庫、二〇一五年
＊チャールズ・ギブソン『イスパノアメリカ——植民地時代』染田秀藤訳、平凡社、一九八一年
＊ティトゥ・クシ・ユパンギ述『インカの反乱——被征服者の声』染田秀藤訳、岩波文庫、一九八七年
＊ナタン・ワシュテル『敗者の想像力——インディオのみた新世界征服』小池佑二訳、岩波書店、一九八四年
＊フランクリン・ピース／増田義郎『図説　インカ帝国』小学館、一九八八年
＊マリアンヌ・マン＝ロト『イスパノアメリカの征服』染田秀藤訳、白水社、文庫クセジュ、

一九八四年
＊マルモンテル『インカ帝国の滅亡』湟野ゆり子訳、岩波文庫、一九九二年
＊ミゲル・レオン＝ポルティーヤ編『インディオの挽歌——アステカから見たメキシコ征服史』山崎眞次訳、成文堂、一九九四年
＊モトリニーア『ヌエバ・エスパーニャ布教史』小林一宏訳、岩波書店、「大航海時代叢書」第Ⅱ期、第一四巻、一九七九年
＊ラインホルト・シュナイダー『カール五世の前に立つラス・カサス——南米征服者時代の諸情景』下村喜八訳、未來社、一九九三年
＊ラス・カサス『インディアス史』長南実訳／石原保徳編、全七冊、岩波文庫、二〇〇九年
＊ラス・カサス『インディアスの破壊についての簡潔な報告』染田秀藤訳、岩波文庫、二〇一三年
＊ラス・カサス『インディオは人間か』染田秀藤訳、岩波書店、「アンソロジー《新世界の挑戦》」八、一九九五年
＊ルイス・ハンケ『アリストテレスとアメリカ・インディアン』佐々木昭夫訳、岩波新書、一九七四年
＊ルイス・ハンケ『スペインの新大陸征服』染田秀藤訳、平凡社、一九七九年

（邦語文献）

＊青野和彦「ラス・カサスの『聴罪規定』研究――「平和的布教論」に対する「正義」の思想的影響」『神学研究』第六六号、関西学院大学、二〇一九年、六一～七五頁
＊網野徹哉『インカとスペイン　帝国の交錯』興亡の世界史12、講談社、二〇〇八年
＊網野徹哉『インディオ社会史――アンデス植民地時代を生きた人々』みすず書房、二〇一七年
＊石原保徳『インディアスの発見――ラス・カサスを読む』田畑書店、一九八〇年
＊合田昌史『マゼラン――世界分割（デマルカシオン）を体現した航海者』京都大学学術出版会、二〇〇六年
＊染田秀藤『ラス・カサス伝――新世界征服の審問者』岩波書店、一九九〇年
＊染田秀藤・友枝啓泰『アンデスの記録者ワマン・ポマ――インディオが描いた《真実》』平凡社、一九九二年
＊染田秀藤『大航海時代における異文化理解と他者認識――スペイン語文書を読む』溪水社、一九九五年
＊染田秀藤『ラス＝カサス』清水書院、「人と思想」一四三、一九九七年
＊染田秀藤「《征服はなかった》――インカ帝国征服戦争――正戦論に対する敗者の異議申し立て」、山内進編『「正しい戦争」という思想』勁草書房、二〇〇六年、七五～一〇七頁

＊染田秀藤「植民地言説に対するアンデス先住民の異議申し立て〈グァマン・ポマの〝沈黙〟〉」松野明久編『トラウマ的記憶の社会史――抑圧の歴史を生きた民衆の物語』明石書店、二〇〇七年、一九～三七頁
＊染田秀藤「アンデス関係のクロニカをめぐるコンフリクト――ナポリ文書と『新しい記録と良き統治』」、染田秀藤・関雄二・網野徹哉編『アンデス世界――交渉と創造の力学』世界思想社、二〇一二年、六～四四頁
＊増田義郎『新世界のユートピア』研究社出版、一九七一年
＊増田義郎『大航海時代』講談社、「〈ビジュアル版〉世界の歴史」一三、一九八四年
＊松森奈津子『野蛮から秩序へ――インディアス問題とサラマンカ学派』名古屋大学出版会、二〇〇九年

インディアスの破壊《はかい》をめぐる賠償義務論《ばいしょうぎむろん》
——十二《じゅうに》の疑問《ぎもん》に答《こた》える
ラス・カサス著

2024年3月15日　第1刷発行

訳　者　染田秀藤《そめだひでふじ》

発行者　坂本政謙

発行所　株式会社 岩波書店
〒101-8002 東京都千代田区一ツ橋 2-5-5

案内 03-5210-4000　営業部 03-5210-4111
文庫編集部 03-5210-4051
https://www.iwanami.co.jp/

印刷 製本・法令印刷　カバー・精興社

ISBN 978-4-00-334279-4　　Printed in Japan

読書子に寄す

――岩波文庫発刊に際して――

岩波茂雄

真理は万人によって求められることを自ら欲し、芸術は万人によって愛されることを自ら望む。かつては民を愚昧ならしめるために学芸が最も狭き堂宇に閉鎖されたことがあった。今や知識と美とを特権階級の独占より奪い返すことはつねに進取的なる民衆の切実なる要求である。岩波文庫はこの要求に応じそれに励まされて生まれた。それは生命ある不朽の書を少数者の書斎と研究室とより解放して街頭にくまなく立たしめ民衆に伍せしめるであろう。近時大量生産予約出版の流行を見る。その広告宣伝の狂態はしばらくおくも、後代にのこすと誇称する全集がその編集に万全の用意をなしたるか。千古の典籍の翻訳企図に敬虔の態度を欠かざりしか。さらに分売を許さず読者を繫縛して数十冊を強うるがごとき、はたしてその揚言する学芸解放のゆえんなりや。吾人は天下の名士の声に和してこれを推挙するに躊躇するものである。このときにあたって、岩波書店は自己の責務のいよいよ重大なるを思い、従来の方針の徹底を期するため、すでに十数年以前より志して来た計画を慎重審議この際断然実行することにした。吾人は範をかのレクラム文庫にとり、古今東西にわたって文芸・哲学・社会科学・自然科学等種類のいかんを問わず、いやしくも万人の必読すべき真に古典的価値ある書をきわめて簡易なる形式において逐次刊行し、あらゆる人間に須要なる生活向上の資料、生活批判の原理を提供せんと欲する。この文庫は予約出版の方法を排したるがゆえに、読者は自己の欲する時に自己の欲する書物を各個に自由に選択することができる。携帯に便にして価格の低きを最主とするがゆえに、外観を顧みざるも内容に至っては厳選最も力を尽くし、従来の岩波出版物の特色をますます発揮せしめようとする。この計画たるや世間の一時の投機的なるものと異なり、永遠の事業として吾人は微力を傾倒し、あらゆる犠牲を忍んで今後永久に継続発展せしめ、もって文庫の使命を遺憾なく果たさしめることを期する。芸術を愛し知識を求むる士の自ら進んでこの挙に参加し、希望と忠言とを寄せられることは吾人の熱望するところである。その性質上経済的には最も困難多きこの事業にあえて当たらんとする吾人の志を諒として、その達成のため世の読書子とのうるわしき共同を期待する。

昭和二年七月

《歴史・地理》〔青〕

新訂 魏志倭人伝・後漢書倭伝・宋書倭国伝・隋書倭国伝 —中国正史日本伝1　石原道博編訳
新訂 旧唐書倭国日本伝・宋史日本伝・元史日本伝 —中国正史日本伝2　石原道博編訳
ヘロドトス 歴史 全三冊　松平千秋訳
トゥーキュディデース 戦史 全三冊　久保正彰訳
ガリア戦記　カエサル　近山金次訳
ランケ 世界史概観 —近世史の諸時代　鈴木成高・相原信作訳
ランケ自伝　林健太郎訳
歴史とは何ぞや　ベルンハイム　坂口昂・小野鉄二訳
歴史における個人の役割　プレハーノフ　木原正雄訳
古代への情熱 —シュリーマン自伝　シュリーマン　村田数之亮訳
アーネスト・サトウ 一外交官の見た明治維新 全二冊　坂田精一訳
ベルツの日記 全二冊　トク・ベルツ編　菅沼竜太郎訳
武家の女性　山川菊栄
インディアスの破壊についての簡潔な報告　ラス・カサス　染田秀藤訳
ラス・カサス インディアス史 全七冊　長南実訳　石原保徳編
コロンブス 全航海の報告　林屋永吉訳

戊辰物語　東京日日新聞社会部編
大森貝塚 —付 関連史料　E・S・モース　近藤義郎・佐原真編訳
ナポレオン言行録　オクターヴ・オブリ編　大塚幸男訳
中世的世界の形成　石母田正
日本の古代国家　石母田正
平家物語 他六篇　石母田正　高橋昌明編
クリオの顔 歴史随想集　E・H・ノーマン　大窪愿二編訳
日本における近代国家の成立　E・H・ノーマン　大窪愿二訳
旧事諮問録 —江戸幕府役人の証言 全二冊　旧事諮問会編　進士慶幹校注
朝鮮・琉球航海記 —一八一六年アマースト使節団とともに　ベイジル・ホール　春名徹訳
アリランの歌 —ある朝鮮人革命家の生涯　ニム・ウェールズ　キム・サン　松平いを子訳
さまよえる湖 全二冊　ヘディン　福田宏年訳
老松堂日本行録 —朝鮮使節の見た中世日本　宋希環　村井章介校注
十八世紀パリ生活誌 —タブロー・ド・パリ 全二冊　メルシエ　原宏編訳
北槎聞略 —大黒屋光太夫ロシア漂流記　桂川甫周　亀井高孝校訂
ヨーロッパ文化と日本文化　ルイス・フロイス　岡田章雄訳注
ギリシア案内記 全二冊　パウサニアス　馬場恵二訳

西遊草　清河八郎　小山松勝一郎校注
オデュッセウスの世界　フィンリー　下田立行訳
東京に暮す —一九二八〜一九三六　キャサリン・サンソム　大久保美春訳
ミカド —日本の内なる力　W・E・グリフィス　亀井俊介訳
増補 幕末百話　篠田鉱造
幕末明治 女百話 全二冊　篠田鉱造
トゥバ紀行　メンヒェン＝ヘルフェン　田中克彦訳
徳川時代の宗教　R・N・ベラー　池田昭訳
ある出稼石工の回想　マルタン・ナド　喜安朗訳
植物巡礼 —プラント・ハンターの回想　F・キングドン-ウォード　塚谷裕一訳
モンゴルの歴史と文化　ハイシッヒ　田中克彦訳
ダンピア 最新世界周航記 全二冊　平野敬一訳
ローマ建国史 全三冊（既刊上巻）　リーウィウス　鈴木一州訳
元治夢物語 —幕末同時代史　馬場文英　徳田武校注
フランス・プロテスタントの反乱 —カミザール戦争の記録　カヴァリエ　二宮フサ訳
ニコライの日記 —ロシア人宣教師が生きた明治日本 全三冊　中村健之介編訳
徳川制度 全三冊・補遺　加藤貴校注

第二のデモクラテス　戦争の正当原因についての対話　セプールベダ　染田秀藤訳

ユグルタ戦争　カティリーナの陰謀　サルスティウス　栗田伸子訳

史的システムとしての資本主義　ウォーラーステイン　川北稔訳

《哲学・教育・宗教》〔青〕

ソクラテスの弁明・クリトン　プラトン　久保勉訳
ゴルギアス　プラトン　加来彰俊訳
饗宴　プラトン　久保勉訳
テアイテトス　プラトン　田中美知太郎訳
パイドロス　プラトン　藤沢令夫訳
メノン　プラトン　藤沢令夫訳
国家　全二冊　プラトン　藤沢令夫訳
プロタゴラス　―ソフィストたち　プラトン　藤沢令夫訳
パイドン　―魂の不死について　プラトン　岩田靖夫訳
アナバシス　―敵中横断六〇〇〇キロ　クセノポン　松平千秋訳
アリストテレス　ニコマコス倫理学　全二冊　高田三郎訳
アリストテレス　形而上学　全二冊　出隆訳
アリストテレス　弁論術　戸塚七郎訳
アリストテレース詩学　ホラーティウス詩論　松本仁助　岡道男訳
物の本質について　ルクレーティウス　樋口勝彦訳
エピクロス　―教説と手紙　出隆　岩崎允胤訳

生の短さについて　他二篇　セネカ　大西英文訳
怒りについて　他二篇　セネカ　兼利琢也訳
エピクテトス　人生談義　全二冊　國方栄二訳
人さまざま　テオプラストス　森進一訳
マルクス・アウレーリウス　自省録　神谷美恵子訳
老年について　キケロー　中務哲郎訳
弁論家について　全二冊　キケロー　大西英文訳
キケロー書簡集　高橋宏幸編
平和の訴え　エラスムス　箕輪三郎訳
方法序説　デカルト　谷川多佳子訳
哲学原理　デカルト　桂寿一訳
情念論　デカルト　谷川多佳子訳
パンセ　全三冊　パスカル　塩川徹也訳
スピノザ　神学・政治論　全二冊　スピノザ　畠中尚志訳
知性改善論　畠中尚志訳
スピノザ　エチカ（倫理学）　全二冊　畠中尚志訳
スピノザ　国家論　畠中尚志訳

スピノザ往復書簡集　畠中尚志訳
デカルトの哲学原理　―附 形而上学的思想　スピノザ　畠中尚志訳
スピノザ　神・人間及び人間の幸福に関する短論文　畠中尚志訳
モナドロジー　他二篇　ライプニッツ　谷川多佳子　岡部英男訳
市民の国について　全二冊　ヒューム　小松茂夫訳
自然宗教をめぐる対話　ヒューム　犬塚元訳
エミール　全三冊　ルソー　今野一雄訳
人間不平等起原論　ルソー　本田喜代治　平岡昇訳
ルソー　社会契約論　桑原武夫　前川貞次郎訳
言語起源論　旋律と音楽的模倣について　ルソー　増田真訳
ディドロ　絵画について　佐々木健一訳
道徳形而上学原論　カント　篠田英雄訳
啓蒙とは何か　他四篇　カント　篠田英雄訳
純粋理性批判　全三冊　カント　篠田英雄訳
カント　実践理性批判　波多野精一　宮本和吉　篠田英雄訳
判断力批判　全二冊　カント　篠田英雄訳
永遠平和のために　カント　宇都宮芳明訳

- プロレゴメナ　カント　篠田英雄訳
- 学者の使命・学者の本質　フィヒテ　宮崎洋三訳
- シュライエルマッハー 独白　木場深定訳
- ヘーゲル 政治論文集 全二冊　金子武蔵訳
- 哲学史序論 —哲学と哲学史　ヘーゲル　武市健人訳
- 歴史哲学講義 全二冊　ヘーゲル　長谷川宏訳
- 法の哲学 —自然法と国家学の要綱　ヘーゲル　上妻精・佐藤康邦・山田忠彰訳
- 学問論　シェリング　西川富雄・藤田正勝監訳
- 自殺について 他四篇　ショウペンハウエル　斎藤信治訳
- 読書について 他二篇　ショウペンハウエル　斎藤忍随訳
- 知性について 他四篇　ショーペンハウエル　細谷貞雄訳
- 不安の概念　キェルケゴール　斎藤信治訳
- 死に至る病　キェルケゴール　斎藤信治訳
- 体験と創作 全二冊　ディルタイ　柴田治三郎・小牧健夫訳
- 眠られぬ夜のために 全二冊　ヒルティ　草間平作・大和邦太郎訳
- 幸福論 全三冊　ヒルティ　草間平作・大和邦太郎訳
- 悲劇の誕生　ニーチェ　秋山英夫訳

- ツァラトゥストラはこう言った 全二冊　ニーチェ　氷上英廣訳
- 道徳の系譜　ニーチェ　木場深定訳
- 善悪の彼岸　ニーチェ　木場深定訳
- この人を見よ　ニーチェ　手塚富雄訳
- プラグマティズム　W・ジェイムズ　桝田啓三郎訳
- 宗教的経験の諸相 全二冊　W・ジェイムズ　桝田啓三郎訳
- 日常生活の精神病理　フロイト　高田珠樹訳
- 純粋現象学及現象学的哲学考案 全二冊　フッセル　池上鎌三訳
- デカルト的省察　フッサール　浜渦辰二訳
- 愛の断想・日々の断想　ジンメル　清水幾太郎訳
- ジンメル宗教論集　深澤英隆編訳
- 笑い　ベルクソン　林達夫訳
- 道徳と宗教の二源泉　ベルクソン　平山高次訳
- 時間と自由　ベルクソン　中村文郎訳
- ラッセル教育論　安藤貞雄訳
- ラッセル幸福論　安藤貞雄訳
- 存在と時間 全四冊　ハイデガー　熊野純彦訳

- 学校と社会　デューイ　宮原誠一訳
- 民主主義と教育 全二冊　デューイ　松野安男訳
- 我と汝・対話　マルティン・ブーバー　植田重雄訳
- アラン 幸福論　神谷幹夫訳
- アラン 定義集　神谷幹夫訳
- 天才の心理学　E・クレッチュマー　内村祐之訳
- 英語発達小史　H・ブラッドリ　寺澤芳雄訳
- 日本の弓術　オイゲン・ヘリゲル述　柴田治三郎訳
- ことばのロマンス —英語の語源　ウィークリー　寺澤芳雄・出淵博訳
- ヴィーコ 学問の方法　上村忠男・佐々木力訳
- 国家と神話 全二冊　カッシーラー　熊野純彦訳
- 天才・悪　ブレンターノ　篠田英雄訳
- 人間の頭脳活動の本質 他一篇　ディーツゲン　小松摂郎訳
- プラトン入門　R・S・ブラック　内山勝利訳
- 反啓蒙思想 他二篇　バーリン　松本礼二編
- マキアヴェッリの独創性 他三篇　バーリン　川出良枝編
- ロシア・インテリゲンツィヤの誕生 他五篇　バーリン　桑野隆編

論理哲学論考　ウィトゲンシュタイン　野矢茂樹訳
自由と社会的抑圧　シモーヌ・ヴェイユ　冨原眞弓訳
根をもつこと　全二冊　シモーヌ・ヴェイユ　冨原眞弓訳
重力と恩寵　シモーヌ・ヴェイユ　冨原眞弓訳
全体性と無限　全二冊　レヴィナス　熊野純彦訳
啓蒙の弁証法 —哲学的断想　M・ホルクハイマー　T・W・アドルノ　徳永恂訳
ヘーゲルからニーチェへ —十九世紀思想における革命的断絶　全二冊　レーヴィット　三島憲一訳
統辞構造論 付『言語理論の論理構造』序論　チョムスキー　福井直樹　辻子美保子訳
統辞理論の諸相 方法論序説　チョムスキー　辻子美保子　福井直樹訳
快楽について　ロレンツォ・ヴァッラ　近藤恒一訳
古代懐疑主義入門 判断保留の十の方式　J・アナス　J・バーンズ　金山弥平訳
ニーチェ　みずからの時代と闘う者　ルドルフ・シュタイナー　高橋巖訳
フランス革命期の公教育論　コンドルセ他　阪上孝編訳
フレーベル自伝　長田新訳
旧約聖書 創世記　関根正雄訳
旧約聖書 出エジプト記　関根正雄訳
旧約聖書 ヨブ記　関根正雄訳

旧約聖書 詩篇　関根正雄訳
新約聖書 福音書　塚本虎二訳
文語訳 新約聖書 詩篇付
文語訳 旧約聖書　全四冊
キリストにならいて　トマス・ア・ケンピス　大沢章　呉茂一訳
聖アウグスティヌス 告白　全二冊　服部英次郎訳
アウグスティヌス 神の国　全五冊　服部英次郎　藤本雄三訳
新訳 キリスト者の自由・聖書への序言　マルティン・ルター　石原謙訳
キリスト教と世界宗教　シュヴァイツェル　鈴木俊郎訳
水と原生林のはざまで　シュヴァイツェル　野村実訳
コーラン　全三冊　井筒俊彦訳
エックハルト説教集　田島照久編訳
ムハンマドのことば ハディース　小杉泰編訳
新約聖書外典 ナグ・ハマディ文書抄　荒井献　大貫隆　小林稔　筒井賢治編訳
後期資本主義における正統化の問題　ハーバーマス　山田正行・金慧訳
シンボルの哲学 —理性、祭礼、芸術のシンボル試論　S・K・ランガー　塚本明子訳

ジャック・ラカン 精神分析の四基本概念　全二冊　ジャック＝アラン・ミレール編　小出浩之　新宮一成　鈴木國文　小川豊昭訳
精神と自然 生きた世界の認識論　グレゴリー・ベイトソン　佐藤良明訳
人間の知的能力に関する試論　全二冊　トマス・リード　戸田剛文訳
開かれた社会とその敵　全四冊　カール・ポパー　小河原誠訳

《東洋思想》〔青〕

- 易経 全二冊　高田真治・後藤基巳 訳
- 論語　金谷治 訳注
- 孔子家語　藤原正 校訳
- 孟子 全二冊　小林勝人 訳注
- 老子　蜂屋邦夫 訳注
- 荘子 全四冊　金谷治 訳注
- 新訂 孫子　金谷治 訳注
- 荀子 全二冊　金谷治 訳注
- 韓非子 全四冊　金谷治 訳注
- 史記列伝 全五冊　司馬遷／小川環樹・今鷹真・福島吉彦 訳
- 春秋左氏伝 全三冊　小倉芳彦 訳
- 塩鉄論　曾我部静雄 訳註
- 千字文　小川環樹・木田章義 注解
- 大学・中庸　金谷治 訳注
- 仁学 ―清末の社会変革論　譚嗣同／西順蔵・坂元ひろ子 訳注
- 章炳麟集 ―清末の民族革命思想　西順蔵・近藤邦康 編訳
- 梁啓超文集　岡本隆司・石川禎浩・高嶋航 編訳
- マヌの法典　田辺繁子 訳
- ガンディー獄中からの手紙　森本達雄 訳
- ウパデーシャ・サーハスリー ―真実の自己の探求　シャンカラ／前田専学 訳

《仏教》〔青〕

- ブッダのことば ―スッタニパータ　中村元 訳
- ブッダの真理のことば・感興のことば　中村元 訳
- 般若心経・金剛般若経　中村元・紀野一義 訳註
- 法華経 全三冊　坂本幸男・岩本裕 訳注
- 日蓮文集　兜木正亨 校注
- 浄土三部経 全二冊　中村元・早島鏡正・紀野一義 訳註
- 大乗起信論　宇井伯寿・高崎直道 訳注
- 臨済録　入矢義高 訳注
- 碧巌録 全三冊　入矢義高・溝口雄三・末木文美士・伊藤文生 訳注
- 無門関　西村恵信 訳注
- 法華義疏 全二冊　聖徳太子／花山信勝 校訳
- 往生要集 全二冊　源信／石田瑞麿 訳注
- 教行信証　親鸞／金子大栄 校訂
- 歎異抄　金子大栄 校注
- 正法眼蔵 全四冊　道元／水野弥穂子 校注
- 正法眼蔵随聞記　懐奘 編／和辻哲郎 校訂
- 道元禅師清規　大久保道舟 訳注
- 一遍上人語録 ―付 播州法語集　大橋俊雄 校注
- 南無阿弥陀仏 ―付 心偈　柳宗悦
- 蓮如上人御一代聞書　稲葉昌丸 校訂
- 日本的霊性　鈴木大拙／篠田英雄 校訂
- 新編 東洋的な見方　鈴木大拙／上田閑照 編
- 大乗仏教概論　鈴木大拙／佐々木閑 訳
- 浄土系思想論　鈴木大拙
- 神秘主義 キリスト教と仏教　鈴木大拙／坂東性純・清水守拙 訳
- 禅の思想　鈴木大拙
- ブッダ最後の旅 ―大パリニッバーナ経　中村元 訳
- 仏弟子の告白 ―テーラガーター　中村元 訳
- 尼僧の告白 ―テーリーガーター　中村元 訳

ブッダ 神々との対話 —サンユッタ・ニカーヤI　中村元訳

ブッダ 悪魔との対話 —サンユッタ・ニカーヤII　中村元訳

禅林句集　足立大進校注

ブッダが説いたこと　ワールポラ・ラーフラ　今枝由郎訳

ブータンの瘋狂聖 ドゥクパ・クンレー伝　ゲンドゥン・リンチェン編　今枝由郎訳

梵文和訳 華厳経入法界品　梶山雄一・丹治昭義・津田真一・田村智淳・桂紹隆 訳注

《音楽・美術》〔青〕

ベートーヴェンの生涯　ロマン・ロラン　片山敏彦訳

音楽と音楽家　シューマン　吉田秀和訳

レオナルド・ダ・ヴィンチの手記 全二冊　杉浦明平訳

ゴッホの手紙 全三冊　硲伊之助訳

ロダンの言葉抄　高村光太郎訳　高田博厚・菊池一雄編

ビゴー日本素描集　清水勲編

ワーグマン日本素描集　清水勲編

河鍋暁斎戯画集　山口静一・及川茂編

葛飾北斎伝　飯島虚心　鈴木重三校注

ヨーロッパのキリスト教美術 —十二世紀から十八世紀まで 全二冊　エミール・マール　柳宗玄・荒木成子訳

近代日本漫画百選　清水勲編

蛇儀礼　ヴァールブルク　三島憲一訳

セザンヌ　ガスケ　與謝野文子訳

日本洋画の曙光　平福百穂

映画とは何か 全二冊　アンドレ・バザン　野崎歓・大原宣久・谷本道昭訳

漫画 坊っちゃん　近藤浩一路

漫画 吾輩は猫である　近藤浩一路

ロバート・キャパ写真集　ICPロバート・キャパ・アーカイブ編

北斎 富嶽三十六景　日野原健司編

日本漫画史 —鳥獣戯画から岡本一平まで　細木原青起

世紀末ウィーン文化評論集　ヘルマン・バール　西村雅樹編訳

ゴヤの手紙 全二冊　大高保二郎・松原典子編訳

丹下健三建築論集　豊川斎赫編

丹下健三都市論集　豊川斎赫編

ギリシア芸術模倣論　ヴィンケルマン　田邊玲子訳

堀口捨己建築論集　藤岡洋保編

《法律・政治》〔白〕

人権宣言集　高木八尺・末延三次・宮沢俊義 編
新版 世界憲法集 第二版　高橋和之 編
君主論　マキアヴェッリ　河島英昭 訳
フィレンツェ史 全二冊　マキアヴェッリ　齊藤寛海 訳
リヴァイアサン 全四冊　ホッブズ　水田洋 訳
法の精神 全三冊　モンテスキュー　野田良之・稲本洋之助・上原行雄・田中治男・三辺博之・横田地弘 訳
教育に関する考察　ロック　服部知文 訳
完訳 統治二論　ジョン・ロック　加藤節 訳
寛容についての手紙　ジョン・ロック　加藤節・李静和 訳
キリスト教の合理性　ジョン・ロック　加藤節 訳
ルソー 社会契約論　桑原武夫・前川貞次郎 訳
アメリカのデモクラシー 全四冊　トクヴィル　松本礼二 訳
リンカーン演説集　高木八尺・斎藤光 訳
権利のための闘争　イェーリング　村上淳一 訳
近代人の自由と古代人の自由・征服の精神と簒奪 他一篇　コンスタン　堤林剣・堤林恵 訳
民主主義の本質と価値 他一篇　ハンス・ケルゼン　長尾龍一・植田俊太郎 訳
外交談判法　カリエール　坂野正高 訳
危機の二十年 ―理想と現実　E・H・カー　原彬久 訳
ザ・フェデラリスト　A・ハミルトン　J・ジェイ　J・マディソン　斎藤眞・中野勝郎 訳
アメリカの黒人演説集 ―キング・マルコムX・モリスン 他　荒このみ 編訳
モーゲンソー 国際政治 ―権力と平和 全三冊　原彬久 監訳
ポリアーキー　ロバート・A・ダール　高畠通敏・前田脩 訳
現代議会主義の精神史的状況 他一篇　カール・シュミット　樋口陽一 訳
政治的なものの概念　カール・シュミット　権左武志 訳
第二次世界大戦外交史 全二冊　芦田均
憲法講話　美濃部達吉
日本国憲法　長谷部恭男 解説
民主体制の崩壊 ―危機・崩壊・再均衡　ファン・リンス　横田正顕 訳
憲法　鵜飼信成

《経済・社会》〔白〕

政治算術　ペティ　大内兵衛・松川七郎 訳
国富論 全四冊　アダム・スミス　水田洋 監訳　杉山忠平 訳
法学講義　アダム・スミス　水田洋 訳
コモン・センス 他三篇　トーマス・ペイン　小松春雄 訳
経済学における諸定義　マルサス　玉野井芳郎 訳
オウエン自叙伝　ロバアト・オウエン　五島茂 訳
戦争論 全三冊　クラウゼヴィッツ　篠田英雄 訳
自由論　J・S・ミル　塩尻公明・木村健康 訳
大学教育について　J・S・ミル　竹内一誠 訳
功利主義　J・S・ミル　関口正司 訳
イギリス国制論 全二冊　バジョット　遠山隆淑 訳
ユダヤ人問題によせて ヘーゲル法哲学批判序説　マルクス　城塚登 訳
経済学・哲学草稿　マルクス　城塚登・田中吉六 訳
新編輯版 ドイツ・イデオロギー　マルクス　エンゲルス　廣松渉 編訳　小林昌人 補訳
マルクス エンゲルス 共産党宣言　大内兵衛・向坂逸郎 訳
賃労働と資本　マルクス　長谷部文雄 訳
賃銀・価格および利潤　マルクス　長谷部文雄 訳
マルクス 経済学批判　武田隆夫・遠藤湘吉・大内力・加藤俊彦 訳
マルクス 資本論 全九冊　エンゲルス 編　向坂逸郎 訳
トロツキー わが生涯 全二冊　森田成也・志田昇 訳

空想より科学へ —社会主義の発展　エンゲルス　大内兵衛訳
帝国主義論 全二冊　ホブスン　矢内原忠雄訳
帝国主義　レーニン　宇高基輔訳
国家と革命　レーニン　宇高基輔訳
ローザ・ルクセンブルク獄中からの手紙　秋元寿恵夫訳
雇用、利子および貨幣の一般理論 全二冊　ケインズ　間宮陽介訳
シュムペーター経済発展の理論 全二冊　塩野谷祐一・中山伊知郎・東畑精一訳
シュムペーター経済学史 —学説ならびに方法の諸段階　中山伊知郎・東畑精一訳
租税国家の危機　シュムペーター　木村元一・小谷義次訳
日本資本主義分析　山田盛太郎
恐慌論　宇野弘蔵
経済原論　宇野弘蔵
資本主義と市民社会 他十四篇　大塚久雄　齋藤英里編
共同体の基礎理論 他六篇　大塚久雄　小野塚知二編
ユートピアだより　ウィリアム・モリス　川端康雄訳
社会科学と社会政策にかかわる認識の「客観性」　マックス・ヴェーバー　富永祐治・立野保男訳　折原浩補訳
プロテスタンティズムの倫理と資本主義の精神　マックス・ヴェーバー　大塚久雄訳

職業としての学問　マックス・ヴェーバー　尾高邦雄訳
社会学の根本概念　マックス・ヴェーバー　清水幾太郎訳
職業としての政治　マックス・ヴェーバー　脇圭平訳
古代ユダヤ教 全三冊　マックス・ヴェーバー　内田芳明訳
宗教と資本主義の興隆 歴史的研究 全二冊　トーニー　出口勇蔵・越智武臣訳
世論 全二冊　リップマン　掛川トミ子訳
鯰絵 —民俗的想像力の世界　C・アウエハント　小松和彦・中沢新一・飯島吉晴・古家信平訳
贈与論 他二篇　マルセル・モース　森山工訳
国民論 他二篇　マルセル・モース　森山工編訳
ヨーロッパの昔話 その形と本質　マックス・リュティ　小澤俊夫訳
独裁と民主政治の社会的起源 —近代世界形成過程における領主と農民 全二冊　バリントン・ムーア　宮崎隆次・森山茂徳・高橋直樹訳
大衆の反逆　オルテガ・イ・ガセット　佐々木孝訳

《自然科学》〔青〕

ヒポクラテス医学論集　國方栄二編訳
科学と仮説　ポアンカレ　河野伊三郎訳
ロウソクの科学　ファラデー　竹内敬人訳
種の起原 全二冊　ダーウィン　八杉龍一訳

自然発生説の検討　パストゥール　山口清三郎訳
完訳ファーブル昆虫記 全十冊　山田吉彦・林達夫訳
科学談義　T・H・ハックスリ　小泉丹訳
メンデル雑種植物の研究　岩槻邦男・須原準平訳
アインシュタイン相対性理論　内山龍雄訳・解説
相対論の意味　アインシュタイン　矢野健太郎訳
アインシュタイン一般相対性理論　小玉英雄編訳・解説
自然美と其驚異　ジョン・ラバック　板倉勝忠訳
ダーウィニズム論集　八杉龍一編訳
ニールス・ボーア論文集1 因果性と相補性　山本義隆編訳
ニールス・ボーア論文集2 量子力学の誕生　山本義隆編訳
ハッブル銀河の世界　戎崎俊一訳
パロマーの巨人望遠鏡 全二冊　D・O・ウッドベリー　関正雄・湯澤博・成相恭二訳
生物から見た世界　ユクスキュル・クリサート　日高敏隆・羽田節子訳
ゲーデル不完全性定理　林晋・八杉満利子訳
日本の酒　坂口謹一郎
生命とは何か —物理的にみた生細胞　シュレーディンガー　岡小天・鎮目恭夫訳

《南北ヨーロッパ他文学》〔赤〕

ダンテ 新生　山川丙三郎訳
夢のなかの夢　タブッキ　和田忠彦訳
カヴァレリーア・ルスティカーナ 他十一篇　G・ヴェルガ　河島英昭訳
カルヴィーノ イタリア民話集 全二冊　河島英昭編訳
むずかしい愛　カルヴィーノ　和田忠彦訳
パロマー　カルヴィーノ　和田忠彦訳
カルヴィーノ アメリカ講義 ―新たな千年紀のための六つのメモ　米川良夫・和田忠彦訳
まっぷたつの子爵　カルヴィーノ　河島英昭訳
魔法の庭・空を見上げる部族 他十四篇　カルヴィーノ　和田忠彦訳
ペトラルカ ルネサンス書簡集　近藤恒一編訳
ペトラルカ 無知について　近藤恒一訳
美しい夏　パヴェーゼ　河島英昭訳
流刑　パヴェーゼ　河島英昭訳
祭の夜　パヴェーゼ　河島英昭訳
月と篝火　パヴェーゼ　河島英昭訳
ウンベルト・エーコ 小説の森散策　和田忠彦訳

バウドリーノ 全二冊　ウンベルト・エーコ　堤康徳訳
タタール人の砂漠　ブッツァーティ　脇功訳
ラサリーリョ・デ・トルメスの生涯　会田由訳
ドン・キホーテ 前篇 全三冊　セルバンテス　牛島信明訳
ドン・キホーテ 後篇 全三冊　セルバンテス　牛島信明訳
娘たちの空返事 他一篇　モラティン　佐竹謙一訳
プラテーロとわたし　J・R・ヒメーネス　長南実訳
オルメードの騎士　ロペ・デ・ベガ　長南実訳
セビーリャの色事師と石の招客 他一篇　ティルソ・デ・モリーナ　佐竹謙一訳
ティラン・ロ・ブラン 全四冊　J・マルトゥレイ M・J・ダ・ガルバ　田澤耕訳
ダイヤモンド広場　マルセー・ルドゥレダ　田澤耕訳
完訳 アンデルセン童話集 全七冊　大畑末吉訳
即興詩人 全二冊　アンデルセン　大畑末吉訳
アンデルセン自伝　大畑末吉訳
ここに薔薇ありせば 他五篇　ヤコブセン　矢崎源九郎訳
フィンランド叙事詩 カレワラ 全二冊　リョンロット編　小泉保訳
王の没落　イェンセン　長島要一訳

イプセン 人形の家　原千代海訳
イプセン 野鴨　原千代海訳
令嬢ユリェ　ストリントベルク　茅野蕭々訳
アミエルの日記 全四冊　河野与一訳
クオ・ワディス 全三冊　シェンキェーヴィチ　木村彰一訳
山椒魚戦争　カレル・チャペック　栗栖継訳
ロボット（R・U・R）　チャペック　千野栄一訳
白い病　カレル・チャペック　阿部賢一訳
マクロプロスの処方箋　カレル・チャペック　阿部賢一訳
灰とダイヤモンド 全二冊　アンジェイェフスキ　川上洸訳
牛乳屋テヴィエ　ショレム・アレイヘム　西成彦訳
完訳 千一夜物語 全十三冊　豊島与志雄・渡辺一夫・佐藤正彰・岡部正孝訳
ルバイヤート　オマル・ハイヤーム　小川亮作訳
ゴレスターン　サアディー　沢英三訳
王書 ―古代ペルシャの神話・伝説　フェルドウスィー　岡田恵美子訳
中世騎士物語　ブルフィンチ　野上弥生子訳
コルタサル短篇集 悪魔の涎・追い求める男 他八篇　木村榮一訳

遊戯の終わり	コルタサル 木村榮一訳
秘密の武器	コルタサル 木村榮一訳
ペドロ・パラモ	ファン・ルルフォ 杉山晃 増田義郎訳
燃える平原	ファン・ルルフォ 杉山晃訳
伝奇集	J・L・ボルヘス 鼓直訳
創造者	J・L・ボルヘス 鼓直訳
続審問	J・L・ボルヘス 中村健二訳
七つの夜	J・L・ボルヘス 野谷文昭訳
詩という仕事について	J・L・ボルヘス 鼓直訳
汚辱の世界史	J・L・ボルヘス 中村健二訳
ブロディーの報告書	J・L・ボルヘス 鼓直訳
アレフ	J・L・ボルヘス 鼓直訳
語るボルヘス ―書物・不死性・時間ほか	J・L・ボルヘス 木村榮一訳
20世紀ラテンアメリカ短篇選	野谷文昭編訳
フエンテス短篇集 アウラ・純な魂 他四篇	木村榮一訳
アルテミオ・クルスの死	フエンテス 木村榮一訳
緑の家 全二冊	バルガス＝リョサ 木村榮一訳

密林の語り部	バルガス＝リョサ 西村英一郎訳
ラ・カテドラルでの対話	バルガス＝リョサ 旦敬介訳
弓と竪琴	オクタビオ・パス 牛島信明訳
ラテンアメリカ民話集	三原幸久編訳
やし酒飲み	エイモス・チュツオーラ 土屋哲訳
薬草まじない	エイモス・チュツオーラ 土屋哲訳
マイケル・K	J・M・クッツェー くぼたのぞみ訳
ミゲル・ストリート	V・S・ナイポール 小沢自然 小野正嗣訳
キリストはエボリで止まった	カルロ・レーヴィ 竹山博英訳
クァジーモド全詩集	河島英昭訳
ウンガレッティ全詩集	河島英昭訳
クオーレ	デ・アミーチス 和田忠彦訳
ゼーノの意識 全二冊	ズヴェーヴォ 堤康徳訳
冗談	ミラン・クンデラ 西永良成訳
小説の技法	ミラン・クンデラ 西永良成訳
世界イディッシュ短篇選	西成彦編訳
シェフチェンコ詩集	藤井悦子編訳

《東洋文学》〔赤〕

- 楚辞 — 小南一郎訳注
- 杜甫詩選 — 黒川洋一編
- 李白詩選 — 松浦友久編訳
- 唐詩選 全三冊 — 前野直彬注解
- 完訳 三国志 全八冊 — 小川環樹・金田純一郎訳
- 西遊記 全十冊 — 中野美代子訳
- 菜根譚 — 洪自誠／今井宇三郎訳注
- 阿Q正伝・狂人日記（吶喊） 他十二篇 — 魯迅／竹内好訳
- 魯迅評論集 — 竹内好編訳
- 歴史小品 — 郭沫若／平岡武夫訳
- 家 全二冊 — 巴金／飯塚朗訳
- 新編 中国名詩選 全三冊 — 川合康三編訳
- 唐宋伝奇集 全二冊 — 今村与志雄訳
- 聊斎志異 全二冊 — 蒲松齢／立間祥介編訳
- 李商隠詩選 — 川合康三選訳
- 白楽天詩選 全二冊 — 川合康三訳注
- 文選 全六冊 — 川合康三・富永一登・釜谷武志・和田英信・浅見洋二・緑川英樹訳注
- 曹操・曹丕・曹植詩文選 — 川合康三編訳
- ケサル王物語 ―チベットの英雄叙事詩 — アレクサンドラ・ダヴィッド＝ネール、アプル・ユンテン／富樫瓔子訳
- バガヴァッド・ギーター — 上村勝彦訳
- ダライ・ラマ六世恋愛詩集 — 今枝由郎・海老原志穂編訳
- 朝鮮童謡選 — 金素雲訳編
- 朝鮮短篇小説選 全二冊 — 大村益夫・長璋吉・三枝壽勝編訳
- 尹東柱詩集 空と風と星と詩 — 金時鐘編訳
- アイヌ神謡集 — 知里幸惠編訳
- アイヌ民譚集 付 えぞおばけ列伝 — 知里真志保編訳
- アイヌ叙事詩 ユーカラ — 金田一京助採集並ニ訳

《ギリシア・ラテン文学》〔赤〕

- ホメロス イリアス 全二冊 — 松平千秋訳
- ホメロス オデュッセイア 全二冊 — 松平千秋訳
- イソップ寓話集 — 中務哲郎訳
- アイスキュロス アガメムノーン — 久保正彰訳
- アイスキュロス 縛られたプロメーテウス — 呉茂一訳
- アンティゴネー — ソポクレース／中務哲郎訳
- ソポクレス オイディプス王 — 藤沢令夫訳
- ソポクレス コロノスのオイディプス — 高津春繁訳
- バッカイ ―バッコスに憑かれた女たち — エウリーピデース／逸身喜一郎訳
- ヘシオドス 神統記 — 廣川洋一訳
- 女の議会 — アリストパネース／村川堅太郎訳
- アポロドーロス ギリシア神話 — 高津春繁訳
- ダフニスとクロエー — ロンゴス／松平千秋訳
- ギリシア・ローマ抒情詩選 ―花冠 — 呉茂一訳
- オウィディウス 変身物語 全二冊 — 中村善也訳
- ギリシア・ローマ神話 付 インド・北欧神話 — ブルフィンチ／野上弥生子訳
- ギリシア・ローマ名言集 — 柳沼重剛編

岩波文庫の最新刊

網野善彦著
日本中世の非農業民と天皇（上）

山野河海という境界領域に生きた中世の「職人」たちの姿を通じて、天皇制の本質と根深さ、そして人間の本源的自由を問う、著者の代表的著作。（全二冊）
〔青N四〇二-二〕 定価一六五〇円

エーリヒ・ケストナー作／酒寄進一訳
独裁者の学校

大統領の替え玉を使い捨てにして権力を握る大臣たち。政変が起きるが、その行方は…。痛烈な皮肉で独裁体制の本質を暴いた、作者渾身の戯曲。
〔赤四七一-三〕 定価七一五円

ラインホールド・ニーバー著／千葉 眞訳
道徳的人間と非道徳的社会

個人がより善くなることで、社会の問題は解決できるのか。二〇世紀アメリカを代表する神学者が人間の本性を見つめ、政治と倫理の相克に迫った代表作。
〔青N六〇九-一〕 定価一四三〇円

トマス・アクィナス著／稲垣良典・山本芳久編／稲垣良典訳
精選 神学大全2 法論

トマス・アクィナス（一二二五頃-一二七四）の集大成『神学大全』から精選。2は人間論から「法論」、「恩寵論」を収録する。解説＝山本芳久、索引＝上遠野翔。（全四冊）
〔青六二一-四〕 定価一七一六円

……今月の重版再開……

高浜虚子著
立子へ抄
—虚子より娘へのことば—
定価一二二一円
〔緑二八-九〕

喜安朗訳
フランス二月革命の日々
—トクヴィル回想録—
定価一五七三円
〔白九-一〕

定価は消費税10％込です　2024.2